Reihe Pädagogik
Band 12

Jugendhilfe nach Vorschrift?

Grundlagen, Probleme und Vorschläge
der Umsetzung des neuen Kinder- und Jugendhilferechts
in sozialpädagogische Praxis

Gerda Nüberlin

Centaurus Verlag & Media UG
1997

Gerda Nüberlin studierte Sozialarbeit an der Fachhochschule Ravensburg-Weingarten und Erziehungswissenschaften mit dem Schwerpunkt außerschulische Jugend- und Erwachsenenbildung an der Universität Frankfurt/M.. Sie war mehrere Jahre als Sozialarbeiterin in der Familien- und Jugendhilfe tätig und arbeitet derzeit als betriebliche Sozialberaterin.

Die Deutsche Bibliothek – CIP-Einheitsaufnahme

Nüberlin, Gerda:
Jugendhilfe nach Vorschrift? : Grundlagen, Probleme und Vorschläge der Umsetzung des neuen Kinder- und Jugendhilferechts in sozialpädagogische Praxis / Gerda Nüberlin. –
Pfaffenweiler : Centaurus Verl.-Ges., 1997
(Reihe Pädagogik ; 12)
ISBN 978-3-8255-0105-1   ISBN 978-3-86226-421-6 (eBook)
DOI 10.1007/978-3-86226-421-6

ISSN 0930-9462

Alle Rechte, insbesondere das Recht der Vervielfältigung und Verbreitung sowie der Übersetzung, vorbehalten. Kein Teil des Werkes darf in irgendeiner Form (durch Fotokopie, Mikrofilm oder ein anderes Verfahren) ohne schriftliche Genehmigung des Verlages reproduziert oder unter Verwendung elektronischer Systeme verarbeitet, vervielfältigt oder verbreitet werden.

© *CENTAURUS-Verlagsgesellschaft mit beschränkter Haftung, Pfaffenweiler 1997*

Satz: Vorlage der Autorin

Gliederung

		Seite
1	**Einführung**	11
1.1	Sozialpädagogische Rechtsanwendungskompetenzen?	11
1.2	Die Probe aufs Exempel am KJHG.	16
1.2.1	Das KJHG als exemplarischer Gegenstand für sozialpädgogische Rechtsumsetzung.	16
1.2.2	Das KJHG als methodisches Beispiel für Implementation.	17
2	**Der sozialstrukturelle Kontext des KJHG.**	21
2.1	Soziale Hilfsbedürftigkeit - Zustand oder Zuschreibung?	21
2.2	Typische Merkmale psychosozialer Lebenslagen von modernen Familien.	23
2.2.1	Subjektorientierte Betrachtung der Sozialstuktur.	23
2.2.2	Moderne Armut.	24
2.2.3	Hintergründe und Perspektiven moderner Armut.	25
2.2.4	Wandel der Familie und verändertes Leitbild der Frau.	31
2.2.5	Patriarchale Bequemlichkeiten und Widerstände gegen neue familiale Arrangements.	36
2.2.6	Kennzeichen der modernen Jugendphase.	37
2.3	Pluralisierung und Individualisierung: Darstellung und Kritik.	41
2.4.	Sozialpädagogik - ein strukturelles Erfordernis der postmodernen Gesellschaft.	44
3	**Der methodische Kontext der Jugendhilfe.**	46
3.1	Sozialpädagogische Methoden in ihrer Kontextgebundenheit.	46
3.1.1	Weshalb amerikanische Methoden im deutschen Methodenwesen?	47
3.1.2	Der historische Kontext der deutschen Methodenentwicklung.	48
3.1.3	Methodenkritiken der 68er Bewegungen.	50

3.1.4	Das klinisch-kurative Paradigma.	52
3.2	Integrative Handlungskonzepte.	57
3.2.1	Strukturmerkmale "lebensweltorientierter sozialer Arbeit".	58
3.2.2	Zur Ambivalenz des Konzepts der "Lebensweltorientierung".	63
3.2.3	Eine praktische Bewährungsprobe des Konzepts.	71
3.3	Eine eher undogmatische Lösung: Erprobte methodische Handlungsmaximen ohne Gesamtkonzept.	72

4	**Zur Normierung sozialpädagogischer Intervention durch die Rechtsvorschriften des KJHG.**	**73**
4.1	Das Verhältnis von Gesetz und Praxis der Jugendhilfe.	73
4.1.1	Vom Eingriff zur Leistung: Die Normierung einer innovativen Praxis.	73
4.1.2	Moderne Sozialstrukturen und aktuelle fachliche Settings im KJHG.	76
4.1.3	Gemeinsamkeiten und Unterschiede von Strukturmaximen moderner Jugendhilfe und KJHG.	82
4.1.4	Reglementiert das KJHG die moderne Jugendhilfepraxis?	84
4.2	Exemplarische Analyse von Werthaltungen im KJHG.	85
4.2.1	Zuvörderst das Elternrecht.	85
4.2.2	Widersprüchliche Konsequenzen des elternzentrierten Jugendhilfekonzeptes des KJHG.	93
4.2.3	Mögliche Lösungen: "Intervention durch Infrastruktur" und "Anwaltsfunktion" ...	98
4.2.4	... ohne Finanzausstattung?	99
4.2.5	Sozialpädagogik füllt "unbestimmte Rechtsbegriffe".	100
4.3	Sozialpädagogik nach den Vorschriften des KJHG - Ein Balanceakt zwischen wertkonservativen Vorgaben und moderner Fachlichkeit.	101

5	**Sozialpädagogische Einflußmöglichkeiten auf die Umsetzung ausgewählter Bestimmungen des KJHG in die Jugendhilfepraxis.**	**106**
5.1	Sozialpädagogische Vorschläge zur Beteiligung von Kindern und Jugendlichen an Jugendhilfeangeboten.	106

5.2	Das Beispiel Krisenintervention.	114
5.2.1	Krisenintervention und sozialpädagogische Parteilichkeit.	114
5.2.2	Zur Krisenintervention am Praxisbeispiel einer Kurzzeiteinrichtung in Frankfurt am Main.	120
5.2.3	Datenschutz, Vertrauensschutz und Unsicherheit in der sozialpädagogischen Praxis.	122
5.2.4	Fort- und Weiterbildung als fachliche Notwendigkeit.	124
5.3	Das Beispiel Fremdplazierung mit Rückkehroption.	126
5.3.1	Der Hilfeplan - ein sozialpädagogisches Verfahrenskonzept in gesetzlicher Form.	126
5.3.2	Werbung oder Druck gegenüber den Eltern?	131
5.4	Das Modellprojekt "Stationäre Familienbetreuung" als innovative Kombination von Erziehungshilfen.	134
5.5	Praxisbeispiel zur Umsetzung der Maximen des KJHG bei Krisenintervention und Fremdplazierung: Sandras Ausweglosigkeit.	136
5.5.1	Anamnese.	137
5.5.2	Vorbereitung der Krisenintervention: Rechtliche Reflexionen über Handlungspflichten und Verfahrensfragen.	139
5.5.3	Einleitung der Krisenintervention.	145
5.5.4	Fachliche Diagnosen.	148
5.5.5	Lösungsfindung.	150
5.5.6	Kritische Anmerkung.	157
5.6.	Das Beispiel Trennungs- und Scheidungsberatung.	158
5.6.1	Normative Rollenkonflikte und Kompromißlösungen.	158
5.6.2	Leistung und Parteilichkeit von Mediation in einem "elternlastigen" Interventionsmodell.	161
6	**Fazit und Schlußwort: Moderne, normativ geleitete Jugendhilfe ist zunehmend handlungsorientierte Erwachsenenbildung.**	165
	Literaturverzeichnis	170

Abkürzungsverzeichnis

AGJ	Arbeitsgemeinschaft Jugendhilfe, Bonn (Bundesweiter Zusammenschluß führender Jugendhilfeorganisationen)
ASD	Allgemeiner sozialer Dienst (Sammelbezeichnung für amtsintern und ambulant tätige --> SP/SA innerhalb eines Sozial- und Jugendamtes)
AWO	Arbeiterwohlfahrt
BGB	Bürgerliches Gesetzbuch
BMFJ	Bundesministerium für Frauen und Jugend (seit 1990)
BMJFFG	Bundesministerium für Jugend, Frauen, Familie und Gesundheit,
BMJ	Bundesministerium der Justiz
BR-Ds.	Bundesrats-Drucksache
BT-Ds.	Bundestags-Drucksache
BVerfGE	Bundesverfassungsgerichts-Entscheidungen mit Band- und Seitenangabe
DtJ	Deutsche Jugend. Zeitschrift für die Jugendarbeit.
DV	Deutsche Verein für öffentliche und private Fürsorge, Frankfurt am Main
FamRZ	Zeitschrift für das gesamte Familienrecht, Frankfurt/M.
FAZ	Frankfurter Allgemeine Zeitung
FKJWG	Frankfurter Kommentar zum JWG, Hg. Johannes Münder u.a. (--> siehe Literaturverz.)
FLPK	Frankfurter Lehr- und Praxiskommentar zum KJHG, Hg. Johannes Münder u.a. (--> siehe Literaturverz.)
FR	Frankfurter Rundschau
ISS	Institut für Sozialarbeit und Sozialädagogik e.V., Frankfurt am Main.
JugHi	Jugendhilfe (Fachzeitschrift)
JWG	Jugendwohlfahrtsgesetz
KJHG	Kinder- und Jugendhilfegesetz
NDV	Nachrichtendienst des Deutschen Vereins (--> DV), Frankfurt am Main.
NJW	Neue juristische Wochenschrift, München
NP	Neue Praxis, Köln
RdJB	Recht der Jugend und des Bildungswesens, Zeitschrift.
SA	Sozialarbeit/SozialarbeiterIn
SGB I/VIII/X	Sozialgesetzbuch (Buch I, VIII oder X)
SP	Sozialpädagogik/SozialpädagogIn
SZ	Süddeutsche Zeitung, München
ZRP	Zeitschrift für Rechtspolitik, München

1 Einführung

1.1 Sozialpädagogische Rechtsanwendungskompetenzen?

Die Sozialpädagogik pflegt gelegentlich die Imago, daß sie als Fachdisziplin nur sich selbst gegenüber verantwortlich ist und ihren Klienten, mit denen sie arbeitet. Auf keinen Fall sei sie eine Art staatlich reglementierter Erziehungsdienst. Bis Ende der 80er Jahre gab es sogar bestimmte Anhaltspunkte für die Selbsteinschätzung, daß man als SozialpädagogIn quasi im 'rechtsfreien Raum' arbeite. Die wenigen handlungsrelevanten Rechtsvorschriften im Jugendwohlfahrtsrecht bestanden meist aus großzügigen und offenen Generalklauseln. Dabei war das Fach bei genauerer Betrachtung seiner Lehrpläne bereits vor der geänderten Rechtslage in mancherlei Hinsicht 'Sozialpädagogik nach Vorschrift'. Speziell als kommunale Einrichtung hatte es nicht nur die Grundrechte zu beachten, sondern war eingebunden in vielfältige Einzelregelungen des Familien- und Vormundschaftsrechts, des Verwaltungs- und Haftungsrechts sowie in Verfahrensrechte. Aber ein Eindruck kam doch immer wieder auf: Wenn in der praktischen Arbeit Rechts- oder Verwaltungsfragen auftauchten, erschien dies meist als ein außerfachlicher oder sogar als ein störender Eingriff in das eigentliche sozialpädagogische Handeln.

Andererseits dürfte es mittlerweile im fachlichen Grundverständnis verankert sein, daß Sozialpädagogik wie soziale Arbeit überhaupt in einem vorwiegend von Recht und Gesetz strukturierten Sozialstaat ohne eigene Rechtsanwendungskompetenzen nicht hinreichend handlungsfähig ist. In diesem Kontext forderten die Fachautoren des 8. Jugendberichtes von 1990 über die Bestrebungen und Leistungen der Jugendhilfe - die ProfessorInnen Hans BERTRAM, Teresa BOCK und Hans THIERSCH sowie Vertreter von Wohlfahrtsverbänden und namhafte Praktiker - mehr interdisziplinäre Zusammenarbeit zur Entwicklung von Projekten, die unter anderem "auch die Analyse von Handlungsmöglichkeiten und Interventionskonzepten der Sozialpädagogik bis hin zu den juristischen Rahmenbedingungen einbeziehen".[1] Zugleich beschrieben sie bestimmte Kompetenzen, ohne die SozialarbeiterInnen und SozialpädagogInnen den Anforderungen eines lebensweltorientierten Ansatzes[2] in der Jugendhilfe nicht gerecht werden können:

---

1 8. Jugendbericht 1990, S. 175.
2 "Alltagsorientierung" beziehungsweise "Lebensweltorientierung" einschließlich ihrer dazugehörigen Strukturmaximen, Settings und Methoden nennt sich der dem 8. Jugendbericht zugrundeliegende Ansatz, der in der sozialpädagogischen Theoriebildung gegenwärtig speziell mit dem Namen von Hans Thiersch verbunden ist (Thiersch 1992) - Siehe dazu unten Kapitel 3.2.

"In vielen Arbeitsprozessen gehört es auch zu ihren Aufgaben, Ressourcen für ihre Institutionen und Adressaten zu mobilisieren, auszuwählen, zu koordinieren und sachgerecht zu bewirtschaften. Dazu brauchen sie fachlich-instrumentelle Kompetenzen, vor allem Kenntnisse der relevanten Gesetze, Verwaltungs- und Förderrichtlinien und die Souveränität, sie aus ihrer Sicht zu definieren. (...) Sie brauchen Arbeitstechniken, um ihre Kenntnisse situations- und sachgerecht umzusetzen und in den Dienst der jeweiligen Aufgaben und Ziele zu stellen.
Sozialarbeiter/innen/Sozialpädagog/innen benötigen Wissen und müssen über Handlungsmuster verfügen, um Ziele und Inhalte, institutionelle und politische Rahmenbedingungen ihrer Arbeit und die Wertorientierungen, die ihnen zugrunde liegen, zu reflektieren und zu evaluieren." [3]

Diese Aussage über die Bedeutung rechtlich-instrumenteller Kompetenzen für das professionelle Handeln von SozialpädagogInnen scheint mir auch über das spezielle Arbeitsfeld der Jugendhilfe hinaus gültig zu sein. Damit ist im übrigen mehr gesagt, als daß "Rechtskunde" irgendein Nebenfach einer sozialpädagogischen Ausbildung sein sollte. Das ist ja bereits in bestimmtem Umfang der Fall.

Dem 8. Jugendbericht geht es um eine inhaltliche Präzisierung dieser "fachlich-instrumentellen" *Rechtsanwendungskompetenzen*. SozialpädagogInnen sollten nicht nur wissen, wo die für sie fachlich maßgeblichen Rechtsvorschriften nachzulesen sind. Sie sollten auch in der Lage sein, ihr pädagogisch-fachliches Handeln aus den Vorschriften herzuleiten. Und noch einen Schritt weiter: Sozialpädagoglnnen sollten die Rechtsvorschriften sogar "aus ihrer Sicht definieren" können. Das ist wohl so zu verstehen, daß sie die vom Gesetzgeber allgemein definierten Rechtsvorschriften aus einer sozialpädagogischen Perspektive sinnvoll auslegen. Dazu müssen sie gesetzliche Anwendungsspielräume erkennen können, um sie sowohl juristisch einwandfrei als auch sozialpädagogisch fachgerecht zu nutzen. Anders gesagt: SozialpädagogInnen sollten durch diese Rechtsanwendungskompetenzen unabhängig werden davon, daß man ihnen stets "von Amts wegen", also von Seiten der Rechtsabteilung, des Amtsleiters oder eines sonstigen Vorgesetzten sagt, was sie zu tun und zu lassen hätten und daß das auch irgendwo im Gesetz stehen würde und daß die Anordnung schon ihre Richtigkeit habe. Sozialpädagogisch innovative oder kritische Ideen und fachliche Selbständigkeit haben dann in der Praxis kaum eine Chance.

Schließlich drückt das Zitat aus, daß SozialpädagogInnen auch befähigt sein sollten, bestimmte, in den gesetzlichen Rahmenbedingungen enthaltene "Wertorientierungen" zu analysieren und auszuwerten. Das kann heißen, den *inneren Wertgehalt* einer Rechtsnorm zu ermitteln, also welchem *Ziel* die Vorschrift letztlich dient. Ihr *Sinn* könnte zum Beispiel in der Achtung der Intimsphäre oder der Respektierung einer elterlichen Erziehungsrichtung bestehen, in

---

[3] 8. Jugendbericht 1990, S. 168/169.

der Sicherung von Fachlichkeit oder in einer Interessensabwägung unter bestimmten vorgegebenen Gesichtspunkten oder im Schutz von Kindern vor Gefährdungen etc. Diese Werte können Grundrechte sein (Menschenwürde, Recht auf Persönlichkeitsentfaltung u.a.) oder pädagogische Werte wie "die Idee der Freiheit des Menschen in einer freien und gerechten Gesellschaft" (Klafki). [4] Mit der "Evaluation der Rahmenbedingungen" kann aber auch gemeint sein, die richtige, vernünftige und sachgemäße *Anwendung der Vorschriften* zu überprüfen. Dazu könnte man fragen, ob die Anwendung der Vorschrift mit sozialpädagogisch vertretbaren Mitteln und zum Interventionsziel passenden Methoden erfolgt. Das Gegenstück dazu wäre eine sture bürokratische, lebensfremde oder fachfremde Form der Rechtsanwendung.

Nun ließe sich einwenden, daß diese Kompetenzen bei den Juristen systematischer gelehrt und geübt werden. Umgekehrt besitzt keineswegs jede Fachkraft Rechtsanwendungskenntnisse, obwohl sehr viele berufliche Tätigkeiten mit Rechtsfragen zu tun haben. In einem Rechtsstaat sind fast alle Lebensbereiche weitgehend verrechtlicht. Daher läßt sich kaum ein berufliches Fachgebiet finden, für das es keine Rechtsvorschriften gibt. Müßte dann die Forderung des 8. Jugendberichtes nicht konsequenterweise für alle Fachgebiete gelten? Darauf möchte ich mit einer Gegenfrage antworten. Vielleicht ist das sozialpädagogische Handeln im Sinne sozialer Arbeit in ganz besonderer Weise auf Rechtsanwendung bezogen? [5] Ich meine damit, daß soziale Arbeit eventuell so spezifisch auf Recht bezogen ist, daß die Nichtbeherrschung rechtlicher Zusammenhänge einen Mangel an sozialpädagogischer Handlungskompetenz selbst darstellt. Das würde heißen, daß Sozialpädagogik und Rechtsanwendungskompetenz heutzutage möglicherweise gar nicht mehr voneinander getrennt gedacht oder praktiziert werden können.

Von der subjektiven Einschätzung vieler Studierenden her dürfte das nach meinem Eindruck eher umgekehrt aussehen. Viele KommilitonInnen des Faches Erziehungswissenschaften würden wahrscheinlich auf das Lehrgebiet Recht verzichten, ohne zu meinen, daß ihnen dann ein wichtiges Stück Ausbildung oder berufliche Kompetenz fehlen würde.

Anders stellt sich die Frage nach dem Verhältnis von Sozialpädagogik und Sozialrecht, wenn man näher betrachtet, was "soziale Arbeit" als Inbegriff sozialpädagogischen Handelns eigentlich ausmachen soll. Michael ERLER definiert "soziale Arbeit" in einem neuen einführenden Lehr- und Arbeitsbuch so:

---

4 Im Funkkolleg Erziehungswissenschaften, 1971, zitiert nach Erler 1993, S. 12.
5 Auf die Unterschiede in den Denk- und Arbeitsansätzen von Sozialarbeitern und Juristen wird in der Fachliteratur verschiedentlich Bezug genommen, vgl. Arndt/Oberloskamp/Balloff 1993, S. 41 ff.

> "Soziale Arbeit ist ein sozialwissenschaftliches und praktisch-pädagogisches Instrument moderner Gesellschaften und damit Teil deren sozialpolitisch-administrativen Handlungsapparats." [6]

Indem soziale Arbeit in praktischer Hinsicht mit pädagogischer Intervention zu tun hat und sich theoretisch auf Sozialwissenschaften stützt, soll sie in modernen Gesellschaften "Teil deren sozialpolitisch-administrativen Handlungsapparats" sein. Damit ist nicht nur gemeint, daß SozialpädagogInnen, PädagogInnen oder SozialarbeiterInnen ein Teil des Verwaltungsapparates sind, wenn sie *Angestellte* im öffentlichen Dienst sind, im Jugendamt oder im Sozialamt. Die zitierte soziologische Zuordnung knüpft am *Inhalt* ihrer professionellen Tätigkeit selbst an, nicht am Arbeitsverhältnis. Dieser Inhalt wird als sozialpolitisch-administrativ bezeichnet, also als professionelle Umsetzung von Sozialstaatsanliegen im weitesten Sinne. Insofern wäre es sogar egal, ob man als SozialarbeiterIn im öffentlichen Dienst arbeiten würde oder bei einem freien Träger.

Das bestätigt das Stichwort "soziale Arbeit" im "Fachlexikon der sozialen Arbeit", herausgegeben vom Dachverband der kommunalen Sozial- und Jugendämter, dem Deutschen Verein für öffentliche und private Fürsorge:

> "Soziale Arbeit ist neuerdings wieder Sammelname für das System sozialer Hilfen, das aus a) Hilfebedürftigen bzw. --> Hilfeempfängern, b) Hilfeleistungen, c) Hilfegebern besteht und d) rechtlich fundiert ist. In weitestem Sinne bezeichnet s.A. alle Gesetze und Maßnahmen der sozialen Sicherung, i.e.S. die --> Sozialhilfe und --> Jugendhilfe." [7]

Hier werden die beiden Pole sozialer Arbeit genannt, zwischen denen sich sozusagen der Inhalt sozialer Arbeit bewegt, nämlich die Hilfeleistung. Aber auf welcher Grundlage bewegt sich die Hilfeleistung vom Hilfegeber zum Hilfeempfänger? Die Antwort in der zitierten Definition lautet: "Rechtlich fundiert". Im weitesten Sinne sei "soziale Arbeit" sogar gleichbedeutend mit den Sozialgesetzen. Selbst wenn diese Auslegung überspitzt wäre: Wer umgekehrt behauptet, daß Recht und Sozialpädagogik sachlich voneinander getrennte Bereiche wären, die erst später aufeinander bezogen würden, wird gegenüber der zitierten Definition in Begründungsschwierigkeiten kommen.

Zur weiteren Untermauerung dieser Argumentation möchte ich anführen, daß Michael ERLER gleich zu Beginn seines Buches von einer begrifflichen Abtrennung oder einer Entgegensetzung von "Sozialarbeit" und "Sozialpädagogik" abrät. Dabei deutet er auch an, welches Interesse er hinter so einer Abgrenzungsdiskussion vermutet:

---

6 Erler 1993, S. 13.
7 DV-Fachlexikon 1986, S. 754 (Eberhard Orthbandt).

"Eine systematische Trennung der Begriffe Sozialarbeit und Sozialpädagogik ist mittlerweile weder möglich noch sinnvoll. Berufsständische Abgrenzungsversuche halte ich unter den aktuellen Bedingungen sozialpolitischer Interventionen für vergeudete Energien. In der Regel spricht man heute von 'sozialer Arbeit' zur Umschreibung der Arbeitsfelder von Sozialpädagogik und Sozialarbeit." [8]

Auch Teresa BOCK müßte dem zustimmen. In dem zitierten Fachlexikon der sozialen Arbeit hat sie das Doppelstichwort "Sozialarbeit/Sozialpädagogik" unter anderem so erläutert:

"Gegenüber der Sa. hat die Sp. eine andere Entwicklung durchlaufen und ist eine deutsche Variante sowohl der Pädagogik wie der -- > sozialen Arbeit geblieben." [9]

Ich komme damit zur Aufstellung einer *Arbeitshypothese*. Wenn es stimmt, daß es einen Zusammenhang gibt zwischen Sozialrecht und Sozialpädagogik, der sich nicht in der juristischen Seite erschöpft und der intensiver ist als bei vielen anderen Berufen, dann muß der Zusammenhang etwas mit der besonderen sozialpädagogischen Umsetzung von bestimmten Normen des Sozialrechts zu tun haben. Diese Besonderheit muß in etwas anderem stecken als in dem, was JuristInnen sowieso tun, wenn sie Recht anwenden. Eines wird dabei von JuristInnen nämlich nie verlangt: Daß JuristInnen selber eine vom Gesetz beschriebene soziale Dienstleistungen *fachgerecht erbringen*. Das scheint mir der zentrale Punkt zu sein: Obwohl die JuristInnen das betreffende Sozialgesetz oder eine bestimmte Vorschrift ganz genau kennen, sind sie nicht befähigt, sie fachgerecht, also sozialpädagogisch-professionell zu erfüllen. Insofern sind sie zur "Umsetzung" dieser Normen nicht fähig. Unter diesem Kriterium müßte sich eine *Trennlinie* nachweisen lassen zwischen einer juristischen Rechtsanwendungskompetenz und der gesuchten und noch näher zu analysierenden Rechtsanwendungskompetenz von SozialpädagogInnen.

Meine *These* lautet demnach: Sozialpädagogische Rechts*anwendung* ist eine besondere Art der Rechts*umsetzung*, die nur unter Einsatz ihres sozialpädagogischen Handlungsarsenals zu leisten ist. Dieses Arsenal fehlt den JuristInnen. Mit dem fachspezifischen Handlungsarsenal meine ich das *sozialpädagogische Instrumentarium methodischen Handelns* sowie die sozialpädagogisch bedeutsamen handlungsorientierten Kenntnisse aus den Wissenschaftsdisziplinen, die das Fach mitkonstituieren, vor allem *Psychologie* und *Gesellschaftswissenschaften*.

Sollte meine These zutreffen, hätte das (mindestens) zwei Konsequenzen. Erstens wäre das Gewicht von Rechtsanwendungskompetenzen innerhalb der Praxis der Sozialpädagogik höher zu bewerten als dies bisher der Fall ist - auch innerhalb des wissenschaftlichen Studienganges Sozialpädagogik an der Universität. Zweitens könnten SozialpädagogInnen zu Fragen der Rechtsanwendung und

---

8 Erler 1993, S. 12.
9 DV-Fachlexikon 1986, S. 746 (747) (Teresa Bock).

der *Rechtsumsetzung* in der Lebenswelt der Klientel sozialer Arbeit ihren fachspezifischen Beitrag leisten. Im fachlichen Diskurs könnten sie schließlich das Gewicht - und vielleicht auch die Beachtung - ihrer pädagogischen Argumente durch selbstbewußte Belege ihrer speziellen Rechtsumsetzungskompetenzen erhöhen. Die nachfolgenden Kapitel stellen dafür sozusagen eine Probe aufs Exempel dar.

1.2 Die Probe aufs Exempel am KJHG.

Die Durchführung der skizzierten Idee versuche ich an einer kritisch-produktiven Einschätzung von Umsetzungsproblemen des neuen Kinder- und Jugendhilfegesetzes ("Sozialgesetzbuch Achtes Buch" SGB VIII) [10] in die Jugendhilfepraxis. In den neuen Bundesländern trat das KJHG durch den Einigungsvertrag am 3.10.1990 in Kraft, in den alten Bundesländern am 1.1.1991. Ab dem 1.1.1995 wurden im Westen Deutschlands einige neuartige Reglungen des KJHG von "Kann-Bestimmungen" zu verbindlichen "Soll-Vorschriften" aufgewertet. Ein Beispiel dafür ist die Trennungs- und Scheidungsberatung (§ 17 KJHG). Da das KJHG insofern erst 1995 in voller Intensität in Kraft getreten ist, ist eine Einschätzung, wie ich sie versuchen möchte, nach wie vor aktuell.

Das KJHG ist hier einerseits *exemplarischer Gegenstand* für ein rechtlich geleitetes sozialpädagogisches Handeln. Das ist die inhaltlich-konkrete Seite dieser Untersuchung zum Thema "Jugendhilfe nach Vorschrift". Andererseits dient mir das Gesetz auf einer abstrakteren Ebene zugleich als *methodisches Beispiel* für eine Analyse pädagogisch-fachgebundener Normumsetzungsprozesse.

1.2.1 Das KJHG als exemplarischer Gegenstand für sozialpädagogische Rechtsumsetzung.

Inwiefern ich gerade das KJHG für ein geeignetes *Demonstrationsbeispiel* halte, werde ich im Kapitel 4 der Arbeit zunächst in einem Überblick über das Gesetz und seine Zielsetzungen und dann in Kapitel 5 an einzelnen Regelungen darlegen. Ein besonders geeignetes Beispiel ist das KJHG, weil es ein Herzstück der sozialpädagogischen Arbeit betrifft, nämlich die Arbeit mit Kindern, Jugendlichen, jungen Menschen und ihren Familien.

---

10 Gesetz vom 26.6.1990 (BGBl. I, 1163), geändert durch das Schwangeren- und Familienhilfe-Gesetz vom 27.7.1992 (BGBl. I, 1398), das Erste KJHG-Änderungsgesetz vom 11.11.1992 (BGBl. I, 239), in Kraft seit dem 1.4.1993, und das Zweite KJHG-Änderungsgesetz vom 13.6.1994 (BGBl. I, S. 1229).

Die im Rahmen einer sozialpädagogischen Gesetzesinterpretation zu beachtenden und in fachliches Handeln umzusetzenden "Wertmaßstäbe" ergeben sich aus den Leit- und Programmnormen des neuen Jugendhilfegesetzes selbst (Kapitel 4.2). Sie lassen sich aber auch aus neueren Interpretationen der Grundrechte und bestimmten Grundsatzurteilen des Bundesverfassungsgerichtes gewinnen, soweit sie Kinder, Jugendliche und ihre Familien betreffen. Ferner ergeben sie sich aus einer Einbeziehung von rechtlichen Regelungen aus anderen Rechtsgebieten, die eigenständige Rechtspositionen von Kindern und Jugendlichen enthalten.

Ferner möchte ich darlegen, vor welchem fachlich-methodischen Hintergrund ich die Umsetzung gerade dieses Gesetzes für überprüfenswert halte. Um das zu zeigen, beziehe ich die sozialpädagogische Fachdiskussion über Methoden, Standards und Settings ein, zeige deren Grundlinien auf und diskutiere und hinterfrage sie in Kapitel 3. Erst in Anknüpfung an die Ergebnisse dieser Vorüberlegungen läßt sich nämlich fundiert beurteilen, welche im Fach entwickelten methodischen Ansätze zur Umsetzung der Vorgaben des KJHG geeignet und mit den gesetzlichen Anforderungen vereinbar erscheinen und welche eventuell weniger (Kapitel 4.1.3).

Viele der hier diskutierten sozialgesetzlichen Regelungen und ihre Interpretationen verweisen auf Strukturen und Daten der sozialen Lebenswelt und ihre Interpretationsmuster. Diese sind die Rahmenbedingungen der Gesetzesanwendung. Es gehört daher m. E. zu einer theoretischen Standortbestimmung der Umsetzungsproblematik gerade eines Sozialgesetzes wie dem KJHG, die speziellen lebensweltlichen Grundlagen der Gesetzesanwendung in die Darstellung aufzunehmen, in denen das Gesetz seine Wirkung entfalten soll. Dazu möchte ich ausgewählte aktuelle Sozialdaten und ihre Deutungsversionen einbringen und beleuchten (Kapitel 2). Auf diese "postmoderne" Lebenswelt nimmt das neue Kinder- und Jugendhilfegesetz in seinen Regelungen implizit und die Bundesregierung mit ihrer amtlichen Begründung des Gesetzesentwurfes ausdrücklich Bezug. Daß und inwiefern diese Bezugnahmen keinesfalls nur reaktiv, sondern auch ausgesprochen gestaltend, akzent- und wertsetzend ausgefallen sind, wird in den Kapiteln 4.2 und 4.3 im einzelnen aufgezeigt und ausführlich belegt.

1.2.2 Das KJHG als methodisches Beispiel für Implementation.

Noch einige Hinweise zur *methodischen Seite* meiner Argumentationslinie. Es geht mir nämlich dabei um die Fragestellung nach den Eigenarten einer fachgebundenen Umsetzung rechtlich-normativer Vorgaben in die lebensweltliche Praxis. Im Zentrum sehe ich dabei diejenigen nicht-juristischen Rechtsanwendungskompetenzen, ohne die sozialpädagogisch ausgerichtetes modernes Sozialrecht nicht anwendbar und nicht umsetzbar ist. Die Frage ist, inwiefern diese nicht-juristischen, aber unentbehrlichen Kompetenzen sich im Prozeß der Rechtsverwirklichung geltend machen und inwiefern sie diesen Umsetzungsprozeß und sein Ergebnis beeinflussen. Ich frage also, ob die *gleiche* Regelung des KJHG, je nach dem, mit welchen sozialpädagogischen Konzepten sie umgesetzt wird, *verschiedene* Rechtswirkungen für das Klientel haben kann, die aber beide juristisch als einwandfreie Rechtsanwendung derselben Regelung gelten können. Wenn es so wäre, dann hinge die *effektive Rechtswirkung* dieser Regelungen letztlich weniger unmittelbar vom sozialrechtlichen Programmsatz im Gesetz ab, sondern vorrangig von der Art und der Auswahl des *sozialpädagogischen Methodeneinsatzes* zu seiner Umsetzung.

Das Fachwort für diese Fragestellung und das dahinterstehende Konzept heißt *"Implementation"*. Im "Fachlexikon der sozialen Arbeit" heißt es unter dem Stichwort "Implementationsforschung" unter anderem:

> "Mit dem Begriff Implementation wird ein Forschungsgebiet beschrieben, dessen Gegenstand der Prozeß der Durchführung bzw. Anwendung von Handlungsprogrammen ist. Unter einem Handlungsprogramm können für den Bereich der sozialen Arbeit beispielsweise Gesetze ... verstanden werden. Im Entstehungs- und Anwendungsprozeß von Handlungsprogrammen, der sich von der Problemartikulation über Programmentwicklung bis hin zur schließlichen Wirkung erstreckt, liegt die Bedeutung der Implementation darin, daß Handlungsprogramme die Ergebnisse praktischen Handelns nur unvollständig bestimmen. Die Art der Durchführung von Programmen also bestimmt letztlich die Wirkung dieser Programme." [11]

Während "Evaluation" [12] eine Wirkungs- und Erfolgskontrolle von Programmen ist, gehen Implementationsüberlegungen weiter. Evaluation begutachtet vorrangig die *fertigen* Umsetzungsergebnisse von Programmen. Implementationsforschung untersucht dagegen hauptsächlich die einzelnen *Schritte des Umsetzungsprozesses* selbst. Von besonderem Interesse sind dabei Umsetzungsprozesse, in denen nicht vom Programm selbst vorgegebene Methoden, sondern relativ frei wählbare Umsetzungsmethoden zum Einsatz kommen, die die Wirkungen des Handlungsprogramms enorm beeinflussen können.

Umfassende *empirische* Daten über Umsetzungsprobleme des KJHG in die Praxis oder innerhalb der Praxis sind nach einer Äußerung von Johannes MÜNDER [13] und anderer [14] bisher noch nicht systematisch erhoben und jeden-

---

11 DV-Fachlexikon 1986, S. 423 (Brigitte Dzemski).
12 Vgl. DV-Fachlexikon 1986, S. 279 (Evaluation: Hans Pfaffenberger).
13 Münder, 1993b, S. 389. *Münder* bezieht sich auf zwei Untersuchungsprojekte. Die Planungsgruppe PETRA untersucht die Entwicklung der Hilfen zur Erziehung in fünf Standorten der neuen Bundesländer. Das Institut für soziale Arbeit e.V. in Münster untersucht bundesweit die Aufnahme des KJHG in 13 Jugendämtern. Damit ist eher die Ebene des Umbaus von neuen *Verwaltungsstrukturen* der Jugendhilfe in den Blick genommen, weniger dagegen die methodisch-handlungsorientierten Umsetzungsprobleme. Siehe auch den Zwischenbericht

falls nicht so veröffentlicht, daß sie allgemein zugänglich sind. [15] Darin liegt jedoch für das von mir beabsichtigte Vorgehen kein Mangel. In einem Zeitschriftenbeitrag zum Thema "Umsetzungsprobleme des neuen Kinder- und Jugendhilfegesetzes" hat MÜNDER gezeigt, daß fachlich ergiebige Implementationserwägungen auch *ohne* Bezug auf neue Daten, die mit Methoden empirischer Forschung erhoben werden, möglich sind. [16] Meine folgenden Erwägungen zu Umsetzungsproblemen eines Gesetzes für sozialpädagogisches Handeln sind abgesehen davon nicht völlig frei von empirischen Elementen. Zum einen sind die Methoden der Sozialpädagogik selbst ein empirisch überprüftes, alltagspraktisches Handlungsarsenal. Zum andern stützen sich meine Überlegungen auch auf eigene Praxiserfahrungen, auf reflektierte Praktika, auf mehrjährige Berufserfahrungen als Basissozialarbeiterin in der Jugendsozialarbeit und Krisenintervention in der Bodenseeregion und in Frankfurt am Main. Johannes MÜNDER stützt seine Analyse in diesem Sinne ausdrücklich auf seine "Erfahrungen, Eindrücke und einige erste Erkenntnisse". [17]

Die darauf aufbauenden Implementationserwägungen bewegen sich also auf der Ebene *möglicher* normgemäßer methodischer Handlungsmuster. Sie beschäftigen sich mit der Frage, welche Art und Weise der sozialpädagogischen Umsetzung, welche der traditionellen oder neueren Methoden, Settings, Standards, Arrangements *würden* dem jeweiligen Norminhalt und Normkontext am besten entsprechen. Sie fragen auch nach dem passenden Verhältnis bestimmter Methoden zu dem Wertungshintergrund der gesetzlichen Vorgaben:

> "'Umsetzung' beinhaltet auch die reflexive Auseinandersetzung mit, die argumentative Befassung mit dem neuen Recht und die inhaltliche Durcharbeitung des neuen Rechts." [18]

Damit kann man dann im Ergebnis zumindest unterscheiden, welche traditionellen Handlungsmuster weniger oder überhaupt nicht mehr zur Normumsetzung

---

"Jugendhilfe in zwei ungleichzeitigen Deutschlands - Ergebnis einer Bestandsaufnahme" von Siegfried *Tümmler*, 1993.

14 Vgl. für Planung und Methodik: Späth 1992, Kreft 1993a und Unger 1994; vgl. für psychologische Handlungsansätze: Berk 1992, S. 1 ff (14 f) und Balloff 1995, S. 260 f; vgl. aus juristischer Sicht: Merchel 1994, S. 1 ff (S. 4 f). Siehe andererseits erste empirische Befunde auf dem begrenzten Gebiet des Verhältnisses Jugendamt-Familiengericht: Erben/Schade 1994.

15 Dieser Mangel bestand für den Bereich der Jugendhilfe bereits vor der gesetzlichen Neuregelung. So der 8. Jugendbericht (S. 176): "Der Mangel an empirischen Daten betrifft so gut wie alle Tätigkeitsfelder der Jugendhilfe." Für die Jugendhilfedaten der östlichen Bundesländer hat sich dies durch den beispielhaft breit angelegten 9. Jugendbericht sicherlich geändert; einige seiner Kernaussagen fließen auch in diese Darstellung ein.

16 Vgl. Münder 1993b, S. 388 ff; ebenso Unger 1994, Merchel 1994, Berk 1992.

17 Münder 1993b, S. 389; ebenso beispielsweise Merchel 1994 oder Unger 1994.

18 Münder 1993b, S. 391.

passen. Das Ergebnis einer solchen Analyse im Bereich der möglichen oder der idealtypischen, fachlich offensiven Umsetzung, wie ich sie versuchen möchte, ist eine Art theoretische *Vorsortierung* der Umsetzungsproblematik. Damit ist keineswegs ausgeschlossen, diese Ergebnisse später einmal mit Praxisdaten aufzufüllen, fortzuschreiben oder an Praxisdaten zu korrigieren.

Alle zehn Jahre läßt die Bundesregierung von einer unabhängigen Expertenkommission einen Jugendbericht über die *Gesamtlage* der Jugendlichen und der Jugendhilfe erstellen. Der letzte derartige Gesamtbericht, der *Achte Jugendbericht - "Bericht über Leistungen und Bestrebungen der Jugendhilfe"* - stammt vom März 1990. Er bezieht die hier angesprochenen Fragestellungen zu Methodik und Praxis in weiten Passagen ein. Mein Vorgehen berücksichtigt auch diese repräsentative fachliche Gesamtdarstellung. Es schließt insofern auch eine Auseinandersetzung mit bestimmten Leitlinien dieses vielbeachteten Jugendhilfeberichtes ein.

2 Der sozialstrukturelle Kontext des KJHG

2.1 Soziale Hilfebedürftigkeit - Zustand oder Zuschreibung?

Inwiefern jemand einer sozialen Hilfe bedarf, hängt normalerweise nicht davon ab, ob ein anderer auch bereit ist, ihm zu helfen. Hilfsbedürftigkeit ist ein Zustand des Betroffenen. Der Mangel, an dem er leidet, kann unterschiedlicher Art sein. Er kann aus ungünstigen Zufällen herrühren, kann vom Bedürftigen selbst verursacht sein oder kann ein für das jeweilige soziale System typischer Mangel sein. Insbesondere die systemtypischen Grundlagen sozialer Bedürftigkeit lassen sich mit sozialwissenschaftlichen Methoden untersuchen und von anderen Formen der Bedürftigkeit unterscheiden. Werden demgegenüber nachweislich gesellschaftlich bedingte Ursachen von Hilfsbedürftigkeit dem Einzelnen ganz pauschal persönlich angelastet, bezeichnet man das nach dem Labeling Approach als Etikettierung oder als Zuschreibung.

Seit der frühen Armenfürsorge steckt hinter dem Mechanismus der Zuschreibung das Spannungsverhältnis von gesellschaftlicher Bedingtheit sozialer Hilfebedürftigkeit und dem Anspruch auf private Lösung des Problems. Armenfürsorge entwickelte nämlich immer schon *Kriterien* der "Bedürftigkeit", also der *normativen* Festsetzung, was als Hilfebedürftigkeit gilt d.h., was praktisch als solche genommen und mit Almosen gelindert wird. Als nicht almosenwürdig kritisiert wurden damals persönliche Verfehlungen wie Trunksucht, Spiel und vor allem Müßiggang. Wer aber arbeiten konnte, bedurfte der Almosen ebensowenig, denn er konnte ja für sich sorgen. Zum Beweis dafür gab es öffentliche Arbeitshäuser und Zuchthäuser. Als wirklich "unschuldige Opfer" blieben nach diesem Schema meist nur die Witwen, die Waisen und die Krüppel übrig.

Wichtig erscheint mir daran folgendes: Mit der Herausbildung der Kriterien, die bestimmte Leute zum Almosenempfang berechtigten, und der darin liegenden öffentlichen Kontrolle der zugestandenen Armut *entstand* erst die soziale Gruppe der "Bedürftigen". [19] Öffentlich anerkannte Bedürftigkeit war damit schon im Spätmittelalter keine subjektive Befindlichkeit, sondern eben eine *Zuschreibung.* Bedürftigkeit unterstellte eine zugestandene Armut. Ansonsten galt man nicht als arm, war aber oft um so ärmer dran.

Das war zu keiner Zeit deutlicher als in der Zeit des Nationalsozialismus. Die beiden folgenden Zitate grenzen sich deutlich genug ab und zeigen, daß die NS-Ideologie offensive Zuschreibung bzw. Aberkennung von Armut war. Dieser Ideologie entsprach zugleich ein ganz bestimmter Auftrag an die soziale Arbeit. Sie hieß und sie war "*Volks*fürsorge". Daß das für den *Einzelnen* nichts Gutes

---
19 Vgl. Sachße/Tennstedt 1980, S. 30 ff; ebenso Erler 1993, S. 64 f.

bedeuten sollte, zeigt die folgende Äußerung von W. POHL, einem führenden Vertreter der NS-Fürsorge, aus dem Jahre 1943:

> "Sozialpolitik im nationalsozialistischen Sinne ist nicht eine Sache, ... um das Anwachsen sozialer Spannungen zu Explosionen zu vermeiden, ist nicht eine Politik für die 'Armen', die 'minderbemittelten Schichten', ebenso nicht Ausbalancieren des Volkes oder nachträgliche Korrektur sozialer Mißstände. ... Unsere Sozialpolitik ist keine Wohlfahrtspflege! Nicht das Schwache und das Heilen, sondern das Starke und das Gesunderhalten stehen im Vordergrund." [20]

Das zweite Zitat aus dem Jahre 1935 stammt von Hermann ALTHAUS, dem Vorstand des Deutschen Vereins für öffentliche und private Fürsorge und Amtsleiter im Hauptamt für Volkswohlfahrt der NSDAP:

> "Nationale Volkswohlfahrt wertet nicht von einzelnen Individuum, sondern vom Ganzen des Volkes her ... Nicht das Individuum mit seinen Bedürfnissen und Ansprüchen ist, wie es Liberalismus und Marxismus meinten, der Mittelpunkt der Fürsorge, sondern das Ganze des Volkes." [21]

In den Anfangszeiten der Bundesrepublik Deutschland hat der Sozialwissenschaftler Hans ACHINGER auf dem Soziologentag 1959 darauf hingewiesen, daß die Notleidenden lernen müßten, ihren Zustand unter den Titeln zu begreifen, die ihnen die Institutionen vorgeben. Das beginne mit Dienstzeiten und Räumen und ende bei den Anspruchsgrundlagen des Hilfesuchenden, bei seinen Rechten, die ihm 'gewährt' werden. [22] Persönliche Hilfsbedürftigkeit und öffentliche Hilfewürdigkeit fallen auch heute nicht zwangsläufig zusammen. Jedem nach seinen sozialen Rechten heißt nicht immer, jedem nach seiner faktischen Hilfsbedürftigkeit. Dieser Unterschied kann in öffentlich definierten "harten Zeiten" sogar zum Grundsatz der Hilfeverweigerung werden. [23]

Wenn Klientel sozialer Arbeit zu sein in modernen Gesellschaften vielfach eine Frage der gesellschaftlichen, wissenschaftlichen, fachlichen oder staatlich-rechtlichen *Zuschreibung* ist, wird deutlich, daß in der Beschreibung einer sozialen Lage bereits ein Teil der Antwort auf die Frage nach der Art und dem Umfang sozialer Hilfebedürftigkeit enthalten ist. Angenommen, wir würden wirklich alle in einer "Überflußgesellschaft" leben, dann kann die Behauptung, bestimmte Familien würden hier in Armut leben, nur frei erfunden sein. Armutsberichte über unsere Gesellschaft verweisen dann höchstenfalls auf eine ideologisch verzerrte Sichtweise von dem, der solche Berichte verfaßt, und sprechen also gegen ihn.

---

20 Pohl 1943, S. 4 f.
21 Althaus 1935, S. 9.
22 Achinger 1966, S. 41 f.
23 Erler 1993, S. 14 f.

Von daher ist es für meine Fragestellung wichtig, welche Vorstellungen von gesellschaftlichen Ursachen der Armut oder sozialer Hilfebedürftigkeit man annimmt. Derartige Vorüberlegungen, Vorentscheidungen oder Reflexionen über Vorurteile sind auch wichtig für die Einschätzung von Sozialgesetzen, die auf bestimmte Mängellagen einer bestimmten sozialen Wirklichkeit zugeschnitten sein sollen und in sozialpädagogisch akzeptabler Weise in soziale Wirklichkeit umsetzbar sein sollen.

2.2 Typische Merkmale psychosozialer Lebenslagen von modernen Familien.

2.2.1 *Subjektorientierte Betrachtung der Sozialstruktur.*

Im vorliegenden Kontext einer Reflexion der sozialstrukturellen Grundlagen sozialer Arbeit scheint mir auch ihre jeweilige *Deutung* von Relevanz zu sein. Damit meine ich die Frage danach, was heutzutage "Bedürftigkeit" und Bedarfslagen bestimmt. Daß quantitative Sozialdaten darüber etwas aussagen, ist unbestritten. Das gilt um so mehr, wenn sie sich gegenüber früheren Größenordnungen verändern. Veränderungen zeigen einmal objektive Trends. Veränderungen von Daten verweisen aber auch darauf, wie diese Sozialdaten wohl subjektiv erlebt werden. Die subjektive Stellung, d.h. die Hoffnungen, der erlebte soziale Aufstieg oder Abstieg, die Hoffnung auf das eine oder die Angst vor dem anderen, spielen für eine psychosoziale Lageeinschätzung eine oft ausschlaggebende Rolle.

Mit diesen Erwägungen beziehe ich mich auf das Konzept der *"subjektorientierten Soziologie"* nach BOLTE [24], das Maria S. RERRICH in ihrer Abhandlung "Balanceakt Familie" aufgegriffen und umgesetzt hat. [25] Es handelt sich bei diesem Ansatz um "ein spezifisches 'In-den-Blick-nehmen' eines Forschungsgegenstandes" (BOLTE), das die wechselseitigen Konstitutionsverhältnisse von Mensch und Gesellschaft beachtet und gesellschaftliche Strukturen auch in der subjektiven Dimension bedenkt, also darüber, wie sie von den Menschen wahrgenommen werden. Damit ist gemeint, daß auch diese subjektive Stellung zu den objektiven Strukturen einen Teil der gesellschaftlichen Realität ausmacht. Danach läßt sich unterscheiden, ob bestimmte Strukturen als günstig, normal, erträglich oder als Zumutung gelten, mit der man sich wiederum arrangiert oder gegen die man rebelliert, psychologisch, politisch oder

---

24 Vgl. Bolte 1983, 12, 15 ff.
25 Vgl. Rerrich 1990 insgesamt und speziell zur Methode ebenda, S. 25 ff.

kombiniert. Querverbindungen dieser Forschungsperspektive zur Betrachtungsweise sozialer Arbeit sehe ich speziell darin, daß es gerade in der sozialen Arbeit oft um "psychosoziale Hilfen" geht, die ebenfalls die beiden Aspekte aufeinander beziehen.

2.2.2 Moderne Armut.

Daß sich in einem der reichsten Länder der Welt die materielle, berufliche und psychosoziale Lage bestimmter Bevölkerungsschichten in den letzten Jahren nicht mehr auffällig gebessert hat, darauf spielt die Formel von der "Zwei-Drittel-Gesellschaft" an. [26] Auch dabei ist zu beachten, daß Armut eine stets sich wandelnde Form hat.

Moderne Armut ist nicht *absolute* Armut im Sinne von Unterernährung, weil es insgesamt nicht genug zu essen gäbe. Im Gegenteil: Arme in den USA sind beispielsweise oft unmäßig fettleibig. Ihre Fettleibigkeit läßt sich auf billige, schlechte oder physiologisch falsche Ernährung zurückführen sowie ihre Einstellung zum unmäßigen Essen, die sich wiederum als Kompensationsstrategie ihrer erlebten Armut interpretieren läßt. Moderne Armut wird oft deshalb als besonders bitter erlebt, weil sie einen *Ausschluß von gesellschaftlicher Teilhabe* darstellt. Moderne Armut ist nämlich der persönliche Ausschluß von den Gütern, die zwar für jedermann sichtbar, aber keineswegs für jedermann zugänglich sind.

Was in Deutschland 1946 normal war und als normal empfunden wurde, ist fünfzig Jahre später, wenn jeder Haushalt einen Kühlschrank und einen Fernsehapparat hat, vielleicht schon Ausdruck von bitterer Armut - und die Betroffenen empfinden es heute auch so. In der Armutsforschung unterscheidet man daher neuerdings zwischen "objektiven" und "subjektiven" Problemlagen. Zu "subjektiven" Problemlagen zählen beispielsweise Einsamkeit, reale Existenzsorgen, ständig wiederkehrende Realängste, ständige Niedergeschlagenheit oder sich permanent unglücklich zu fühlen. [27]

Erst aus solchen subjektiven Faktoren heraus läßt sich wiederum eine weitere objektive Dimension der Armut verstehen, die "verdeckte Armut". Von ihr spricht man, wenn die betreffenden Menschen oder Haushalte ihre Ansprüche auf Sozialleistungen aus Scham oder Unwissenheit nicht anmelden. Unwissenheit über soziale Rechte ist in diesem Sinne auch eine Art von geistiger Ausgrenzung. Nach neueren Untersuchungen nehmen mindestens 30 % der Anspruchsberechtigten ihre Sozialhilfeansprüche nicht wahr. [28] Das wären 1.150.000 Menschen

---

26 Vgl. Unger 1994, S. 193.
27 Vgl. Riede 1989.
28 Vgl. Erler 1993, S. 25; dazu auch Schneider in SZ v. 20.7.1994: "Staat spart durch verdeckte Armut Milliarden. Caritas: Große Zahl von Sozialhilfe-Berechtigten nimmt Leistungen

oder nach dem Caritas-Armutsbericht von 1994 sogar 1,35 Millionen, die durch Nichtaufdeckung ihrer Armut unbeabsichtigt das Selbstbild der "Wohlstandsgesellschaft" verschönern.

Da moderne Armut *Ausschluß von vorhandenen* Angeboten ist, läßt sie sich auch aus der umgekehrten Perspektive umschreiben:

> "Die materielle Lebensgrundlage der meisten Jugendlichen ist gut, die ihnen zur Verfügung stehenden Geldmittel sind so hoch wie nie zuvor und ihre Ausstattung mit Konsumgütern ist komfortabel." [29]

Die christlich-sozial geführte Bundesregierung nimmt in dieser Stellungnahme zum 8. Jugendbericht eine mit sich selbst nicht unzufriedene Mittelschicht-Perspektive zur Zweidrittel-Gesellschaft ein. Dadurch erklärt sie dann die materiell und psychosozial belasteten Jugendlichen zur Minderheit gegenüber den "meisten" anderen. Das ist kein Widerspruch zu meiner zuvor dargestellten Einschätzung, sondern nur ihre Bestätigung von einem saturierten Mehrheitsstandpunkt aus.

2.2.3 *Hintergründe und Perspektiven moderner Armut.*

Die weltweit konkurrenzfähige und erfolgreiche Wirtschaft der Bundesrepublik Deutschland produziert neben Erfolgsbilanzen zugleich auch dauerhafte *Massenarbeitslosigkeit* im eigenen Land. Die Marktwirtschaft bereichert damit zwar das Land, aber nicht unbedingt alle Leute. Die in den 70er Jahren als "Problem Nr. 1" bezeichnete Massenarbeitslosigkeit ist mittlerweile von der "Schallgrenze" von 1 Million über die "magische Grenze" von 2 Millionen auf offiziell ausgewiesene 2.901.474 im Westen plus 1.257.486 im Osten, zusammen 4.158.962 Menschen (Stand Januar 1996) angestiegen, wobei allein Ende 1995 insgesamt 927.928

---

nicht in Anspruch". Für die Nichtbeantragung gaben in dem der Presse vorgestellten Caritas-Armutsbericht die Berechtigten (bei Möglichkeit zur Doppelbenennung) als Gründe an: *Unwissen* über die Einkommensgrenzen 57 Prozent, *Scham* 47 Prozent, *Angst* vor Rückbelastung der Angehörigen 42 Prozent.

29 Stellungnahme der Bundesregierung zum 8. Jugendbericht 1990, S. III. Ähnlich argumentiert der Text des 8. Jugendberichtes selbst (S. 65), wobei jedoch dort zugleich auf die darin liegenden Risiken und Gefährdungen hingewiesen wird. - Der gleichen Legitimationslogik folgt die Stellungnahme der Bundesregierung über die Lage der Jugendlichen in Ostdeutschland vom 8.12.1994, wobei sie aber (vermutlich mangels Masse) nicht die gute *materielle* Ausstattung der Mehrheit hervorgekehrt wissen will, sondern die "hohe generelle *Zufriedenheit* mit ihrem eigenen Leben" und den "anhaltenden *Zukunftsoptimismus* der Jugend in den neuen Bundesländern" (dort S. VII). Auch damit soll offensichtlich die Bedeutung der im 9. Jugendbericht ebenso ermittelten deprimierten und pessimistischen Haltung zehn- bis hunderttausender Jugendlicher (vgl. S. 45 und 96 ff) relativiert werden.

ArbeitnehmerInnen neu entlassen wurden, 18 Prozent mehr als im Vorjahr. Von diesen Entlassungen zum Jahresende 1995 entfielen rund zwei Drittel auf die alten und ein Drittel auf die neuen Bundesländer. Die offizielle Erwerbslosenquote, die nur die über das Arbeitsamt arbeitssuchenden Entlassenen zählt, beträgt danach im Westen Deutschlands 10,5 Prozent und im Osten 17,9 Prozent aller ArbeitnehmerInnen. [30]

Das ist der absolute Negativstand der gesamten Nachkriegszeit - allerdings eben *nach* 40 Jahren Aufstieg zur führenden europäischen Wirtschaftsnation über Wirtschaftswunder- und Boomzeiten, so daß die jüngere Einkommensentwicklung für Millionen Menschen einen unübersehbaren *sozialen Abstieg* bedeutet, während das Einkommen anderer Bevölkerungsteile unbeschädigt hoch bleibt oder wächst. "Diätenangleichung" heißt das von der GESELLSCHAFT FÜR DEUTSCHE SPRACHE ausgewählte Unwort des Jahres 1996. Gerade dieser Kontrast trifft die Betroffenen bei ihrem eigenen Abstieg doppelt, nämlich objektiv hart und subjektiv schmerzhaft.

Dietrich UNGER, langjähriger AGJ-Vorsitzender, verwies in seinem Rechenschaftsbericht 1994 nicht nur auf diese Zahlen, sondern auch auf die hinter der offiziellen Statistik versteckten Arbeitslosen. [31] Sie werden erst gar nicht mehr in der Arbeitslosenstatistik registriert, weil sie als FrührentnerInnen, Vorruheständler, als 794.000 TeilnehmerInnen an Weiterbildungskursen und ABM-Projekten (Stand Januar 1996 [32]), SozialhilfeempfängerInnen oder Nur-noch-Hausfrauen "abgebucht" sind.

Speziell im *Osten Deutschlands* trifft die Arbeitslosigkeit auf Menschen, die im Zug der "Wende" hoffnungsvoll, motiviert, durchweg gut ausgebildet [33] und meistens berufserfahren waren. Sie empfinden sich jetzt wie "Emigranten im eigenen Land" (UNGER). [34] Dies betrifft insbesondere die dortigen *Frauen*. Sie waren früher zu 90 Prozent erwerbstätig und beenden ihre "Berufsbiographie" heute oft gegen ihre Lebensvorstellungen und ihren Willen am Herd. [35] Fast 62

---

30 Vgl. Pressemeldungen in FAZ, SZ und FR vom 9.2.1996, Wirtschaftsteile.
31 Vgl. Unger 1994, S. 193; vgl. ebenso 8. Jugendbericht 1990, S. 124 (Annahme einer hohen Dunkelziffer bezüglich resignierter Frauen und Mädchen).
32 Vgl. FR v. 9.2.1996, S. 11.
33 Darin sieht der 9. Jugendbericht einen bedeutenden Unterschied zu vielen Langzeitarbeitslosen in den alten Bundesländern, S. 35.
34 Vgl. Unger 1994, S. 194.
35 Im Juni 1994 lag die offizielle Arbeitslosenquote in den neuen Bundesländern für Frauen mit 21,3 % doppelt so hoch wie für Männer mit 10,4 % (Harenberg 1995, S. 31). Im August 1994 betrug ihre Zahl 736.835. Noch eine andere Relation nannte der Präsident der Bundesanstalt, Jagoda, in der Monats-Pressekonferenz im September 1994: "Frauen sind in der Ex-DDR durchschnittlich 'knapp doppelt so lange arbeitslos wie Männer, nämlich rund ein Jahr'" (FR v. 7.9.1994 (Wirtschaft). Die Zeitschrift der Industriegewerkschaft Metall, METALL Nr. 18/1994, berichtet von der Perspektivlosigkeit der Frauen über 45 Jahre im Osten ("Wende-Abstellgleis") und von der höchsten Frauenarbeitslosigkeit in ganz

Prozent der Arbeitslosen in den neuen Bundesländern waren im Januar 1992 Frauen. Im Januar 1992 waren zwei Drittel der dortigen Langzeitarbeitlosen Frauen [36], 1994 war der Frauenanteil der Langzeitarbeitslosen im Osten auf rund 75 Prozent angestiegen. [37] Nahezu das gleiche Verhältnis gilt für weibliche und männliche Jugendliche im Osten. Der *9. Jugendbericht* hat deren "deprimierende Situation" [38] zum zentralen Thema. Er stellt - wohl nicht ohne Grund - die Frage: "Sind Mädchen und Frauen die Verliererinnen des Einigungsprozesses?" Die anschließende Erörterung pendelt zwischen zwei bemerkenswert ungleichen Polen hin und her. Einerseits benennt der 9. Jugendbericht verschiedene

> "strukturelle und politische Restriktionen ..., die eher einer Tendenz Vorschub leisten, in deren Folge Mädchen und junge Frauen wiederum auf einen dominanten Lebensentwurf - dieses Mal den 'typisch weiblichen' - festgelegt (!) werden sollen".

Diesen die Frauen objektiv festlegenden Einschränkungen wird auf der anderen Seite der bloße "Selbstbehauptungswille" oder, noch etwas zynischer, die *"Mentalitätsakrobatik"* der befragten Frauen gegenübergestellt. In der zusammenfassenden Beantwortung der Frage nach den "eingetauschten" neuen biographischen Perspektiven von Frauen laviert der Bericht vorsichtig und doch durchschaubar zwischen der "sozialen und materiellen Sicherheit eines staatlich reglementierten (sic!) Lebens" einerseits und den "Instabilitäten einer autonomeren (sic!), aber auch marktförmigeren Lebensplanung". [39] Nach einer Äußerung des stellvertretenden AWO-Vorsitzenden und Mitgliedes der Kinderkommission des Bundestages, Wilhelm SCHMIDT (SPD), gehören die *Kinder* zu den Verlierern der deutschen Einheit. Wegen finanzieller Engpässe in den öffentlichen Haushalten würden Jugendtreffs geschlossen, Freizeitangebote gestrichen oder Gebühren erhöht. [40]

Deutschland im Regierungsbezirk Leipzig: 70 Prozent (a.a.O. S. 15). - Zur besonderen Lage von Frauen und Mädchen in den östlichen Bundesländern siehe die ausführlichen Erhebungen des 9. Jugendberichtes 1995, S. 221-237.
36 Vgl. dazu die detaillierten Daten und Zusammenfassungen des 9. Jugendberichtes - Bericht über die Situation der Kinder und Jugendlichen und die Entwicklung der Jugendhilfe in den neuen Bundesländern vom 8.12.1994, S. 34 ff.
37 Vgl. Harenberg 1995, S. 33.
38 Vgl. 9. Jugendbericht 1995, S. 45, 96 ff, 154 f, 236 f.
39 Vgl. 9. Jugendbericht 1995, S. 237 (Einfügungen von G.N.). Die Bundesregierung weist in ihrer Stellungnahme zum 9. Jugendbericht sogar noch den damit angeblich "genährten Eindruck" "entschieden zurück", Frauen und Mädchen seien die Verliererinnen des Einigungsprozesses: "Die Wiedervereinigung hat auch für Mädchen und junge Frauen Freiheiten und Chancen eröffnet, ihr Leben selbstbestimmt und nach individuellen Vorstellungen zu gestalten." (BT-Ds. 13/70, S. VIII). - Zur Kritik an diesen Einschätzungen von "Autonomie", "Freiheiten" und "Chancen" der Frauen siehe unten Kapitel 2.2.4.
40 Pressemeldung dpa/ap in: FR v. 18.8.1994, S. 1. Vgl. die umfangreichen Daten und Befunde des 9. Jugendberichtes 1995 dazu.

Das Bedrückende daran ist, daß niemand die Ausgrenzungstendenzen in der Arbeitswelt mit einer konjunkturellen Schwächephase erklärt. Sie werden eher strukturell begründet. [41] Massenarbeitslosigkeit gehört demnach zur neuen *Normalität* der sozialen Marktwirtschaft im größer gewordenen Deutschland. "Konjunkturzug fährt am Arbeitsmarkt vorbei", lautet eine dafür charakteristische Überschrift im Wirtschaftsteil einer Tageszeitung. [42] Das Münchner Ifo-Institut kommt bereits 1994 in seinen Studien zum Ergebnis, daß die deutsche Wirtschaft in einer Phase stehe,

> "in der nicht Wachstum, sondern Rationalisierung den Beschäftigungstrend bestimmt, in der bestehende Arbeitsplätze verteidigt werden, aber nur wenig neue entstehen". [43]

Die vage Hoffnung auf einen Rückgang der Arbeitslosigkeit allein auf den Stand von 1992 verweisen die Marktforscher auf das Jahr 2010. [44]

Die *kompensatorischen Leistungen der Bundesanstalt für Arbeit* für den einzelnen Arbeitslosen werden seit Jahren herabgesetzt. Infolge der Leistungskürzung und ABM-Novellen [45] sind die Ausgaben der Pflichtbeiträge aller ArbeitnehmerInnen durch die Bundesanstalt für Arbeit sogar trotz steigender Arbeitslosigkeit gesunken. Die aktive Arbeitsmarktpolitik wird nach dem Ende einer vereinnahmenden Überbrückungsphase in den neuen Bundesländern ebenfalls zurückgefahren. Damit verweigert die Arbeitsgesellschaft ganzen Bevölkerungsteilen jede reelle Möglichkeit zu einer abgesicherten Erwerbstätigkeit, während umgekehrt der Streß derjenigen wächst, die noch an dem hohen Gut Erwerbsarbeit teilhaben, wenn auch oft bei verschlechtertem Einkommen.

Betroffen von Entlassung oder langdauernder Arbeitslosigkeit sind die arbeitslosen Personen selbst und zudem ihre Angehörigen, ihre Kinder, wenn sie nicht durch fehlenden Ausbildungsplatz oder Jugendarbeitslosigkeit [46] bereits

---

41 So lauteten bereits die Analysen des 8. Jugendberichtes, S. 123 f (124), 127 ff.
42 FR v. 8.6.1994, Wirtschaft. Die Unterüberschrift dazu lautet: "Wirtschaft wächst im ersten Quartal/ Zahl der Erwerbslosen sinkt nur langsam/ Mehr Langzeitbetroffene". Dazu heißt es im einzelnen: "In Ost und West zusammen sind gegenwärtig 1,14 Millionen Männer und Frauen (und damit gut 30 Prozent aller Erwerbslosen) schon länger als ein Jahr ohne Job. Dramatisch ist vor allem der Anstieg dieser Zahlen - trotz Bonner Sonderprogramm - in den alten Bundesländern: Binnen Jahresfrist um immerhin 41 Prozent."
43 FR v. 14.6.1994, Wirtschaftsteil: "Erst im Jahr 2010 sind die Jobverluste kompensiert".
44 Ob die gegenteiligen Versprechungen des "Bündnisses für Arbeit", die Arbeitslosigkeit bis zum Jahr 2000 zu halbieren, diese Untersuchung gegenstandslos machen, ist noch sehr die Frage.
45 Dagegen argumentiert bereits der 8. Jugendbericht sehr kritisch. vgl. S. 130.
46 Die Regierungsbegründung zum KJHG spricht als Hintergrund der Regelung der arbeitsweltbezogenen Jugendsozialarbeit (§ 13 KJHG) von "anhaltender Jugendarbeitslosigkeit" (1989, S. 38, 52). In ihrer Stellungnahme zum 8. Jugendbericht distanziert sich die Bundesregierung dagegen ausdrücklich von der "Auffassung der Kommission", daß das Problem der Jugendar-

zusätzlich selbst zu direkt Betroffenen wurden. [47] Das in dieser Situation dringend benötigte familiale Stützsystem wird gerade durch die Arbeitslosigkeit oft überfordert und selbst zu einer Belastung. [48] "Lebensperspektiven", und sei es nur in Form eines Bausparvertrages, brechen zusammen wie der Dispositionskredit und die Abzahlungspläne.

In jedem Falle verursacht die massenhafte Verbannung aus der Erwerbs- und Arbeitswelt durch Arbeitslosigkeit auch massiv belastende Auswirkungen im privaten Bereich. [49] Hier stoßen die Betroffenen zusätzlich auf einen Mangel an bezahlbarem Wohnraum, speziell in Städten und Ballungsgebieten. Der DEUTSCHE MIETERBUND spricht immer wieder von etwa 2 Millionen fehlenden bezahlbaren Wohnungen und von weiter steigenden Mieten. Daß die Menschen im Kreislauf von Arbeitslosigkeit und hohen Reproduktionskosten an Grenzen stoßen, die für sie persönlich nicht mehr verkraftbar sind, zeigt auch die steigende Zahl von - auch immer mehr jugendlichen - *Obdachlosen*. [50] Allein 1,8 Millionen Kinder lebten 1994 in Familien, in denen Vater und/oder Mutter arbeitslos sind. [51] Das heißt für viele Jugendliche, daß sie in moderner Armut aufwachsen. Ohne *Sozialhilfe* wäre für viele von ihnen der elementare Lebensunterhalt gefährdet. Im Jahre 1986 betrug die Zahl der Empfänger von laufender Hilfe zum Lebensunterhalt (HLU) unter 15 Jahren 581.015, zwischen 15 - 18 Jahren 119.242 und zwischen 18-25 Jahren 319.899 von insgesamt 2.239.222 HLU-Empfängern in der gesamten Bundesrepublik (alt). Von allen Beziehern von HLU repräsentierten also 1986 die bis zu 15-jährigen 25,9

---

beitslosigkeit sich an die sogenannte zweite Schwelle, den Übergang von Ausbildung in die Beschäftigung, "verschoben" habe. Sie verweist dagegen auf vergleichsweise rückläufige Zahlen und darauf, daß es sich oft um "Sucharbeitslosigkeit" handele (8. Jugendbericht 1990, S. X).

47 Auf der 22. Konferenz zum Aufbau Ost im Kanzleramt berichtete der Präsident der Bundesanstalt für Arbeit, Bernhard Jagoda, daß in Ostdeutschland Ende Juni 1994 noch 69.000 Jugendliche einen betrieblichen Ausbildungsplatz gesucht hätten, während den Arbeitsämtern nur 19.700 Angebote gemeldet waren. Im Westen dagegen waren 164.300 freie Ausbildungsstellen gemeldet und 129.100 unvermittelte Bewerber (FR/reuter v. 7.7.1994 (Wirtschaft), S. 11).

48 Vgl. Hess, Hartenstein, Smid 1991; ähnlich 8. Jugendbericht 1990, S. 125.

49 Vgl. 8. Jugendbericht 1990, S. 43.

50 Vgl. 8. Jugendbericht, S. 141. - Die Bundesregierung antwortete im August 1994 auf eine kleine Anfrage, daß die Zahl junger Erwachsener seit Anfang der 80er Jahre steige, die von Obdachlosigkeit bedroht seien. Eine einheitliche amtliche Statistik über Zahl, Struktur und soziale Herkunft junger Obdachloser gebe es bislang nicht. Die dpa-Meldung weiter: "Die Konkurrenz Wohnungssuchender wirke sich aber vor allem zu Lasten einkommensschwacher Haushalte und dabei insbesondere solcher Gruppen aus, die am Wohnungsmarkt auf Vorurteile träfen. Genannt wurden neben Ausländern auch kinderreiche Familien, alleinerziehende Elternteile, Personen mit gesundheitlichen oder sozialen Benachteiligungen sowie Jugendliche und jüngere Erwachsene." (FR/dpa 16.8.1994)

51 Vgl. Unger 1994, S. 193.

Prozent. Von allen HLU-Beziehern machten nach den Tabellen des 8. Jugendberichtes [52] bereits 1986 die jungen Menschen bis zum Alter von 25 Jahren zusammen 45,5 Prozent aus. Dabei sind die absoluten Zahlen der von Altersarmut Betroffenen in den Jahren davor gleich geblieben, während die Kinder- und Jugendarmut enorm angestiegen ist. Nach Auskunft der damaligen Bundesfamilienministerin Hannelore RÖNSCH (CDU) betrug die Zahl der von Sozialhilfe abhängigen Kinder und Jugendlichen 1992 rund 620.000 - ohne Flüchtlingskinder. [53] Nach den Befunden des 9. Jugendberichtes lebten in den östlichen Bundesländern von staatlicher Unterstützung 22 Prozent der 17 bis 20jährigen, 38 Prozent der 21 bis 24jährigen und 23 Prozent der 25 bis 29jährigen, während dies in den gleichen Jahrgangsklassen im Westen 2 Prozent, 6 und 6 Prozent waren. [54] Jugendexperten warnten angesichts solcher Zahlen auf einem Symposium des Deutschen Jugendinstitutes im Januar 1995, daß die Armut im Osten immer stärker eine "Armut von Kindern und Jugendlichen" würde. Der Bielefelder Erziehungswissenschaftler und Vorsitzende der Berichtskommission des 9. Jugendberichtes, Hans-Uwe OTTO, sah gar eine "Sozialhilfe-Generation" heranwachsen. [55] Der DEUTSCHE KINDERSCHUTZBUND forderte aus Anlaß des Weltkindertages 1994 ein "kinderpolitisches Sofortprogramm" und verwies dazu auf die Tatsachen, daß in der Bundesrepublik jedes siebte Kind, insgesamt 2,2 Millionen, "in Armut" lebe. Eine halbe Million Kinder lebten "unter unzumutbaren Wohnverhältnissen". [56] Auch nach Auskunft des AGJ-Vorsitzenden Dietrich UNGER wohnten 1994 in Deutschland 500.000 Kinder in Obdachlosenunterkünften. Das korrespondiert wiederum mit der gestiegenen Zahl jugendlicher Obdachloser, Trebegänger und Ausreißer.

> "Diese Realität von Arbeitslosigkeit, Armut und Wohnungsnot bestimmt den Handlungsrahmen der Jugendhilfe - ihre materielle Ausstattung, die fachlichen Anforderungen, die beschränkte Reichweite fachlicher Konzepte", resümiert UNGER seinen Bericht. [57]

---

52 Vgl. 8. Jugendbericht, S. 238, Tabelle 12 a und 12 b; Quelle: Statistisches Bundesamt, Fachserie 13, Reihe 2 Sozialhilfe 1986, S. 32, 33.
53 Vgl. Pressemeldung dpa/ap in FR v. 18.8.1994, S. 1.
54 Vgl. 9. Jugendbericht 1995, S. 38 ff und Tabelle III.1.8.
55 Vgl. FR (edp) v. 18.1.1995 unter der Überschrift: "Ostdeutschland: Jugendexperte warnt vor 'Sozialhilfe-Generation'".
56 Vgl. Pressemeldung in FR v. 15.9.1994, S. 1, unter der Überschrift: "Kinderschutzbund prangert Armut, Wohnungsnot und Gewalt an".
57 Vgl. Unger 1994, S. 193.

2.2.4 Wandel der Familie und verändertes Leitbild der Frau.

Daß diese Entwicklung moderner Armut auch auf Struktur und Leitbild der Familie durchschlägt, ist offensichtlich. Das ist nicht neu. Die moderne Familie ist ständig im Wandel, da sie stets die ökonomischen und gesellschaftlichen Veränderungen im Wandel der beruflichen Rollen und dem Anforderungsprofil der Arbeitswelt an Männer, Frauen und die junge Generation individuell kompensieren und verkraften muß. Die sich ständig wandelnde Familie ist daher nicht in der Krise, lautet dementsprechend eine These von Maria RERRICH, sondern die Familie ist eine einzige *Krisenintervention*. Das geht meist zu Lasten der Frauen. Es beansprucht sie zunehmend über ihre Kräfte und neuerdings auch oft über die Grenzen ihrer Bereitschaft, darin ihre einzige Lebensperspektive als Frau zu sehen. [58]

Die familialen Lebensformen sind vielfältiger geworden. Das geht teils auf neue beruflich-gesellschaftliche *Anforderungen* an Frauen, Männer, Eltern und die mittlere und junge Generation insgesamt zurück, teils auf neue emanzipatorische *Leitbilder* der persönlichen Lebensgestaltung insbesondere der Frauen. Gemeint sind damit familiale Erscheinungsformen und Trends folgender Art:

--> Rückgang der Eheschließungen von den 60er bis Mitte der 80er Jahre, so daß angenommen wird, daß künftig knapp 25 % aller Männer und Frauen unverheiratet bleiben. [59]

--> Anstieg des durchschnittlichen Erstheiratsalters bei Männern auf 28 Jahre, bei Frauen auf 25,5 Jahre. [60]

--> Anstieg der Berufstätigkeit beider Ehegatten und beider Eltern. [61]

--> Anstieg der Ehescheidungen. Von 100 Ehen werden 33 geschieden. 138.064 Ehescheidungen erfolgten 1993 in den alten Bundesländern, eine Steigerung um 10,7 % gegenüber 1992. Rund 50.000 betrug die Scheidungsziffer zu DDR-Zeiten, 1993 waren es in Ostdeutschland unter dem 'neuen' bundesdeutschen Scheidungsrecht 18.361 Scheidungen. [62]

--> Anstieg der Wiederverheiratungen: 66 % der Geschiedenen schließen eine neue Ehe.

--> Anstieg der "nichtehelichen Lebensgemeinschaften"; 1990 wurden 1 Million gezählt. [63]

--> Anstieg der Ein-Personen-Haushalte auf 35 % im Jahre 1990.

---

58 Vgl. Rerrich 1990, S. 17 ff.
59 Vgl. Statistisches Bundesamt 1990.
60 Vgl. Statistisches Bundesamt 1990.
61 Vgl. Regierungsbegründung KJHG 1989, S. 58.
62 Laut Pressemitteilung des Statistischen Bundesamtes Wiesbaden, FR (ap) v. 7.7.1994.
63 Vgl. Bretz, M./ Niemeyer, F. 1992.

--> Rückgang der Geburtenziffern: 1965 gab es 3,087 Mio. Kinder im Alter bis 3 Jahre, 1986 1,798 Mio. [64] "Kamen auf 100 Ehen der Eheschließungsjahre 1958-1962 200 Lebendgeborene, so waren es für die Eheschließungsjahre 1973-1977 nur noch 160 Kinder. [65]
--> Zunahme der Ein-Eltern-Familien oder "Alleinerziehenden" [66], die zudem zunehmend auf Sozialhilfe angewiesen sind. Nach dem Mikrozensus 1987 waren bereits 17,8 % aller Familien solche mit nur einem Elternteil; 11,4 % aller Kinder im Alter von 6 - 10 Jahren sind Kinder alleinerziehender Eltern). [67]
--> Zunahme der Einzelkinder, 1987: 37 %. Abnahme der Familien mit 4 oder mehr Kindern: 1960 - 15 %, 1987 - 4,8 %. [68] "80 % aller Kinder in der (alten) BRD wachsen als Einzelkind oder allenfalls mit einem Geschwisterkind auf. 70 % aller Haushalte mit Kindern bis zu 9 Jahren in der (alten) BRD bestehen aus einem Kind". [69]
--> Jährlich ca. 100.000 Scheidungswaisen (alte Bundesländer).
--> 29 % aller geschiedenen Mütter mit Kindern unter 18 Jahren verfügen nur über ein mtl. Netto-Einkommen von unter DM 1.200,--. [70]
--> Zunahme der Kinder mit (wechselnden) Stiefeltern. 1981 lebten 8 % aller Kinder bei Stiefeltern (1.060.000); 17 % aller Kinder wuchsen 1981 nicht in der Familie auf, in die sie hineingeboren wurden (2.390.000); man rechnet, daß dies künftig bei 50 % aller Kinder der Fall sein wird. Die Namen für diese neue Normalität: "elternreiche Kinder" oder "parallele Elternschaften". [71]

---

64 Vgl. 8. Jugendbericht 1990, S. 31.
65 8. Jugendbericht 1990, S. 30.
66 Das Wort "Alleinerziehende" lenkt m.E. vom Kern des Problems dieser Frauen ab, denn auch die meisten verheirateten Mütter erziehen ihre Kinder alleine. Allein*erziehend* sind hierzulande nahezu *alle* Mütter. Dabei sehen sie in den Erziehunganforderungen selbst in aller Regel keine Überforderung. Der Unterschied der "Alleinstehenden" zu den meist verheirateten Hausfrauen liegt vielmehr darin, daß die Frauen ohne männlichen Partner auch noch allein*verdienend* sein müssen. Das aber läßt ihre Beanspruchung durch die Erziehungsaufgaben, speziell bei mehreren Kindern, und die schwierige Arbeitsmarktsituation speziell für Frauen kaum oder gar nicht zu. Damit wendet sich das Problem der "Alleinerziehenden" in ein *Erwerbsproblem* bzw. in ein *Armutsproblem*. Geeignete (kostenfreie) soziale Hilfen für die Kinderbetreuung könnten dieses Problem zumindest in seinen Auswirkungen abmildern. Vgl. auch Barabas/Erler 1994, S. 198 f.
67 Vgl. Regierungsbegründung zum KJHG 1989, S. 58 und 62.
68 Vgl. 8. Jugendbericht 1990, S. 36 ff.
69 Münder 1990c, S. 352.
70 Vgl. 8. Jugendbericht 1990, S. 41.
71 Vgl. Erler 1993, S. 94 ff und mit neuen Daten Barabas/Erler 1994, S. 69 ff.

Die Praxis der sozialen Arbeit hat meist mit den Problemen umzugehen, die aus den dargestellten Lebensformen und ihren Umbrüchen für die Betroffenen erwachsen. Allein dafür ist es hilfreich, sie in generalisierter Form zu kennen. Es hilft, die Problemlagen besser einordnen und gewichten zu können. An dieser Stelle möchte ich jedoch zunächst noch einer anderen Fragestellung nachgehen. Ich frage im Sinne des eingangs skizzierten Ansatzes einer subjektorientierten Betrachtung der Sozialstruktur nach Hintergründen und Motiven dieser neuen privaten Lebensformen.

Hinter diesen Erscheinungsformen des Wandels der Familie in den letzten Jahrzehnten steht meines Erachtens im wesentlichen eine Veränderung der gesellschaftlichen *Rolle der Frau*. Veränderungen in der Arbeitswelt und der geschlechtsspezifischen Arbeitsteilung gehen damit einher.

Seit Ende der 50er Jahre war die Frau nicht mehr nur als Hausfrau und Mutter gefragt, sondern wurde - nicht nur im Osten von Staats wegen [72], sondern auch von der Marktwirtschaft im Westen - zudem als Arbeitsmarktreserve entdeckt. Hier trennen sich die Entwicklungslinien der Frauen in der DDR und der Bundesrepublik. Ich verfolge an dieser Stelle die westliche Entwicklungslinie, da sie seit der "Wende" auch die Problemlagen der Frauen im Osten mehr oder weniger prägt.

In der Bundesrepublik Deutschland stellt sich der "emanzipierten" Frau mit ihrer "Entdeckung" für den Arbeitsmarkt das Problem der *Doppelbelastung* oder der "besseren Vereinbarkeit" [73] von Familie und Erwerbstätigkeit. Dagegen betont Maria RERRICH [74], daß das doppelte Leitbild der Frau noch doppelbödiger ist. Als kinderlose verheiratete Frau soll sie ihren Lebensunterhalt selbst verdienen: "Die *Frau* gehört ins Büro oder ins Geschäft". Das ändert sich, sobald Kinder kommen. Nicht mehr die Heirat, sondern die erste *Geburt* markiert den eigentlichen Einschnitt in der Berufsbiographie der modernen Frau. Auf einmal heißt es: "Die *Mutter* gehört aber zu ihren (kleinen) Kindern". Daran hat sich bei allem Rollenwandel nichts geändert. Nach wie vor gebiert die *biologische* Mutterfunktion quasi automatisch die *soziale* Mutterrolle. Deshalb braucht die Frau anscheinend auch nicht gefragt zu werden, ob sie dazu bereit ist. Wer sollte denn sonst die Kinderbetreuung übernehmen? Das zeigt: Der gesellschaftliche Mangel an Kinderbetreuungshilfen für Mütter zementiert eine Zwangslage für Frauen.

---

72 Vgl. die Darstellungen zur Geschlechterrollensozialisation in der DDR (S. 221 ff) und zum Mädchen- und Frauenleitbild in der DDR (S. 227 ff) im 9. Jugendbericht 1995.
73 So die immer und überall wiederkehrende regierungsamtliche Formulierung, vgl. Regierungsbegründung KJHG, S. 38, die sogar im Gesetzeswortlaut des § 80 Abs. 2 Ziff. 4 KJHG festgeschrieben ist.
74 Vgl. Rerrich 1990, S. 113 ff und 121 ff.

Maria RERRICH nennt die Familie daher in Anlehnung an Ulrich BECK eine nur "unvollständig modernisierte Institution der Moderne". [75] Das 'freie bürgerliche Individuum', das sich von Geburtskategorien emanzipiert hat, ist bisher männlich. Frauen leiden dagegen noch immer an der Standeskategorie der Geburt. Das Geschlecht schreibt noch immer die Grundzüge der geschlechtsspezifischen Arbeitsteilung vor. Durch ihre Entscheidung für Kinder verzichtet die moderne Frau daher selbstlos auf ihre zwei bürgerlichen Freiheiten: Anstelle ihrer ökonomischen Selbständigkeit begibt sie sich erstens in *persönliche* Abhängigkeit und Kontrolle von ihrem (Ehe-) Mann zu einer Zeit, in der die Ehe oder Partnerschaft zweitens *keine ökonomische* Absicherung mehr ist. Das einzige Mittel zur Wiedergewinnung ihrer ökonomischen Selbständigkeit, ihre erworbene marktgängige Berufsqualifikation, läßt sie in den paar beruflichen Karrierejahren (heimliche Altersgrenzen!) zugleich auch noch verfallen.

Ein zweifelhaftes Arrangement der Frauen mit dieser marktwirtschaftlichen Zwangslage ist das "Drei-Phasen-Modell" [76] : Berufsphase - Kinderbetreuungsphase - berufliche Wiedereinstiegsphase. Das Modell scheitert meist in der riskanten dritten Phase. In der Realität bedeutet die Endstufe des Drei-Phasen-Modells dann: Berufsleben - Kindererziehung - billige Ersatz- und Teilzeitkraft mit beruflichem "Karriereknick" oder gleich definitive Chancenlosigkeit auf dem Arbeitsmarkt. Diese marktwirtschaftlichen Aussichten veranlaßten nach der "Wende" nicht wenige Frauen in den neuen Bundesländern, ihren Bewerbungsunterlagen von sich aus oder auf Aufforderung der Arbeitgeber eine Sterilisierungsurkunde beizufügen. Sie wollten damit beweisen, daß Phase 1 bei ihnen nicht ansatzweise durch Phase 2 unterbrochen wird. [77] Einen Arbeitsplatz garantierte ihnen bekanntlich selbst dieser biologische Eingriff ins offizielle Frauenbild nicht.

Das soll keineswegs heißen, daß die neuere Entwicklung eine reine Indienstnahme der Frauen war. Die jüngere Jugendbiographie von Mädchen wird auch durch emanzipative Lichtblicke bestimmt. Die Bildungsreform der 60er und 70er Jahre und die Reformen des Rechtssystems, speziell des Familienrechts, führten zu neuen Leitbildern und zu moralischen Umbrüchen besonders für Frauen. Eine wichtige Rolle spielt dabei die "Revolution der Empfängnisverhütungstechnologie" (RERRICH). Damit

---

75 Vgl. Rerrich 1990, S. 41 ff.
76 Vgl. Rerrich 1990, S. 124 f.
77 Vgl. FR (dpa/geg) v. 21.5.1992, S. 1 unter der Überschrift: "Arbeit nur für unfruchtbare Frauen? Ostdeutsche Frauenbeauftragte erheben schwere Vorwürfe gegen Arbeitgeber." Darin heißt es, daß es in der DDR jährlich nur 200 - 400 Sterilisationen gegeben habe, während 1991 allein in der Magdeburger Klinik 1.200 Sterilisationen durchgeführt worden sind. Insgesamt betreffe dies in den östlichen Bundesländern vorwiegend kinderlose Frauen im Alter zwischen 19 und 33 Jahren.

"wurde es Frauen erstmals in der Geschichte der Menschheit möglich, sich mit nahezu 100%iger Sicherheit vor unerwünschten Schwangerschaften zu schützen." [78]

'Die Pille' verlieh der Frau *Autonomie* gegenüber ihrer *biologischen* Verfaßtheit. Sie gewann ein Stück Freisetzung aus Naturkategorien und damit eine qualitativ neue, *reell verfügbare Voraussetzung personaler Selbstbestimmung*, wie sie der Mann immer schon hatte. [79]

Die neuen Verhütungstechniken ermöglichen vor allem auch eine *freie* Entscheidung *zum* Kind. In *beiden* Entscheidungsrichtungen - für oder gegen ein Kind - liegt für Frauen ein enormer *Zugewinn an personaler Freiheit* zur Lebensgestaltung. Die gesellschaftlichen Konseqenzen dieses weiblichen Emanzipationsschubes scheinen aber noch immer nicht im öffentlichen Bewußtsein zu sein. Erstmals kommt es nämlich wirklich maßgeblich darauf an, ob es überzeugende *Argumente* gibt, sich für ein, zwei oder mehrere oder eben auch für keine Kinder zu entscheiden. [80] Damit steht in der Tat eine *neue Bewährungsprobe für die Gesellschaft* an. [81] An ihren *Angeboten* wird sich erweisen, ob die Frauen ihr früheres, meist zufälliges 'biologisch-generativ determiniertes' Gebärverhalten auch "voluntaristisch" beibehalten. Sie können sich in Freiheit nun auch anders entscheiden, wenn sie beispielsweise die Ausstattung des von der Gesellschaft vorgesehenen Arrangements der Kinderbetreuung nicht überzeugt.

In diesem Kontext erlangen Befunde über die *strukturelle Kinderfeindlichkeit der Lebensumwelt* von kindererziehenden Familien eine ganz neue Qualität. Die praktische Antwort darauf ist für die weitere gesellschaftliche Entwicklung insgesamt von großer Wichtigkeit. Wichtig ist sie mir auch für eine Einschätzung des KJHG und der sozialpädagogischen Aufgabenstellungen unter seinen Maßgaben.

---

78 Rerrich 1990, S. 94.
79 Vgl. Rerrich 1990, S. 114 f. Vgl. Beck-Gernsheim 1986: "Im Enttäuschungsfall gaben früher die Frauen ihre Hoffnungen auf. Heute dagegen halten sie an den Hoffnungen fest - und geben die Ehe auf." (S. 223).
80 Bezeichnenderweise setzt der Bevölkerungsfonds der UN neuerdings auf die Betonung der Selbstbestimmung der Frau, aber auch auf Förderung ihres Zugangs zu Bildung, Beschäftigung und Wohnung: "Im Gegensatz zu ihrer Rolle als Ehefrau und Mutter werden Frauen als Individuen nicht wahrgenommen, dieses wird sich aber vielleicht bald ändern", sagt der Bericht. Die UNO hat die Selbstbestimmung der Frau offenbar - genau umgekehrt als Schäubles Klage von den aussterbenden Deutschen! - als probates Mittel zur *Begrenzung* des Bevölkerungswachstums erkannt. Sie sei "erforderlich hinsichtlich der Zahl und dem Zeitpunkt von Schwangerschaften... Durch den Abbau der Hindernisse für die *freie* Entscheidung der Frauen würden die Familien *kleiner* und das Bevölkerungswachstum gebremst", schreibt die FR unter der Überschrift "Frauen entscheiden über Bevölkerungsproblem" (FR v. 17.8.1994, S. 28; Hervorhebung G.N.).
81 Diese Konsequenz klingt im 8. Jugendbericht nur sehr dezent an im Zusammenhang mit Unwägbarkeiten der Bevölkerungsprognosen, vgl. S. 36.

2.2.5 Patriarchale Bequemlichkeiten und Widerstände gegen neue familiale Arrangements.

Die neue Rolle der Frau hat Auswirkungen auf die Rolle des Mannes im familialen Arrangement. Die genannten Faktoren bewirken eine *potentielle* Entmachtung der männlichen Dominanz im Berufsleben und in der privaten Partnerschaft. Bestimmte männliche Alleinzuständigkeiten und Alleinbequemlichkeiten stehen damit in Frage. Eine *reale* Balance im Geschlechterverhältnis steht vielfach noch aus. Das gilt speziell für die Kinderbetreuung und die immer öde Hausarbeit. Fast unglaubliche Untersuchungen belegen, daß die Väter noch weniger Hausarbeit leisten als kinderlose Männer, obwohl der Arbeitsanfall sich durch ihre Kinder deutlich erhöht. [82] Das führt zu Zweifeln an der "neuen Väterlichkeit". Es bestätigt eher die fortwährende Gültigkeit der alten geschlechtsspezifischen Herrschaftsstrukturen in der Familie. [83] Dabei wird von niemandem garantiert, daß die Gesellschaft die neuen Freiheiten im Geschlechterverhältnis nicht wieder kassiert.

Bereits die "massenhafte Verfügbarkeit von Empfängnisverhütungsmitteln" ist anscheinend für einen *wertkonservativen* Politiker ein Ärgernis. [84] Wolfgang SCHÄUBLES Konsequenz:

> "Wer eigenbrötlerisch für sich allein lebt, der lebt ausschließlich in der Gegenwart und hat - schon biologisch - keine Zukunft. Ein Land, das die hedonistische Selbstverwirklichung des einzelnen zum obersten Gut erhebt, hat seine Zukunft bereits hinter sich. Zukunftsfähigkeit hingegen wird begründet durch den Willen zur Gemeinschaft." [85]

So wird in meinen Augen den Frauen vom Standpunkt eines völkischen Beobachters aus im Namen einer ziemlich unhedonistischen und mit biologischen Notwendigkeiten legitimierten "Gemeinschaft" schon wieder ein ziemlich schlechtes Gewissen angetragen. Ob ihnen damit wirklich ein schlechtes Gewissen gemacht wird, hängt davon ab, ob die betroffenen Frauen sich daraus ein schlechtes Gewissen machen *lassen*. Daran läßt sich auch 200 Jahre nach der Aufklärung noch nachweisen, daß bestimmte, einmal erkämpfte und erreichte Zustände von Tabuüberwindung, weiblichem Selbstbewußtsein und von weiblicher Emanzipation jedenfalls dann zu leicht wieder kassiert werden können, wenn frau meint, sie seien Selbstverständlichkeiten und ein für alle mal gesichert. Damit sie zumindest wie bisher fortbestehen, müssen sie in einem Klima wertkonservativer Angriffe offenbar von denen offensiv verteidigt werden, die davon

---

82 Vgl. Metz-Göckel/Müller 1986, S. 54 f.
83 Vgl. Rerrich 1990, S. 164.
84 Vgl. Schäuble 1994, S. 23.
85 Schäuble 1994 S. 44.

überzeugt sind, daß sie von diesen Errungenschaften etwas für ihre Lebensgestaltung haben.

2.2.6   *Kennzeichen der modernen Jugendphase.*

Die skizzierten Veränderungen im Geschlechterverhältnis hatten selbstverständlich auch Auswirkungen auf die Jugendphase, als auch hier von einer Angleichung der männlichen und weiblichen Schul- und Ausbildungsbiographie gesprochen werden kann. Ähnliches gilt für jugendliches Freizeit-, Sport-, Geselligkeits- und Sexualverhalten. Den weiblichen Jugendlichen hat die "stille Revolution der Mädchenbildung" (RERRICH) der 50er und 60er Jahre (Koedukation) einen enormen Bildungsaufstieg verschafft. Ebenso wuchs ihr subjektives Interesse an einer guten Ausbildung. [86]
Verändert hat sich auch der elterliche und professionelle Erziehungsstil. Mädchen ermuntert er zur Fortsetzung dieses Weges. Ein weiteres Kennzeichen des neuen Erziehungsstils ist die Förderung und Betonung individualitätsbezogener Persönlichkeitsmerkmale. Eltern der Mittelschicht setzen mehr auf partnerschaftliches Verhalten oder auf kumpelhaftes Verhalten zum Kind als auf strafende, autoritäre Erziehungspraktiken. Sie zeigen Respekt vor der Persönlichkeit des Kindes. [87] Das wird auch als zunehmende Psychologisierung der Kindheit bezeichnet. [88] Zugleich spielen Konsumgegenstände und Medien eine dominante Rolle im Erziehungsprozeß, besonders für die Eltern und ihre Kinder, für die sie zu Statusbeweisen und Ersatzwelten werden. Der DEUTSCHE KINDERSCHUTZBUND bezeichnete das schon als Zwang in die "Lacoste- und Benetton-Gesellschaft". [89]
Eine zentrale Stelle im Leben Jugendlicher nimmt die *Freizeit* ein. [90] Infolge der Verlängerung von Schul- und Ausbildungszeiten verlängert sich auch die Zeit ihrer Freistellung von einer Erwerbsarbeit. Vorausgesetzt, ihnen wird dieser Übergang überhaupt ermöglicht. Das Berufseintrittsalter verschob sich zunehmend in spätere Lebensjahre, wenn auch schichtspezifisch unterschiedlich. Die frühere "Normalbiographie" mit Schule, Berufsausbildungsabschluß, Berufseintritt mit etwa 22 Jahren und dann Heirat und Familiengründung verkörpert heute nur noch der Industriefacharbeiter. [91] Studierende sind oft mit 27 bis 30 Jahren

---

86 Vgl. Rerrich 1990, S. 108 ff.
87 Fuchs 1983, S. 348 ff; vgl. die entsprechenden Ergebnisse der Shell-Studie 1985.
88 Vgl. Rerrich 1990, S. 149 ff.
89 Vgl. FR-Bericht 15.9.1994, S. 1.
90 Vgl. 8. Jugendbericht 1990, S. 59 f.
91 Vgl. 8. Jugendbericht 1990, S. 29, 52 ff.

finanziell noch nicht unabhängig. [92] Bestenfalls leben sie sozial ungesichert auf Grundlage von Jobs. Dagegen rückt die sozio-kulturelle Reife in immer frühere Lebensjahre vor. Bereits im 12. oder 13. Lebensjahr beherrschen Jugendliche alle wesentlichen Kulturtechniken und Freizeit-Verhaltensmuster. Die damit umschriebene ausgedehntere Jugendphase, d.h. die Jahre zwischen soziokultureller Reife und sozio-ökonomischer Konsolidierung, umfaßt vielfach eine Zeitspanne von 10 bis 15 Jahren oder mehr. Infolge der Freisetzung Jugendlicher erstens von dem "Ernst" des Erwerbslebens, zweitens von materiellen Mitteln und drittens von der Zuständigkeit und Verantwortung für ihre eigenen reproduktiven Lebensbereiche ergeben sich für sie eigentümliche Chancen der "Persönlichkeitsentwicklung" und "Spielräume" für Experimente. Der DEUTSCHE KINDERSCHUTZBUND schätzt die Zahl von Kindern und Jugendlichen,

> "die in Deutschland verbotene gewerbliche Arbeit leisten, etwa morgens um fünf Uhr auf Großmärkten", auf "mindestens 500 000". "In der Schule klagten dann viele über Müdigkeit, Konzentrationsschwäche und Rückenschmerzen." [93]

Viele Jugendliche nutzten ihre Freizeit zur Entfaltung ihrer *Jugendkulturen*. [94] Informelle Gruppen von Gleichaltrigen (peer-groups) bilden in dieser jugendtypischen und teils künstlichen Welt von Techno-Musik, subkulturellen Szenen, Computerspielen, Risiko-Verhalten, von Stilen und Bricolagen, von vielfältigen sportlichen Betätigungen oder tradiertem Vereinsleben in ländlichen Regionen den sozialen Bezugspunkt, die sogenannten sozialen "Milieus", in denen Sozialisationseffekte eintreten, die vielleicht früher im familialen Rahmen stattfanden oder insgesamt neuartig sind:

> "Cliquen, Jugend(sub)kulturen und Szenen werden hier zum wichtigen Bezugspunkt des jugendlichen Identitätsfindungsprozesses und kompensieren jenes 'Sozialisationsloch', das gesellschaftlich mit dem Wandel von Familie und Normalerwerbsbiographie einhergegangen ist." (Krause) [95]

Durch den Zuwachs außerfamilialer Sozialisationsfelder, Erfahrungsräume und Lernorte ergibt sich umgekehrt rein praktisch wieder ein weiterer Bedeutungsverlust der Familie als alleiniger oder überwiegender Sozialisationsinstanz. [96] Einen Ersatz für die praktisch-materielle Absicherung im "Elternhaus" bilden die außerfamilialen Sozialisationsfelder jedoch deshalb noch lange nicht. Nach partiellen und experimentellen Ablöseprozessen von den Eltern kehren die Jugendlichen noch lange Jahre in deren Wohnbereich zurück. Zwar lassen sie

---

92 Vgl. ebenda.
93 Kinderschutzbund lt. FR v. 15.9.1994, S. 1.
94 Vgl. Baacke 1993, S. 201 ff.
95 Krause 1992, S. 99.
96 Vgl. Borsche 1993, S. 26 ff; Mann 1993, S. 63.

sich von ihren Eltern nichts mehr vorschreiben, benötigen und beanspruchen aber immer noch deren Unterhaltsmittel und lassen wie früher auch ihre Wäsche weiterhin dort versorgen. Das damit umschriebene "biographische Moratorium" postmoderner Jugendzeit nennt man auch die Zeit paradoxer und widersprüchlicher Identitätsfindungsprozesse. [97]

Eine Deutung des Übergangs von dieser strukturellen Dimension in die subjektive Dimension finde ich in einer grundlegenden Bestimmung dieses "Moratoriums" bei ERIKSON, der diese Periode als ein *"psychosoziales* Moratorium" bezeichnet,

> "währenddessen der Mensch durch freies Rollen-Experimentieren sich in irgendeinem der Sektoren der Gesellschaft seinen Platz sucht, eine Nische, die fest umrissen und doch wie einzig für ihn gemacht ist. Dadurch gewinnt der junge Erwachsene das sichere Gefühl innerer und sozialer Kontinuität, das die Brücke bildet zwischen dem, was er als Kind war, und dem, was er nunmehr im Begriff ist zu werden; eine Brücke, die zugleich das Bild, in dem er sich selbst wahrnimmt, mit dem Bild verbindet, unter dem er von seiner Gruppe, seiner Sozietät erkannt wird." [98]

Die psychische Seite der Jugendphase spielt für ihre Eigenart demnach eine konstitutive Rolle, und zwar nicht nur in den spezifisch subkulturellen Existenzformen. Hieran knüpft Dieter BAACKES Interpretation an. Daß Jugendliche mit der *Konstruktion* eigener Welten reagieren, ist danach eine kompensatorische, aber auch eine fordernde Haltung der Jugendlichen im Hinblick auf ihren weitgehenden Ausschluß aus der Welt der Erwachsenen. In ihren selbstkonstruierten Welten gelte die "Wahrheit der Oberfläche". Das hat für die Jugendlichen den Effekt, daß ihnen die in der Lebenswelt der Erwachsenen verweigerte Anerkennung dort zuteil wird. Der Maßstab ihrer Anerkennung sind die selbst gesetzten, "autonomen" Kriterien. [99] Ihre Erfüllung kann auch zur Folge haben, daß aus Anerkennungsritualen schließlich Zwangsformalitäten werden. Auch autodestruktive Übergänge sind dabei nicht ausgeschlossen. Nach Angaben des DEUTSCHEN KINDERSCHUTZBUNDES leiden 71 Prozent der Kinder an psychosomatischen Störungen, 34 Prozent an Allergien. 200.000 Kinder werden jährlich in psychiatrische Einrichtungen eingewiesen, 40 Prozent der Zwölf- bis 17-jährigen trinken regelmäßig Alkohol. [100] Auf der Suche nach dem Kick einer

---

97 Vgl. 8. Jugendbericht 1990, S. 60 ff; Baacke 1993, S. 227 ff; Rerrich 1990, S. 98 f; Heitmeyer 1992b.
98 Erikson 1995, S. 137 f.
99 Baacke 1993, S. 184 ff (3.4. "Mode, Konsum, Oberfläche: Stil und Bricolage.").
100 Vgl. Presseerklärung in: FR v. 15.9.1994, S. 1. Nach einer Untersuchung des Leipziger Psychologen Harald *Petermann* verdoppelte sich von 1993 bis 1995 in den 9. Klassen Sachsens die Zahl der Schüler, die regelmäßig Alkohol trinken. In der 8. Klasse zählt jeder zehnte Schüler zu den sogenannten "Vieltrinkern", in der 10. Klasse jeder fünfte. Unter "Vieltrinker" wird gefaßt, wer über drei Monate hinweg täglich mehr als zehn Gramm Alkohol trinkt, vgl. FR v. 6.2.1996.

konstruierten Erfüllung nehmen die Kids sogar massive Selbstschädigungen in Kauf [101] : Graffiti-Sprayer riskieren jahrelange Verschuldung, Fixer riskieren Gesundheit und Freiheit, S-Bahn-Surfer und Auto-Crasher riskieren ihr Leben. Schlußendlich finden auch gar nicht mehr gewaltige Übergänge in gewalttätige Rassismen statt ("Kanaken klatschen", "Spastis kippen", "Nazis kloppen") und tragen immer mehr Kinder "zum eigenen Schutz Waffen", wie der KINDERSCHUTZBUND beklagt. [102]

Daß das alles Ausdruck von "Orientierungslosigkeit" ist, wie Wilhelm HEITMEYER und andere Pädagogen meinen [103], finde ich nicht einleuchtend. Dagegen spricht, daß die Jugendlichen ausgesprochen "stolz" sind auf ihre spezielle "Identität". Sie lassen sich dabei auch sehr wohl von bestimmten Werthaltungen leiten. Wenn Jugendlichen diese zugelegte Identität so wichtig ist, daß sie sich dafür prügeln und verprügeln lassen, also alles in die Waagschale werfen, was sie haben, dann sollte man die *Inhalte* dieser gelebten Orientierung aus pädagogischer Perspektive ernst nehmen und thematisieren. Zur angemessenen sozialpädagogischen Intervention gehört außer dem Aufbau eines Gesprächsklimas und eines tragfähigen Vertrauensverhältnisses auch eine *kritische* Hinterfragung dieser Inhalte, der Rassismen, Nationalismen oder sonstigen Fanatismen. [104] Diese mit den Jugendlichen (sicher oft schwierig) zu erarbeitende *Be*urteilung kritikabler Einstellungen ist ein anderer Akzent, als sie einfach inhaltlich zu ignorieren. Ignorant in diesem Sinne ist für mich eine "sittliche", sprich obrigkeitliche, *Ver*urteilung dieser Einstellungen, aber auch ein "Ernstnehmen" der Jugendlichen, das bewußt *jenseits* von dieser ausgesuchten Identität ansetzt. Ich halte es für fatal, diese Befassung mit den Fanatismen programmatisch aus der pädagogischen Arbeit auszuklammern. Es erscheint mir wie Ironie, daß sich ein Konzept, das die Inhalte der jugendlichen Fanatismen aus methodischen Gründen *ignoriert*, ausgerechnet "*akzeptierende* Jugendarbeit" nennt (KRAFELD). [105]

---

101 Vgl. Baacke, S. 164 ff.
102 Vgl. Presseerklärung in: FR v. 15.9.1994, S. 1.
103 Vgl. Heitmeyer 1992a, 1992b S. 13, 77 ff; Krafeld 1992a, 1992b, S. 39 f. Mittlerweile ist dieser Erklärungsansatz auch zum offiziellen Deutungsmuster der psychosozialen Lage der Jugendlichen im Osten avanciert, teilweise im 9. Jugendbericht (S. 203, wobei dem aber weit differenziertere Passagen zur Werthaltung Jugendlicher widersprechen, vgl. S. 186-199: "Von einem Werteverfall kann angesichts dessen keine Rede sein."), vor allem aber in der Stellungnahme der Bundesregierung dazu: "In den fremdenfeindlichen Gewalttaten zeigt sich eine fundamentale sittliche Desorientierung der Täter und ihrer Cliquen." (9. Jugendbericht 1995, S. XII).
104 Vgl. Scherr 1992, S. 17 ff.
105 Krafeld 1992a, 1992b; zu der fachlichen Kontroverse insgesamt siehe den Sammelband Scherr 1992b. Siehe zu Krafelds Ansatz ferner unten Kapitel 3.2.2.

2.3 Pluralisierung und Individualisierung: Darstellung und Kritik.

Die soeben skizzierten Daten der sozialen Lebensgrundlage, auf die sich das Jugendhilferecht und die Jugendhilfe als sozialpädagogische Arbeit beziehen, werden im 8. Jugendbericht unter Rückgriff auf bestimmte sozialwissenschaftliche Paradigmata beschrieben.

Im Zentrum steht dabei die von Ulrich BECK entwickelte *Individualisierungthese*.[106] Danach sei die gesellschaftliche Entwicklung der letzten Jahrzehnte durch sogenannte Modernisierungsschübe gekennzeichnet. Diese bestünden aus Rationalisierung, Technisierung, Planung sowie Bürokratisierung weiter Lebensbereiche. Folge davon sei eine tiefgreifende Verunsicherung, da diese Entwicklung im Unterschied zur vorangegangenen industriellen Umwälzung vor bestimmten traditionellen soziokulturellen Milieus des Alltags wie den hergebrachten familialen und kulturellen Lebensformen nicht mehr halt mache. Infolgedessen lösten sich solche traditionellen Bindungen und die darin verkörperten Werte zunehmend auf. Dies führe letztlich zur Vereinzelung des Menschen.

Hans BERTRAM hat diese Konzeption aufgenommen und im Hinblick auf Familien- und Jugendprobleme interpretiert.[107] Die zu Schlagworten verdichteten Kernthesen lauten dann im 8. Jugendbericht: "Pluralisierung von Lebenslagen und Individualisierung von Lebensführungen". Unter "Pluralisierung von Lebenslagen" ist nach dem 8. Jugendbericht folgendes zu verstehen:

> "Das Handeln heutiger Jugendlicher, ihre Optionen, ihre Chancen und Grenzen der Teilhabe an der gesellschaftlichen Entwicklung werden gegenwärtig in hohem Umfang von der demographischen Entwicklung mitbestimmt. Die Lebenssituation von Jugendlichen wird darüber hinaus von den unterschiedlichen ökonomischen Entwicklungen im Norden und im Süden der Bundesrepublik Deutschland, von den soziokulturellen Ausdifferenzierungen in den großen urbanen Zentren und den ländlichen Regionen, von der Zugehörigkeit zu unterschiedlichen ethnischen Gruppen, von der Entwicklung staatlicher Transferleistungen etc. in einer Weise beeinflußt, die es nach unserer Auffassung sinnvoll erscheinen läßt, von einer Pluralisierung der Lebenslagen von Kindern und Jugendlichen in unserer Gesellschaft zu sprechen."[108]

Bezeichnenderweise wird diese schöne Beschreibung bereits durch die hohen Quoten minderjähriger Sozialhilfebezieher weiter hinten im 8. Jugendbericht widerlegt - oder stellen die gar eine Bereicherung der "soziokulturellen

---

[106] Beck 1986.
[107] Bertram 1987, Bertram 1991. Auf diesem Theorem bauen die Ansätze zahlreicher hier einbezogener sozialpädagogischer Abhandlungen auf, so beispielsweise die von Heitmeyer 1992a, Heitmeyer 1992b; Rerrich 1990; Unger 1994 oder Thiersch 1992.
[108] 8. Jugendbericht 1990, S. 28.

Ausdifferenzierungen in den großen urbanen Zentren" dar? Ich denke eher, die Wortwahl verfälscht die Härte von Gegensätzen, Erniedrigungen und regelrechten Ausschlüsse vieler Jugendlicher von den gesellschaftlich reichlich vorhandenen Angeboten, Vergnügungen und Formen der Interessensentfaltung regelrecht, wenn man das als "Chancen und *Grenzen der Teilhabe* an der gesellschaftlichen Entwicklung" verharmlost und damit kleinredet.

Andererseits, wenn man das schon so sieht, ist es wiederum konsequent, diesen beschönigenden Befund in dem nichtssagenden Wort von der *Vielfalt* - lateinisch: Pluralität - "zusammenzufassen". Damit behauptet man, daß das Besondere an vielfältiger *Armut*, an vielfältigem *Ausschluß*, an vielfältigem *sozialem Elend*, an vielfältiger *Gewalt gegen Kinder* und Jugendliche ausgerechnet die "Vielfalt" sei.

Anfechtbar erscheint auch das Schlagwort von der *"Individualisierung* der Lebensführungen" in einer bestimmten Lesart. [109] Erstens: So neu kann die Idee nicht sein. [110] Ist Individualisierung nicht ein Charakteristikum der Entwicklung der bürgerlichen Gesellschaft mit dem freien und gleichberechtigten Individuum im Zentrum? [111] Man braucht nur an den hohen Stellenwert von "Menschenwürde" und "freie Persönlichkeitsentfaltung" zu denken. Zweitens: Kaum ist im 8. Jugendbericht von "Individualisierung" die Rede, wird im gleichen Zuge vor ihren Gefahren gewarnt. Sie heißen: "Risiko", "fehlende klare Orientierung" und fehlende geistig-moralische Führung. [112] Es würden "keine klaren Maßstäbe mehr vermittelt", formuliert Hans BERTRAM. Diese Analyse legt eine Schlußfolgerung nahe, die im 8. Jugendbericht und auch in anderen Texten, die auf der Individualisierungsthese aufbauen [113], meist so nicht gezogen wird. [114] Die Folgerung würde lauten: Sicherer als dieses von "Offenheit der Lebenssituation", von "Gestaltungsmöglichkeiten", "Lebensperspektiven", "Lebensentwürfen", "durch Komplexität und Vielfalt von Situationen überforderte" Individuum, lebt anscheinend jemand, der von einem "klaren", einfachen und rechten Leitbild der traditionellen Gemeinschaftsgebundenheit geführt wird. Und wer wäre das? Doch beispielsweise in der NS-Zeit ein führergläubiger *Volksgenosse* oder der an einem patriarchal-sexistischen "Leitbild" voll-orientierte *Macho* oder *Familientyrann*, der seine persönlichen Herrschaftsmaßstäbe

---

109 Vgl. 8. Jugendbericht 1990, S. 28-30.
110 Dies ist später auch von Hans *Thiersch* eingeräumt worden, der daher vorschlägt, nur noch von einem "Individualisierungsschub" zu sprechen (1992, S. 22); ähnlich Ulrich *Beck* 1986.
111 Vgl. beispielsweise Brigitte *Hansen* 1994, die nachweist, daß die Frauen sogar in der politischen Theorie von Thomas Hobbes (1588 - 1679) als gleichberechtigte Partnerinnen des Gesellschaftsvertrages mitgedacht bzw. unterstellt sind (S. 131 ff, 138).
112 8. Jugendbericht 1990, S. 30.
113 Vgl. beispielsweise *Heitmeyer* 1992a, 1992b.
114 Anders *Scherr* 1992a, dessen Aufsatz mich erst auf diese Idee gebracht hat.

anderen aufzwingt. Soll das etwa die insinuierte Rettung vor zu viel "Individualisierung" sein?

Im Schlagwort von der "Individualisierung der Lebensentwürfe" ist aber noch eine andere Verzerrung zumindest angelegt. Dabei gehe ich davon aus, daß jede BürgerIn versucht, mit ihren "gegebenen" Lebensvoraussetzungen möglichst zurechtzukommen. Das gilt auch für deklassierte Bevölkerungsschichten oder Altersklassen, auch wenn deren Bemühungen zurechtzukommen meist nicht besonders aussichtsreich sind. Dieses Zurechtkommen und *"Durchwursteln"* einschließlich ungewollter Warteschleifen und Zwischenarbeitslosigkeiten - der 9. Jugendbericht nennt diese biographischen Stolpersteine für die Jugendlichen in den östlichen Bundesländern vornehm die neuen "Schwellen" [115] - mit dem Schlagwort von den "individuellen *Lebensentwürfen*" zu beschreiben, scheint mir ablenkend. Aus einem *Objekt* widriger Lebensumstände werden ausgegrenzte Jugendliche damit unter der Hand zu Architekten und zu *Gestaltern* ihrer biographischen Lebenswerke hochstilisiert. Bei den hier zitierten Formulierungen von Spitzenvertretern sozialpädagogischer Intervention soll es sich aber nicht um Lyrik, sondern um eine ernsthafte analytische Grundlage sozialer Arbeit handeln. Ihre Wortwahl und die darin mitschwingenden Färbungen und Nebenbedeutungen rufen dagegen eher den Eindruck [116] hervor, daß die heutige Jugendphase bunter, facettenreicher, chancenreicher und interessanter wäre als je zuvor. Überspitzt könnte man entgegnen, daß man dann vielleicht nicht SozialpädagogInnen brauchte, sondern eher Animateure. Die Kritik am Gesellschafts-*Bild* der Sozialwissenschaftler, die das sozialpädagogische Fach mitprägen, läßt sich auch in folgende Worte fassen:

> "Das Faktum der Armut in der Vielfältigkeit seiner Erscheinungsweisen aufzulösen, die Gesellschaftsentwicklung der letzten Jahre also zu beschreiben als Weg von einer deutlich eindeutigen Armut zur Vielfalt bunter Lebensmöglichkeiten wäre falsch und sozialpolitisch fahrlässig." [117]

Dieser späteren kritischen Selbsteinschätzung eines Mitautors des 8. Jugendberichtes, Hans THIERSCH, kann ich nur zustimmen.

---

115 Vgl. 9. Jugendbericht 1995: "Die 'erste Schwelle': Jugend zwischen (!) Schule und Beschäftigungssystem" (S. 238 ff) und "Die 'zweite Schwelle': Übergang in den Arbeitsmarkt" (S. 267 ff).
116 Der 8. Jugendbericht betont dagegen (S. 29 rechts), daß der Begriff "in diesem Sinne nicht wertend gemeint" sei. Mir kommt das aber eher wie ein Dementi vor; siehe dazu unten 3.2.2 dieser Arbeit.
117 Thiersch 1992, S. 22; ähnlich die kritischen Bemerkungen über positive, idealisierende Suggestionen des Individualisierungsbegriffs von *Heitmeyer* 1992a, S. 21 f.

2.4 Sozialpädagogik - ein strukturelles Erfordernis der postmodernen Gesellschaft.

Demgegenüber möchte ich am Ende der Sichtung von sozialstrukturellen Grundlagen von Jugendhilfe noch einen weiterführenden Aspekt betonen, den die Analyse des 8. Jugendberichtes in ihren Detailaussagen nämlich auch enthält. Ich meine damit das, was als sozialstrukturelle Wirklichkeit hinter "Pluralisierung" und "Individualisierung" steht und was hinter den beklagten "Orientierungsschwierigkeiten" stecken könnte. Aus wertkonservativer Perspektive formuliert BERTRAM das Problem so:

> "Aufgrund der tiefgreifenden Veränderungen unserer Gesellschaft ist eine einfache Orientierung an vorgegebenen Werten und Normen zunehmend schwieriger geworden." [118]

Weshalb aber sollten sich junge Familien und Jugendliche zur Gestaltung neuer Lebensformen in einer tiefgreifend veränderten Welt überhaupt und ausgerechnet an unveränderten, "*vorgegebenen* Werten" orientieren? [119] Möglicherweise ist gerade der Verweis auf "vorgegebene Werten" so schwer zu erfüllen, weil diese Werthaltungen einfach nicht mehr zur modernen Lebenswelt passen. Ich denke dabei allein an traditionelle geschlechtsspezifische Leit- und Glücksbilder (Ehemann als "Du-bist-die-Welt-für-mich", Kleinwohnung mit Einbauküche ohne Garten als "Trautes Heim - Glück allein", Kinder als "Ein-und-alles" oder Friedrich Schillers "Der *Mann* muß hinaus ins feindliche Leben"; "Was *Hänschen* nicht lernt ..." etc.).

Wieso sollen es zweitens vorrangig "*Werte*" sein, die den jungen Menschen und ihren Familien fehlen. Fehlen ihnen nicht eher - siehe oben - kinder-, jugend- und familienfreundliche Infrastrukturen? "Kinder und Jugendliche brauchen Lebensräume und nicht nur Kinderzimmer", sagt C. Wolfgang MÜLLER. [120] Fehlen nicht vielen ergänzende materielle Mittel oder fachliche Hilfen, um einen eigenen Zugang zur qualifizierten Erwerbssicherung zu finden, wenn sie selbst es nicht schaffen? Oder benötigen sie nicht vergünstigte Zugänge zu Einrichtungen und Diensten, wenn sie im krassen Gegensatz zu ihren Alters- und Generationsgenossen und vor deren Augen in Formen moderner Armut leben müssen? Fehlen ihnen nicht soziale Kompetenzen, die sie angesichts gestiegener gesellschaftlicher Ansprüche und unübersichtlicher Verhältnisse nicht mehr selbstverständlich und naturwüchsig lernen? Dies wären alles Dinge, die *pragmatischer* und *fachgerechter* durch die sozialstaatliche Zuführung materieller

---

118 8. Jugendbericht 1990, S. 29.
119 Bei diesem wertkonservativen Standpunkt verwundert es nicht mehr, daß jede Orientierung an *anderen* Zielen sofort als "Orientierungs*losigkeit*" mißverstanden wird.
120 Müller 1992, S. 212.

Ressourcen, durch entsprechende Infrastruktur, durch materiell unterlegte sozialpädgogische Angebote und fachlich-lebenspraktische Anleitung vermittelbar sind als durch Laienpredigten von "vorgegebenen Werten".

Ich komme damit zu einem *Fazit*. Die Postmoderne hat sozialpädagogische Intervention keineswegs überflüssig gemacht, weder durch die Eigenarten moderner Armut noch durch die ungewohnten Anforderungen und ständigen Umbrüche neuer familialer Lebensformen noch durch die Herausforderungen der modernen Jugendphase. [121] Auf die Frage nach der spezifisch *sozialpädagogischen Aufgabenstellung* daraus antwortet C. Wolfgang MÜLLER, daß junge Menschen bestimmte Lektionen auf dem Gebiet 'soziale Kompetenzen' nicht mehr aus dem Lebenszusammenhang selbst heraus lernen, wie dies früher eher der Fall war. Andererseits sind die Ansprüche an soziale Kompetenzen heutzutage nicht nur andere, sondern höhere:

> "Die dafür notwendigen Kompetenzen stellen sich nicht von alleine ein. Sie müssen gelehrt und müssen gelernt, sie müssen vermittelt und sie müssen angeeignet werden. Soziale Arbeit beginnt dort, wo die Generierung sozialer Kompetenzen nicht mehr selbstverständliches Nebenprodukt des allgemeinen Lebensprozesses ist." [122]

Es ist also umgekehrt: Sozialpädagogische Intervention und Dienstleistung erweisen sich durch diese Problemlagen als *strukturelles Erfordernis der postmodernen Gesellschaft*, weil sie das zu leisten und zu vermitteln vermag, was in diesen Strukturen auf naturwüchsige oder selbstverständliche Weise nicht mehr ausreichend vorgelebt, erlernt, vermittelt wird. Inwiefern und auf welche Weise Sozialpädagogik dies zu leisten vermag, damit befaßt sich das folgende Kapitel.

---

121 Ich habe mich dabei bewußt auf eng mit Jugendhilfe verbunde Problemfelder beschränkt. Das ist keine Ausgrenzung anderer sozialpädagogischer Arbeitsgebiete wie z.B. im Gesundheits- oder Behindertenbereich, in der Altenarbeit etc.
122 Müller 1992, S. 212.

3 Der methodische Kontext der Jugendhilfe

3.1 Sozialpädagogische Methoden in ihrer Kontextgebundenheit.

Methoden sind das besondere Handwerkszeug der Sozialpädagogik zur Umsetzung ihrer Anliegen und Aufgaben auf Grundlage des sozialstrukturellen Hintergrundes. [123] Das Klientel oder Klientensystem spielt dabei eine entscheidende Rolle, denn auf diese bezieht sich die Methode. Zweitens ist das jeweilige Handlungsziel zu benennen. Drittens sind die spezifischen Hindernisse oder Unterstützungsfaktoren zur Zielerreichung einzubeziehen, also der Weg in dem angestrebten Interaktionsprozeß. Dabei ist, wie in allen agogischen - handlungsorientierten - Dizipinen, mit Unwägbarkeiten zu rechnen. Daß man mit Unwägbarkeiten zu rechnen hat, ist ein Widerspruch, der zum pädagogischen Handeln und erst recht zum sozialpädagogischen Handeln dazugehört. Dieser Widerspruch charakterisiert es geradezu.

Die in Methoden und die in ihre Anwendung eingehenden Faktoren stehen untereinander im Verhältnis wechselseitiger Beeinflussung. Eine Methode sozialpädagogischen Handelns ist kein Rezept und erst recht kein "Trick". [124] Maßgeblich ist der Kontext:

> "Methoden der Sozialpädagogik können also, soll der Anspruch gewahrt bleiben, daß sie sinnvoll sind, nicht von den umfassenden konzeptionellen Überlegungen abgelöst werden, da sie immer mit Voraussetzungen verbunden sind, die ein spezifisches Verhältnis zum Subjekt und zur Gesellschaft zum Ausdruck bringen." [125]

Um in meiner Darstellung der Kontextgebundenheit sozialpädagogischer Methoden zu entsprechen, versuche ich im folgenden, bestimmte *Grundlinien der Methodenentwicklung* nachzuzeichnen. Die Art der Darstellung soll auch deutlich machen, daß die Entstehung des heutigen Methodenarsenals ein widersprüchlicher Prozeß war und das Ergebnis von vielfältigen Auseinandersetzungen, die noch fortwirken.

---

123 "*Methode* ist ein vorausgedachter Plan der Vorgehensweise." (Geißler/Hege 1992, S. 24); "In jedem Fall ist mit Methode ein Verfahren gemeint, das unmittelbar auf die Erreichung eines bestimmten Zweckes abzielt. Es ist also zielgerichtet. ... In der sozialen Arbeit sind deren Methoden (...) auf Menschen ausgerichtet, die sich in sehr konkret-sinnlichen sozialen Lebensverhältnissen befinden." (Erler 1993, S. 82).
124 Vgl. Geißler/Hege 1992, S. 137.
125 Geißler/Hege 1992, S. 25.

3.1.1 Weshalb amerikanische Methoden im deutschen Methodenwesen?

Die drei klassischen Grundtypen in den Vorgehensweisen sozialer Arbeit sind soziale Einzel(fall)hilfe, soziale Gruppenarbeit und Gemeinwesenarbeit. Die drei Ausdrücke leiten sich aus dem US-amerikanischen Verständnis von "social work" ab, das in der Bundesrepublik Deutschland in den 50er und 60er Jahren weitgehend aufgenommen wurde. Ihr Oberbegriff heißt "Methoden". In den USA heißen die Methoden "casework", "groupwork" und "community organization".[126] Die amerikanischen Ausdrücke meinen aber nicht unbedingt das gleiche, was man damals und heute unter den entsprechenden deutschen Fachausdrücken verstand und versteht.

In der deutschen Fachsprache gibt es heute die Ausdrücke "soziale Einzelhilfe" neben den Amerikanismen "Case-work" und neuerdings "Case-Management" oder "Care-Management" und "Invironment". Bei der "Einzelhilfe" steht der einzelne im Zentrum. Dabei kann es sein, daß der hilfsbedürftige Klient eine Fülle von verschiedenen Problemen hat. "Case-work" meint demgegenüber "soziale Fallarbeit". Sie hat ihr Zentrum und zumindest ihren Ausgangspunkt in einem Fall oder Problem. Dabei kann es sein, daß daran mehrere Personen beteiligt sind, etwa bei einem Familienproblem. Der Ausdruck und die Methode wurden in der amerikanischen Familienberatung entwickelt.[127] "Care-Management"[128] bezieht sich auf alte Traditionen ganzheitlicher Erfassung von Notlagen.[129] Alice SALOMON nannte es "Menschen mit dem ganzen Netz ihrer Beziehungen".[130] Care-Management bringt Betroffene und Beteiligten an einen Tisch, es mobilisiert Ressourcen (ursprünglich im Sinne von: soziale Hilfsquellen), arbeitet notfalls auch unkonventionell und schafft so Bedingungen für gegenseitige Hilfen. "Case-Management" ist die Bemühung, diverse problemlösende Ressourcen für den Klienten zu erschließen, darunter die geeignetsten auszuwählen und ihm verfügbar zu machen. Es verbinden Momente von Einzelfallhilfe wie Arbeit mit den Stärken des Klienten mit Ansätzen aus der Gemeinwesenarbeit wie die Nutzung informeller Netzwerke und institutioneller Dienste.[131] Der Case-Manager ist Berater, Anwalt und Koordinator zugleich. Sein originäres Betätigungsfeld hat er in der Verschachtelung und Unübersichtlichkeit einzelner caritativer oder sozialer (Privat-) Einrichtungen der Vereinigten Staaten. Insofern ist Case-Management primär ein Produkt von Besonderheiten des dortigen Sozialsystems, also sozialstrukturell bedingt.

---

126 Vgl. dazu 8. Jugendbericht 1990, S. 169 ff; Erler 1993, S. 81 f (84 f).
127 Vgl. DV-Fachlexikon 1986, S. 235 f (Einzelhilfe - Nuna Boll-Neidhart).
128 Vgl. 8. Jugendbericht 1990, S. 168.
129 Vgl. Müller 1992, S. 207.
130 Salomon 1926.
131 Vgl. 8. Jugendbericht 1990, S. 168.

3.1.2 Der historische Kontext der deutschen Methodenentwicklung.

Der Bedeutungswandel des sozialpädagogischen Fachverständnisses seit den 60er Jahren hat aber nicht nur sozialstrukturelle, sondern auch *historische* Gründe. Sie weisen in die erste Hälfte des 20. Jahrhunderts, aber auch in die 70er Jahre. In das deutsche Fachverständnis der drei methodischen Sammelbegriffe fließen Traditionen aus der reformpädagogischen Bewegung und der Jugendbewegung vor und nach dem ersten Weltkrieg ein. [132] Daneben fließen Traditionen ein von den Anfängen systematischer sozialer Arbeit unter Alice SALOMON [133], aus ihren sozialen Frauenschulen und aus der bürgerlichen Frauenbewegung insgesamt. Zum anderen haben sich die Begriffsinhalte in den letzten dreißig Jahren verändert und differenziert und sind in übergreifende Konzeptionen eingeordnet worden.

Der Grund für die mit der Übernahme der amerikanischen Arbeitsweise auszufüllende *Lücke* liegt in der "Tatsache, daß die Fürsorge in Deutschland während des Faschismus mehr als nur korrumpiert war". [134] In die Ausbildungspläne der nationalsozialistischen Volksfürsorgerinnen drangen auch praktische, weltanschauliche und medizinische Lehrinhalte der *nationalsozialistischen Ideologie* ein wie

- Adolf Hitler und die NSDAP,
- Grundzüge der Erbgesundheitslehre (u.a. zur Einteilung der Klientel in "Wertvolle" und "minder Wertvolle"),
- die Rassenkunde; "Berechnung" der Abstammung (z.B. 1/8-Jude),
- "nationalsozialistische Haushaltsführung": gesundheitlich, artgemäß bodenständig, sparsam,
- Grundlagen der "gesunden Familie",
- "Volksgemeinschaftspflege" ("Beseelung organisierter Gemeinschaften", Brauchtum der nordisch-germanischen Überlieferungswelt"). [135]

Durch diese "Übergangsbestimmungen für die Gestaltung des Unterrichts an den sozialen Frauenschulen" vom 27.1.1934 erfuhr die Ausbildung von Fürsorgerinnen eine grundlegende Veränderung. Daß man sich dessen damals bewußt war, zeigt folgendes Zitat zu den Übergangsbestimmungen:

---

132 Vgl. Müller 1991, S. 148; Geißler/Hege 1992, S. 174 ff.
133 Siehe Salomon 1926; dazu eingehend Müller 1991, S. 123 ff.
134 Erler 1993, S. 84; vgl. dazu Otto/Sünker 1989, speziell Baron 1989.
135 Vgl. Baron 1989, S. 94 ff;

> "Damit fällt viel von bisher Behandeltem im Unterricht fort, andere Unterrichtsstoffe treten dafür auf, und die Bahn wird vor allem frei für Anleitung zu sicherem Zugriff (!) und zielbewußtem, frohem Schaffen", [136]

Das heißt allerdings keineswegs, daß die Ausbildung der nationalsozialistischen Volksfürsorgerin an den gleichgeschalteten "Nationalsozialistischen Frauenschulen für Volkspflege" *keine* Methoden oder fachliche Qualifikationen vermittelt bekamen. Autoren, die sich mit diesem dunklen Kapitel der Vergangenheit beschäftigen, behaupten das zwar gelegentlich. So kommt beispielsweise ein an sich recht kritischer Autor wie Rüdeger BARON in seiner Analyse von nationalsozialistischen Lehrplänen der Volksfürsorgeausbildung zu dem Ergebnis: "Für die Vermittlung eigenständiger sozialpädagogischer Methodik blieb hier kein Raum!" [137] In meiner Diplomarbeit zum Thema "Fürsorge im Nationalsozialismus" kam ich in der Analyse der NS-Ausbildungspläne dagegen zu einem anderen Resümee:

> "Der Begriff Fachlichkeit wird m.E. falsch verwendet, wenn damit ein qualitativer, informeller oder moralisch bewerteter Inhalt beurteilt wird. Was wir heute unter wissenschaftlicher Fachlichkeit verstehen, wurde durch die damals für wissenschaftlich erachtete Fachlichkeit der Nationalbiologie ersetzt. Es ist m.E. falsch, wenn man *nicht* vorhandene *Fachlichkeit* reklamiert; vielmehr sollten die *Inhalte* der Fachlichkeit untersucht werden. Daß diese Fachlichkeit im Unterschied zu heute sich gegen das Individuum richtete, persönliche Probleme ignorierte und menschenverachtend war, steht außer Frage." [138]

Die spezifischen *Inhalte* der von methodischem Handeln bestimmten Fachlichkeit sozialer Arbeit sind daher ein Ergebnis von vielfältigen Auseinandersetzungen. In diesen Auseinandersetzungen geht es auf fachlicher, auf fachpolitischer und auf gesellschaftspolitischer Ebene um den gesellschaftlichen Auftrag von sozialer Arbeit. Diese immer zeitbedingten Inhalte und Aufträge von Sozialpädagogik sind damals wie heute immer neu zu prüfen. Sie sind *stets* politisch, auch wenn sie in einer bestimmten Zeit - meistens in der jeweiligen Gegenwart - als ganz "selbstverständlich" und als "rein fachlich" gelten oder sich verharmlosend in diesem Sinne (miß-)verstehen.

---

136 Zentralblatt 1934, S. 46 f. - Das skizzierte Kern-Curriculum des Reichserziehungsministeriums wurde von einigen Schulen nach Recherchen von Baron unverändert als Ausbildungsplan übernommen, nicht nur von NSV-Schulen, sondern auch von freien Trägern, wie der Schulprospekt der Evangelischen Wohlfahrtsschule Gelsenkirchen von 1934 belegt (vgl. Baron 1989, S. 95).
137 Baron 1989, S. 99.
138 Nüberlin 1990, S. 32.

3.1.3 Methodenkritiken der 68er Bewegungen.

Die Methodenkritik aus der Zeit und dem Umfeld des 4. Jugendhilfetages 1969 in Nürnberg [139] titulierte SozialarbeiterInnen als "Sozialsanitäter". Der Einzelfallhilfe warf sie im Kern vor, sie reduziere soziale Notlagen auf individuell-familiäre Probleme. Soziale Probleme etikettiere sie als Anpassungsprobleme des einzelnen. [140] Einzelfallhilfe diskriminiere

> "weit davon entfernt, den Klienten über die wahren Ursachen seiner Hilfsbedürftigkeit aufklären zu können, ... statt dessen die Opfer einer pathologischen Gesellschaft und betreibt weiterhin deren Anpassung an die krankmachenden Verhältnisse". [141]

Auf fachlicher Ebene führte der Vorwurf der Anpassungstechnologie zum Vorwurf mangelnder theoretischer Fundierung der sozialpädagogischen Intervention. Daraus zog man zwei verschiedene Konsequenzen. Eine ging dahin, die institutionellen und gesellschaftspolitischen Rahmenbedingungen in die Reflexion einzubeziehen und nach Veränderungsmöglichkeiten dieser Praxis zu streben. [142] Die andere Konsequenz war um Entlastung und Herauslösung der Klienten aus ihrer psychischen Isolation in der "pathologischen Gesellschaft" bemüht und benutzte dazu psychologische Verfahren. [143]

Die auf Gesellschaftsveränderung drängenden Teile der Studenten und kritischen Sozialarbeiter warfen der praktizierten Gruppenpädagogik genau das vor, daß sie zu psychologisch vorgehe. Sie habe sich von einer auf Demokratisierung und Emanzipation angelegten Interaktionsform zu einer therapieähnlichen Behandlungsform heruntwickelt. Damit sei sie konfliktscheu und unpolitisch geworden. [144]

Eine innerfachliche Ausflucht aus solchen Konfrontationen bestand offenbar darin, daß man die alte "Methodenlehre" vom Lehrplan nahm und durch eine pragmatische *Arbeitsfeldorientierung* ersetzte. Man orientierte sich damit an der tradierten Praxis, die man vorfand. Nach C. Wolfgang MÜLLER soll aus diesem zuerst defensiven Ansatz später das Projektstudium und die studienbegleitenden Praxissemester erwachsen sein. [145]

Der radikalere Ausweg aus den Vorwürfen, die insgesamt repressive Gesell-

---

139 Dokumentiert bei Müller 1992, S. 133 ff.
140 Vgl. 8. Jugendbericht 1990, S. 170; Müller 1992, S. 140.
141 Sozialpädagogische Korrespondenz - SPK 1970, Heft 17, S. 4 - Zeitung kritischer "Kindergärtnerinnen, Erzieher, Jugendpfleger und Sozialarbeiter in Praxis und Ausbildung", Berlin, zitiert nach Müller 1992, S. 140, 141.
142 Vgl. Müller 1992, S. 142 ff.
143 Vgl. Müller 1992, S. 175 ff.
144 Vgl. Müller 1992, S. 140.
145 Vgl. Müller 1992, S. 142, 152 ff.

schaft verunmögliche eine emanzipative Einzelfallarbeit, war der Übergang in "aggressive" Konzepte der *Gemeinwesenarbeit*. Sie sollten als *Mittel der Gesellschaftsveränderung* dienen. Dafür stand die - damals neuartige - Stadtteilarbeit nach Entwürfen von Saul ALINSKY. [146] Propagiert wurde sie in Frankfurt am Main, Hamburg und Berlin/West. Zuerst umgesetzt wurde sie in Berlin/West in ihren drei Grundsätzen Selbstorganisation, demokratische Stellung der Machtfrage und überregionale Organisation.

Derartige Experimente liefen zeitlich, örtlich parallel und im gleichen geistigideologischen Kontext zur sogenannten *Heimbewegung*. Das war der Name für eine theoretische und praktisch-rebellische Kritik der tradierten Heimerziehung Jugendlicher. [147]

Die damaligen Erziehungsheime mit autoritären Strukturen galten als Inbegriff der pädagogischen Repression des kapitalistischen Systems. Die jugendlichen Heimzöglinge wurden deshalb von den Studenten als schnell zu mobilisierende Kämpfer gegen das System (ein-) geschätzt. Studentische Kommunen wurden in der Folge auch von entlaufenen Heimzöglingen bestürmt, aber nicht in deren Sinne. Ihre politischen Erwartungen erwiesen sich als illusionär. Der ursprüngliche Ansatz der Heimbewegung scheiterte. Dennoch hat die Heimkampagne auf eine Misere aufmerksam gemacht. Dabei hat sie im Keim vielfältige neue Formen sozialer Arbeit hervorgebracht: Zuerst "proletarische", dann alternative Stadtteil- und Jugendarbeit zum Beispiel, ferner Betriebsarbeit, selbstorganisierte Heime (Georg-von Rauch-Haus in Berlin), Arbeit mit straffälligen Jugendlichen außerhalb des Justizvollzuges (siehe die spätere ambulante Bewegung mit Täter-Opfer-Ausgleich, sozialen Trainingskursen etc.). Auch die Einrichtung regionaler Plena der sozialpädagogischen Fachkräfte zum Austausch und auch zur selbstorganisierten Fortbildung (QUABS) oder eine Heimerzieher-Zeitung (HEZ) gehen als neue Arbeitsformen und Formen der Selbstreflexion auf die Zeit der Heimkampagne zurück. Und einen weiteren "Makro-Aspekt jeder vernünftigen Methodenlehre" hebt C. Wolfgang MÜLLER aus der Heimbewegung hervor:

> "Die Analyse der gesellschaftlichen Bedingungen, die jene sozialen Probleme erzeugen, die methodisches Arbeiten überhaupt erst notwendig machen". [148]

Die hier in Schlagworten angerissene kritische Intervention von Studentenbewegung und von alternativen Bewegungen in die tradierte Methodenanwendung der sozialen Arbeit hat ihr jedenfalls Innovationen gebracht, neue Handlungsmuster und neue fachliche Orientierungen. Das geschah sicher nicht immer auf direktem Wege. Es waren Widerstände zu überwinden und es fanden

---

146 Vgl. Alinsky 1973; vgl. dazu ferner 8. Jugendbericht 1990, S. 170, und Müller 1992, S. 142 f.
147 Dazu eingehend Müller 1992, S. 162 f.
148 Müller 1992, S. 165.

Überzeichnungen statt. [149] Es dauerte Jahre, bis die soziale Arbeit die Anliegen oder systemverträgliche Verwandlungen dieser Anliegen der "68er-Rebellen" für ihr Fach annahm und einarbeitete. Heute erscheinen diese Innovationen als nichts Besonderes mehr. Sie zählen längst zum "normalen" und ausbildungsrelevanten Arsenal [150] :

- Selbstorganisation als neue Form der Selbsthilfe,
- Selbsthilfegruppen,
- Selbsterfahrungsgruppen,
- fachlich begleitete Bürgerinitiativen,
- soziale Brennpunktarbeit,
- Stadtteilarbeit,
- Netzwerkarbeit,
- Partnerschaftlichkeit,
- Subjektorientierung,
- Parteilichkeit für die Klienten,
- Berücksichtigung der 'anderen Seite' als "Bündnispartner",
- neue Kooperationsformen von SP und KlientIn,
- selbstkritisches Selbstverständnis der sozialen Arbeit,
- fallbezogene Supervision,
- Sozialstaatskritik aus der Betroffenenperspektive,
- die Forderung nach strukturellen Veränderungen,
- das Prinzip Einmischung

und anderes mehr.

3.1.4 Das klinisch-kurative Paradigma.

Eine Rückzugslinie aus diesen gesellschaftskritischen Tendenzen, war demgegenüber das "klinisch-kurative Paradigma" [151]. Es ließ sich durchaus in das traditionelle Verständnis von 'besserwisserischer' Fürsorglichkeit einfügen. Die fachwissenschaftliche Legitimation dafür lieferte die Psychologie. Damit einher ging eine Psychologisierung der sozialen Arbeit überhaupt, und zwar mit unterschiedlichen Akzenten.

---

149 Vgl. dazu eine typische Äußerung aus dem 3. Jugendbericht (1972). Dieser nennt "soziale Gruppenarbeit als Ansatz für eine fruchtbarere und wirkungsvollere Form der Arbeit gegenüber (!) der herkömmlichen Einzelfallhilfe" (S. 76).
150 So die zusammenfassende Bewertung von C. W. Müller 1992, S. 165.
151 8. Jugendbericht 1990, S. 170.

Eine Richtung der Psychologisierung sozialer Arbeit stellen die *gruppendynamischen Konzepte* dar, also diverse Formen von Gruppentherapie, von Managertraining und später daraus abgeleitet von Social Management, aber auch neue Formen offener Jugendarbeit.

Diese Tendenz knüpfte an dem Konzept der *Gruppendynamik* an, das nach dem 2. Weltkrieg von Kurt LEWIN in den USA entwickelt wurde. Seine Gruppenlernprozesse dienten einer besseren Einschätzung des eigenen Verhaltens und seiner Wirkung auf andere (feed back). Das sollte zu entsprechenen Verhaltensmodifikationen mit höherer sozialer Sensibilität und Kompetenz führen. Der pragmatische Anwendungsfall war die Reintegration schwarzer US-Bürger in den Arbeitsmarkt nach ihrer Kriegsentlassung. Das erforderte den Abbau von Vorurteilen und Blockaden. In Deutschland wurde das Konzept modifiziert zur "themenzentrierten interaktionellen Methode" (TIM) oder kurz: "themenzentrierten Interaktion" (TZI). [152] Charakteristisch für dieses gruppendynamische Konzept der 70er Jahre war, daß der Lernprozeß sich vordergründig um ein Sachthema drehte. Tatsächlich war das Sachthema aber nur ein Medium für die Thematisierung der Beziehungsebene der Teilnehmer. Ihr didaktischer Sinn besteht im Schonraumcharakter, der die Teilnehmer entlastet. Die Entlastung ermöglicht Interaktionsprozesse, die in der Realität gerade blockiert sind. Dieser mitintendierte Gegenstandswechsel zeigt sich an dazu aufgestellten Regeln wie die folgenden:

- Störungen haben Vorrang und werden vorrangig besprochen.
- Sprich immer per "Ich", nicht von "man" oder "wir".
- Vermeide Interpretationen von Äußerungen anderer.

Eine aus diesem Konzept herrührende Diskussions-Attitüde hat sich bis heute gehalten. Es ist das Argument: Ich finde mich in der Diskussion überhaupt nicht mehr wieder. [153] Ein tiefergehender Kritikpunkt betrifft das dahinterstehende abstrakt-individualistische Menschen- und Weltbild der "Humanistischen Psychologie", das sich etwa so versteht:

- Der Mensch wird einerseits als psycho-biologische Einheit und als Teil des Universums andererseits aufgefaßt,
- als autonom und interdependent zugleich,
- als wertvoll,
- als innerhalb veränderbarer Grenzen zu freier Entscheidung fähig. [154]

---

152 Vgl. als Hauptvertreterin dieses Konzepts Ruth *Cohn* 1975; ferner dazu kritisch: Müller 1992, S. 174; Geißler/Hege 1992, S. 161 ff.
153 Vgl. Müller 1992, S. 174.
154 Vgl. Cohn 1975, S. 120.

Ohne erkennbare gesellschaftliche oder sonstige praktische Lebensbezüge steht die einzelne Subjektivität wie eine erhabene Kunstfigur im Mittelpunkt des therapeutischen Interesses. Sie ist wertvoll, aber recht abstrakt. Das bestätigt die Ich-Formel, wonach *jedes* Problem, auch jedes gesellschaftliche Problem, auf das Ich bezogen werden soll, egal, ob es ihm zukommt oder nicht. Ergebnis: *Alles* ist selbstverschuldet oder derjenige, der diese vorab feststehende Wahrheit nicht ausspricht, verweigert sich der eigenen Verantwortung. [155] In der Realität verkam die angewandte TZI angeblich leicht zur "themenlosen" Interaktion, in der Beziehungsprobleme alles ausmachten. [156] Darin lagen Übergänge ins Banale [157] oder ins Elitäre. [158] [159]

Als ein methodischer Endpunkt dieses Entwicklungsstranges dürfte das *"Social-Management"* einzuordnen sein. Darunter versteht man kombinierte sozial-kommunikative wie betriebswirtschaftliche Kompetenzen von SozialpädagogInnen in Institutionen oder Projekten. Sie sind meist auf Tätigkeitsevaluation und -veränderung gerichtet und dienen der Effektivierung von Betriebsabläufen. [160] Hintergrund des Einsatzes dieser Kompetenzen sind neue, selbstgesteuerte Arbeitsfelder oder Projekte sozialer Arbeit. Genannt werden auch Tendenzen zur Privatisierung sozialstaatlicher Dienste, die zu Erfordernissen von Projektmanagement und Organisationsentwicklung führen. Was früher als "Herrschaftswissen" abgelehnt wurde, gilt nun als Ausweis professioneller Kompetenz mit Leistungs- und Aufstiegsambitionen, merkt C. Wolfgang MÜLLER dazu sarkastisch an. [161] Bisherige Divergenzen verwandelten sich damit in angebliche Konvergenzen.

Ein anderes Produkt dieses Zweiges der Fortentwicklung von Gruppenpädagogik über gruppendynamische Konzepte und ihre vielfältigen Praxisvarianten ist dagegen im engeren Aufgabengebiet des Faches geblieben. Es ist die

---

155 So kritisch dazu Bittner 1980; ebenso Geißler/Hege 1992, S. 164.
156 Vgl. Geißler/Hege 1992, S. 164.
157 Vgl. dazu C.W. Müller 1992: "Zu der Zeit, als sich gruppendynamisches Training alter Schule in der Bundesrepublik ausbreitete, war dies in den USA schon obsolet geworden. Vor allem in Kalifornien, dem Treibhaus neuer Therapien und neuer Scharlatanerien, war es zu ungezählten neuen Fummel-Strategien verkommen, mit denen Psychologen der verschiedensten Schulen und Richtungen ihr zahlungskräftiges Publikum amüsierten" (S. 173).
158 Vgl. Geißler/Hege 1992, S. 171 mit Belegen.
159 Trainings-Camps für Führungskräfte nahmen unter diesem methodischen Prinzip bei ESSO Standard Oil ihren Ausgangspunkt, um damit innerbetriebliche Umstrukturierungen sozial verträglich durchzusetzen. Bei dieser Gelegenheit sei auch die Rede von der "Unternehmenskultur" aufgekommen. Unternehmen mit ununterscheidbaren Endprodukten wollten sich damit eine eigene Note zulegen (vgl. Müller 1992, S. 210).
160 Vgl. 8. Jugendbericht 1990, S. 168.
161 Vgl. Müller 1992, S. 210.

offene Jugendarbeit mit ihren methodischen Prinzipien der Strukturlosigkeit als produktiver Provokation, der Selbstorganisation, der Programmhoheit - Autonomie! - und bewußt beschränkter Rolle der PädagogIn auf Unterstützung und beratende Hilfe. [162] Die Fortentwicklung lief über Kritik und Abbau der in der deutschen Gruppenpädagogik stark betonten hierarchischen Gruppenleiterfunktion. [163] Die "Leitungsfunktionen" wurden auf die gesamte Gruppe übertragen und produktiv in Gruppenprozesse integriert.

Eine andere Rückzugslinie aus den Postulaten des gesellschaftskritischen Engagements sozialer Arbeit war die sogenannte *Therapiebewegung*. Sie setzte Mitte der 70er Jahre ein und erlebte Mitte der 80er Jahre ihren Höhepunkt. Therapien aller Art kamen in Mode, nicht nur die klassischen wie die Psychotherapie nach Sigmund FREUD nebst Schülern und Dissidenten, nicht nur Gesprächstherapie nach Carl ROGERS, Gestalttherapie nach F. PEARLS, Verhaltenstherapie nach Burrhus F. SKINNER und Kommunikationstherapie nach Paul WATZLAWICK. Bereits das Wörterbuch von 1982 nannte 46 Therapieformen der wichtigsten Therapieschulen, die von 200 Organisationen exklusiv vertreten wurden. [164]

Übernimmt aber soziale Arbeit den therapeutischen Habitus, verändern sich die Therapieformen als auch die Qualität sozialer Arbeit. Der Klient einer psychosozial bestimmten Notlage wird zu einem Patienten umdefiniert. Der *soziale* Mangel wird zu einer Art *Krankheitsbild* des Betroffenen. Ignoriert wird dabei unter anderem, daß zur Psychoanalyse ein bestimmtes Setting gehört, die Couch, der Therapeut außerhalb des Gesichtskreises des Analysanden, eine ruhige, auf völliger Freiwilligkeit basierende und vom Alltag entspannte Gesprächssituation etc. Das alles ist bei einem Hausbesuch beim Klienten im sozialen Brennpunkt nicht gegeben. Es paßt nicht auf soziale Arbeit, zumal, wenn sie draußen in der Alltagswelt stattfindet. Schon eher paßt es in die Beratungssituation in einer Einrichtung. Diese erhält nun wegen des aus der Therapie entlehnten Settings neue Bedeutung. Deshalb blieben therapieorientierte Sozialpädagogen umgekehrt am liebsten der Lebenswelt ihrer Klientel fern. Diese 'Niederungen' überließen sie den damit herabgesetzten SozialarbeiterInnen.

Nicht nur an diesen Attitüden setzte die Kritik an. Schon daß SozialpädagogInnen/SozialarbeiterInnen keine dafür erforderliche (oft höchst langwierige und kostspielige!) Ausbildungen haben, führe notwendigerweise zu

---

162 Vgl. Müller 1992, S. 185 ff (187); Geißler/Hege 1992, S. 198 ff.
163 Vgl. Geißler/Hege 1992, S. 189 unter Hinweis auf die "Pädagogischen Grundsätze" nach Magda Kelber.
164 Vgl. Müller 1992, S. 175; siehe dazu Spiegel-Titel über Zweifel an der Effizienz von über 700 Analyse- und Therapieformen zum 3. Weltkongreß der Psychotherapie in Hamburg 1994 (Spiegel 30/1994, S. 76 ff).

"Dilettantismus", schrieben GEISSLER/HEGE. [165] Im Gegensatz dazu verstanden oder mißbrauchten SozialpädagogInnen Elemente aus diesen Therapieformen auch als "nützliche Tricks" und "Schmieröl" bei ihren spezifischen Interventionstrategien wie beispielsweise bei der Krisenintervention:

> "Abgelöst von der Zielsetzung steht hier die akzeptierende und verstehende Grundhaltung im Dienste der Durchsetzung des Sozialpädagogen. ... In dieser Zwangs- und Kontrollsituation kann sich aber das Verstehen nicht therapeutisch auswirken, es führt notgedrungen zur Entmächtigung und Unterwerfung des Klienten. Die letzten Reste seiner Standfestigkeit in dieser Situation werden ihm durch Eingeständnis von Ärger, Angst und Schuld genommen." [166]

Daß mit diesen Ansätzen soziale Konflikte weitgehend *individualisiert* werden, war eine weitere Kritik. [167] Die Abstinenzregel, die besagt, daß der Analytiker sich mit eigenen Stellungnahmen zurückhalten soll, erhält außerhalb des freien therapeutischen Arbeitsbündnisses von Patient und Therapeut unversehens den gegenteiligen Effekt. Soziale Arbeit imitiert dann nur noch die Psychoanalyse oder die psychoanalytische Gesprächstherapie nach ROGERS, allerdings nicht unter freien therapeutischen Bedingungen, sondern unter den Bedingungen von institutionellem Zugriff, von Macht- und Abhängigkeitsstrukturen (Gefahr von Sozialleistungskürzungen, Nichtbewilligung etc.). Die Abstinenzregel wirkt sich unter derartig geänderten Vorzeichen sogar dirigistisch und manipulativ aus [168], und zwar aus folgendem Grund: In der therapeutischen Situation hat die vorbehaltlose Öffnung des Patienten eine rein therapie*interne* Funktion. Den Agenten sozialer Arbeit gegenüber ist sie das Gegenteil, nämlich eine prinzipiell *schutzlose Außenöffnung* mit unabsehbaren Konsequenzen für die KlientIn. Wenn sie sich unter solchen falschen Vorgaben einschleicht und ans Werk macht, schadet das letztlich der sozialen Arbeit insgesamt. [169]

Das ändert nichts daran, daß die "Therapie-Bewegung" die Geschichte des

---

165 Vgl. Geißler/Hege 1992, S. 58.
166 Geißler/Hege 1992, S. 125.
167 Vgl. dazu speziell den 5. Jugendbericht 1980, der bereits auf die Gefahren hinwies, "die durch eine zunehmend therapeutische Ausrichtung entstehen können, wenn sie sozialpädagogische Handlungsformen verhindert, komplexe Problemlagen scheinbar behandlungsgerecht reduziert oder für bestimmte Probleme Scheinlösungen gesucht werden." (S. 180) - Noch ein Hinweis auf eine Argumentationsfigur dieser Kritik: Wenn therapeutisches Handeln "sozialpädagogische Handlungsformen verhindert", wird ein nicht-therapeutisches Verständnis von SP als gültig und anerkannt unterstellt. Wäre es so, wäre die Kritik überflüssig. So kritisiert ein Ansatz einen anderen des gleichen Faches damit, daß er nicht ins Fach gehöre. Diese Einseitigkeit ist heute überwunden (vgl. Berg 1992, S. 10).
168 Vgl. Geißler/Hege 1992, S. 67, 75, 80, 113, 125; ebenso Thiersch 1978, S. 17 ff.
169 Genau auf diese Aussage fokussiert auch Wolfgang C. *Müller* seine fachliche Kritik am weit verbreiteten Fehlgebrauch gesprächstherapeutischer Ansätze in der sozialen Arbeit, vgl. 1992, S. 182 f; ähnlich bereits Thiersch 1978, S. 17 ff.

Ringens um angemessene Methoden der Sozialpädagogik widerspiegelt und sich damit in die Fachgeschichte eingeschrieben hat. Was nach kritischer Filterung der ursprünglichen Ansätze herausgeschält wurde, blieb integraler Bestandteil des pluralen Methodenkanons des Faches. Fachliches Allgemeingut geworden sind aus dieser Tradition allerdings eher pragmatische *Arbeitsmaximen* der folgenden Art:

- Positive Wertschätzung der KlientIn zeigen (Empathie).
- Offenlegung der eigenen Aufgaben und Arbeitsziele.
- Echtheit und Selbstkongruenz wahren.
- Emotionen sind zuzulassen und zu verbalisieren.
- Spontan reagieren, Ärger, Wut und Frustration ausdrücken: ja, aber nicht auf die KlientIn bezogen, sondern im Selbstbezug der Ich-Form.
- Es geht nicht um die Probleme, die die KlientIn *macht,* sondern die sie *hat.*
- Keine unklaren Interventionen wie "Aha!" (i.S.v.: Das ist also der Grund allen Übels!) oder "Hm" (i.S.v.: Höchst bedenklich!).
- Selbstreflexion der Selbstbetroffenheit.
- Sich aussprechen in geschützten Teamsitzungen.

Darüber hinaus wurde auch die psychologische Kompetenz und Sensibilität der Fachkräfte erhöht, was sich in Diagnoseverfahren und Beratungsangeboten positiv auswirkte. [170]

3.2 Integrative Handlungskonzepte der "Lebensweltorientierung".

Die aus den skizzierten vielschichtigen fachlichen und fachpolitischen Auseinandersetzungen hervorgegangenen Handlungskonzepte könnte man als *integrativ* bezeichnen. [171] Sie haben sowohl die gesellschaftsverändernde Intention in modifizierter Weise integriert als auch die therapeutische Abwendung vom Sozialen der sozialpädagogischen Arbeit rückgängig gemacht. Bei der Überwindung individualistischer Zuschreibungen half das *Konzept des Dialogs* [172] ebenso wie bei der Aufarbeitung von strukturellen Abhängigkeiten der KlientInnen. Eine weitere Aufforderung, nämlich "den Alltag und seine Lebenswirklichkeiten wahr-

---

170 Vgl. 8. Jugendbericht 1990, S. 170.
171 Vgl. 8. Jugendbericht 1990, S. 170 f.
172 Vertreter davon sind Paolo Freire 1980 in seinem "Dialog als Prinzip" aus emanzipativer Absicht, Martin Buber aus theologischer Perspektive (1962) und Marianne Hege mit ihrem Buch "Engagierter Dialog" (1974) aus sozialpädagogischer Sicht; vgl. auch Thiersch 1992, S. 27 f.

und ernstzunehmen und 'die Methoden zu entmethodisieren'" [173], kam von der alltagsorientierten Sozialpädagogik, wie sie Hans THIERSCH vertritt. [174] Hinzu kamen konzeptionelle Überlegungen aus der Systemtheorie amerikanischer Prägung und neuere sozial-ökologische Ansätze. [175] Beide engagieren sich für Ganzheitlichkeit und Stärkung der Eigenkräfte der Klientel. Lebensweltorientierung und systemisch-sozial-ökologische Ausrichtung markieren für die Arbeitsfelder der Jugendhilfe insgesamt den "Paradigmenwechsel" von dem klinisch-kurativen Hilfekonzept zum *lebensräumlich-präventiven Ressourcenmodell*, das der 8. Jugendbericht von 1990 als aktuell vorstellt. [176]

3.2.1 Die Strukturmerkmale "lebensweltorientierter sozialer Arbeit.

Speziell das Konzept einer *"lebensweltorientierten sozialen Arbeit"* als integratives Handlungskonzept [177] benennt folgende für die Jugendhilfearbeit bedeutsame "Entwicklungs- und Strukturprinzipien" [178] als Rahmen sozialpädagogischen Handelns:

*   *Prävention*.

Unter Prävention (Vorbeugung) fällt die primäre Prävention, die auf "lebenswerte, stabile Verhältnisse" setzt. Sie schafft Grundlagen dafür, daß es erst gar nicht zu vermeidbaren Krisen und Konflikten kommt.

Sekundäre Prävention umfaßt vorbeugende Hilfen in psychosozialen Lebenslagen, die bereits belastet sind, oder bei bestimmten, als einschneidend erlebten Lebensereignissen, den sogenannten Life-Events. Sie dämpft oder vermindert konflikt- oder krisenträchtige Momente. Die Konfliktreduktion soll den Belasteten helfen, "sich mit ihren Verhältnissen zu arrangieren". [179]

---

173   Vgl. 8. Jugendbericht 1990, S. 171.
174   Thiersch 1978; Thiersch 1992; siehe dazu Müller 1992, S. 181 f.
175   Vgl. Hinte 1985; Gehrmann/Müller 1993.
176   Vgl. 8. Jugendbericht 1990, S. 74 ff, 85 - 90, 171. - "Lebensweltorientierte Jugendhilfe hat sich als Signal und Titel in den letzten Jahren durchgesetzt ... " (Thiersch 1992, S. 24).
177   Vgl. generell zu der begrifflichen Differenzierung in Konzepte-Methoden-Verfahren / Situationen-Interventionen sowie deren Begründung und Rechtfertigung bei: Geißler/Hege 1992, S. 22-43.
178   Vgl. zum folgenden: 8. Jugendbericht 1990, S. 85 ff, 183; Thiersch 1992, S. 28-40; Friesenhahn 1993, 208 (210); Wabnitz 1992; Kreft 1993a, 1993b: In der fachlichen Dokumentation "Perspektivenwandel der Jugendhilfe" (1. Aufl 1990) wurden diese "Strukturmaximen" als "Handlungsprinzipien" bezeichnet und inhaltlich herausgearbeitet.
179   8. Jugendbericht 1990, S. 85.

Die dritte Stufe der Prävention bilden Kriseninterventionsmaßnahmen bei akuten Konflikten. [180]

* *Dezentralisierung / Regionalisierung.*

Sozialpädagogische Angebote sollen die Menschen da erreichen, wo sie leben und wohnen. Das betrifft vornehmlich die institutionelle Struktur der Leistungsangebote. Sie sollen "vor Ort" sichtbar, erreichbar und abrufbar sein.

* *Alltagsorientierung in institutionellen Settings und in den Methoden.*

Alltagsorientierung ist zum einen der Appell an die Fachlichkeit, organisatorische, zeitliche und habituelle Barrieren gegenüber dem Alltag der Klientel abzubauen und selbst alltagspraktischer zu Denken. Dazu gehört auch die Überwindung eingetretener fachlicher oder organisatorischer Segmentierung oder Parzellierung der Angebotsträger. Sie sollen sich besser vernetzen und fachlich-methodisch integrieren. Alltagsorientierung ist ferner der Aufruf, sich mehr auf die Besonderheiten der Lebenswelten und Perspektiven der KlientInnen einzulassen. Das können sogenannte Randgruppen in Metropolen sein oder die Menschen im ländlichen Raum oder in der Arbeitswelt. Es geht dabei darum, als soziale Arbeit räumlich und sachlich leichter erreichbar und ansprechbar zu sein. Alltagsorientierung heißt damit auch Situationsbezogenheit und Ganzheitlichkeit.

* *Integration - Normalisierung.*

Die Maxime der Normalisierung strebt zugleich Integration an. Beides beinhaltet auch eine Kritik am Prinzip der 'Unerziehbarkeit' Jugendlicher, woran das stigmatisierende Merkmal der "schädlichen Neigungen" im Jugendstrafverfahren noch immer erinnert. Diese innerfachliche Kritik müßte in den 90er Jahren auch rassentheoretische Konsequenzen einschließen und sollte Klarheit stiften über ihren inneren Zusammenhang mit den Grundsätzen einer repressiven Erziehung. Organisatorisch wäre hier ein einheitlicher Ansatz zu entwickeln (etwa bei sozialen Trainingskursen für deviante *und* nichtdeviante Jugendliche). [181] Sozialpädagogik als konzeptionell praktizierte Vorurteilskritik könnte hier emanzipativ wirken für viele marginalisierte, ausgegrenzte und stigmatisierte Gruppen.

Normalisierung betrifft konkret auch den sozialpädagogischen Umgang mit behinderten Kindern und Jugendlichen. Ziel von Normalisierung ist dabei ihre undramatische und alltagspraktische Integration. [182] Normalisierung hat auch etwas zu tun mit dem professionellen Bezug auf Obdachlose und auf Trebe befindliche Jugendliche, auf Suchtmittelabhängige, auf Jugendliche, die bereits in

---

180 Vgl. zu dieser Dreiteilung der Prävention: 8. Jugendbericht, S. 85 f.
181 Vgl. 8. Jugendbericht 1990, S. 77.
182 Vgl. ebenso 8. Jugendbericht 1990, S. 90.

der Prostitution verstrickt sind, auf andere deviante und delinquente und sogenannte gewaltbereite Jugendliche. Ein weiteres wichtiges Feld ist die Normalisierung im Umgang mit Ausländern. [183] Hier benutzt der 8. Jugendbericht extra nicht das Wort "Integration" zur Zielbestimmung der Jugendhilfe, da dieses Wort - auch aus der Erinnerung an nationalsozialistische "Germanisierungskampagnen" - die hier erforderliche Toleranz gegenüber Minderheiten nicht genügend erkennen lasse.

Für alle genannten Anwendungsfelder von "Normalisierung" gilt: Ohne fachlich begründete und reflektierte Parteilichkeit wird sich diese "Normalitätsmaxime" in den genannten Arbeitsfeldern kaum realisieren lassen. Das beginnt in der Arbeit mit devianten Jugendlichen und gilt sicher auch für viele andere sozialpädagogische Arbeitsfelder. Eine von der Normalisierungsmaxime geleitete soziale Arbeit darf sich vor allem nicht abhängig machen von allseitiger öffentlicher Zustimmung. [184] Soziale Arbeit hat hier meines Erachtens vielmehr eigene Positionen fachlich zu entwickeln. Notfalls hat sie auch inhumanen Tendenzen entgegenzutreten, wenn sie auf fachlich inakzeptable Ideologien der Ungleichheit, von Ausgrenzung, von Gewaltakzeptanz und von rassistischem Abwertungsdrang stößt. [185] Wenn man gegen diese Konsequenz mit der ansonsten berechtigten Warnung vor "fürsorgerischer Besserwisserei" und "Bevormundung des Klientels" anreden würde [186], dann schüttet man das Kind mit dem Bade aus und hindert die soziale Arbeit an einer klientenorientierten Parteilichkeit.

---

183 Vgl. ebenso 8. Jugendbericht 1990, S. 91 f.
184 Vgl. dazu neuere Untersuchungen, daß sich in der Bundesrepublik und vornehmlich in den neuen Bundesländern eine "neue soziale Bewegung von rechts" etabliere, Bergmann/Erb 1994, FR v. 13.8.1994.
185 Ähnlich offensiv argumentiert im Kontext von rechtsradikalen Denkmustern, rassistischen Vorurteilen und Neid der 8. Jugendbericht 1990, S. 92. - Ausgerechnet diese engagierte Position der Kommission wurde - damals, 1990 - von der Bundesregierung scharf angegriffen: "Die Aussage der Kommission, es habe ein eher pragmatisches Integrationsinteresse an Ausländern gegeben, das seit geraumer Zeit 'einer mehr oder weniger offenen Ausländerfeindlichkeit Platz gemacht' habe, ist nicht zutreffend. Der Begriff 'Ausländerfeindlichkeit' ist zu pauschal. ... Die Bundesregierung hat ... dargelegt, daß Fremdenfeindlichkeit, die auf Rassismus und übersteigertem Nationalismus basiert, nur bei einem verschwindend geringen Teil der Bevölkerung anzutreffen ist. Demgegenüber sind Vorbehalte gegenüber Ausländern - wie in allen Ländern mit hohem Ausländeranteil - in weiten Teilen der Bevölkerung anzutreffen." (S. XI)
186 Andeutungen dahin finden sich insbesondere bei *Krafeld*: "Mit dem Begriff 'akzeptierend' unterstreichen wir die Abkehr von den weithin bis heute üblichen Verständnissen, mit Aufklärung und Belehrung ... gegen Rechtsextremismus und Gewalt anwirken zu können. Denn als wir seinerzeit sozusagen in dieses Arbeitsfeld einer Jugendarbeit mit Jugendcliquen reingeschlittert sind, die gemeinhin als rechtsextremistisch o.ä. bezeichnet werden, da haben wir uns zunächst auch mit Aufklärungs- und Diskussionsbemühungen abgestrampelt. ... Gerade in solch einer Epoche brauchen Jugendliche keine 'Besserwisser' ..." (1992b, S. 37/38).

* *Partizipation.*

Partizipation heißt für das Klientel Mitbestimmung und Teilnahme an Beratungs- und Entscheidungsprozessen. Mitbestimmung ist zugleich ein Akt der persönlichen oder lebensweltbezogenen Selbstbestimmung. Partizipation umschreibt daher eine grundsätzliche Stellung sozialer Arbeit zu ihren Adressaten:

> "Wenn lebenweltorientierte Jugendhilfe darauf hinzielt, daß Menschen sich als Subjekte ihres eigenen Lebens erfahren, ist Partizipation eines ihrer konstitutiven Momente." [187]

Praktisch beinhaltet das aus meiner Sicht auch ein *tatsächliches Ernstnehmen* der KlientIn als Person. Das geht darüber hinaus, solches Ernstnehmen nur zu "zeigen" oder es nur "erfahren zu lassen". Das wäre nämlich eine durchschaubare Inszenierung, die vordergründig auf Vertrauenswerbung zielt, im Grunde aber doch eine fürsorgerische Haltung darstellt.

Unter Ernstnehmen im tatsächlichen Sinne verstehe ich dagegen eine *Entklientisierung* der Klientenbeziehung und ihre Umwandlung in eine partnerschaftliche Personenbeziehung. Das ist kein Widerspruch zu Fachkompetenzen auf der einen Seite und psychosozialer Bedürftigkeit auf der anderen Seite. Es kommt nur darauf an, daß diese Momente der Inhaltsebene nicht die Beziehungsebene vorprägen und belasten. Die Stellung der SozialpädagogIn zur KlientIn sollte also nicht klientenzentriert, sondern *personenzentriert* sein. Das gilt auch bei Jugendlichen. Daß sie trotz ihrer soziokulturellen Reife oft nicht ernst genommen werden, erklärt für mich einen Großteil ihrer psychologischen Rebellion gegen Instanzen und VertreterInnen der abweisenden "Erwachsenenwelt". Bezogen auf die institutionelle Ebene wird Partizipation, wie es auch der 8. Jugendbericht fordert, zur Frage, inwiefern KlientInnen berechtigterweise zu beteiligen sind. Sie wird also zu einer "Frage der *Rechtsposition*". [188]

Ernstnehmen ist für mich ferner das offene Benennen und Transparentmachen von *Hintergründen* von Konflikten und die darauf gestützte Empfehlung zu Verhaltensänderungen. Erst wenn die KlientIn selbst übersehen kann, worin ihre Probleme liegen, kann sie sich auch ein eigenständiges Urteil darüber bilden. *Ob* KlientInnen sich dieses eigene Urteil dann tatsächlich bilden, ob sie es für sich auch festhalten, was für sie meist bedeutet, es inhaltlich zu ertragen, und ob sie daraus schließlich auch noch praktische Konsequenzen für sich ziehen, das bleibt ganz ihre Sache. Aber das ist letztlich der einzige Weg, wie noch so gut gemeinte und abgewogene Vorschläge von außen wirklich *ihre* Entscheidungen werden. Denn eines ist sicher: Nur wenn es ihre innerlich erarbeitete Entscheidung ist,

---

187 8. Jugendbericht 1990, S. 88.
188 8. Jugendbericht 1990, S. 88.

steht sie hinter ihr und kann in kritischen Situationen mit ihren Gründen an der Entscheidung und dem daraus folgenden Verhalten festhalten. Diesen Weg einzuschlagen verstehe ich unter einem *Hinarbeiten* auf Freiwilligkeit. Freiwilligkeit ist ein großes Wort. Unter Bedingungen sozialer Arbeit muß sie oft erst mühsam errungen werden. Zu Beginn einer Intervention besteht Freiwilligkeit in diesem Sinne daher selten oder nie, wenn die Probleme gerade als undurchschaubar und erdrückend erlebt werden. Da humane soziale Arbeit aber nicht gegen ihre Adressaten geht, geht sie letztlich auch nicht ohne deren Freiwilligkeit. Ohne Freiwilligkeit wäre es jedenfalls keine angebotsorientierte Sozialarbeit, sondern eher autoritative Fürsorge oder eine sanfte Kontrolle [189].

Ich möchte damit weder pädagogischen Idealismus das Wort reden noch fachlicher Naivität oder naiver Gutgläubigkeit. Aber es gibt in der Praxis Fälle, in denen allein die *Herstellung* von Freiwilligkeit eine eigenständige und wichtige Kriseninterventionsaufgabe sozialer Einzelfallarbeit ist und bereits als ein Erfolg sozialer Arbeit einzustufen ist. Solche Fälle gibt es im therapeutischen Bereich, aber auch im lebensweltlichen Bereich. Ich denke an Life-Events, Trauerfälle, starke Wut- oder Ohnmachtsgefühle, hoch-emotionalisierte Partnerkonflikte, Verblendung durch verbohrte Positionen etc. Dann ist die Überwindung dieser inneren Blockade und das heißt die Überwindung einer Situation der Nicht-Freiwilligkeit der Versuch, Partizipations*voraussetzungen* herzustellen. [190] Der eigentliche Hilfeprozeß kann erst danach einsetzen. Situationsbedingt kann auch ein Nebeneinander oder eine Umkehrung dieser Handlungsschritte erforderlich sein. Das heißt nicht, daß die Schaffung der Voraussetzungen für Freiwilligkeit entbehrlich wäre. Ihre Herstellung ist in jedem Falle ein eigenständiger Fortschritt, für den Hilfeprozeß wie für die KlientIn selbst. Auch der DEUTSCHE VEREIN spricht in seinen methodischen Empfehlungen im Rahmen der Hilfeplanung davon, daß auch die Subjektposition oft erst das *Ergebnis* eines pädagogischen Herstellungsprozesses ist:

> "Da häufig die Beziehung zwischen Eltern und ihren Kindern mit Konflikten belastet ist, kommt hier den Fachkräften eine besondere Verantwortung zu. Nur so können Kinder und Jugendliche aus der ihnen häufig aufgezwungenen Objektstellung der Hilfe herausgeholt und in eine Subjektposition gebracht werden." [191]

In all diesen Fällen ist der Versuch, eine Situation von Subjektstellung und Freiwilligkeit überhaupt erst herzustellen, das *situationsgerechte Ernstnehmen*.

---

189   Siehe dazu die kritische Schrift "Die sanften Kontrolleure", Peters/Cremer-Schäfer 1975.
190   Vgl. ebenso 8. Jugendbericht 1990, S. 89. Vgl. dazu ähnliche Überlegungen zur Notwendigkeit der "Herstellung" von Partizipationsbereitschaft als "pädagogische Herausforderung innerhalb des Hilfeprozesses" bei der Durchführung des Hilfeplanes gemäß § 36 KJHG in den Empfehlungen des Deutschen Vereins in NDV 9/1994, S. 322.
191   Empfehlungen des DV 1994, S. 323 (Ziff. 3.3).

* *Lebensweltorientierung: Hilfe oder Kontrolle?*

Der 8. Jugendbericht erörtert diese Frage als Ausdruck des Widerspruchs sozialer Arbeit schlechthin und darunter auch der Jugendhilfe: "Jugendhilfe ist ... geprägt durch den Widerspruch von Sozialstaatspostulat und Sozialdisziplinierung." [192]
Gerade in ihrer intensiven "Lebensweltorientierung" stehe Jugendhilfe als Familienhilfe, bei Streetwork, als Justizhilfe, in Frauenhäusern etc. ständig in der Gefahr, nicht nur aufdringlich zu werden, sondern zu einer besonders intimen Form der *Kontrolle*. [193] Daher müßten den KlientInnen der Jugendhilfe gegenüber Rückzugspositionen möglich sein. "Widerstände und Absicherungen" müssen regelrecht "institutionalisiert" werden, fordert der 8. Jugendbericht. Daneben oder zugleich setzt er auf "Zurückhaltung und Takt" der einzelnen SozialpädagogInnen, "sich zu zwingen, das, was sie nicht sehen müssen, nicht zu sehen". [194] Damit wird also verlangt, daß einzelne Fachkräfte *persönlich* kompensieren sollen, was *regulär nicht* abgesichert ist. Es kommt dann anscheinend sehr darauf an, wie groß der Druck auf die einzelne Fachkraft ist und wie durchhaltefähig andererseits ihr "Takt" oder ihre "Zurückhaltung" sind. Im Zweifelsfalle wären also Charakterstärke, Zivilcourage und dienstlicher 'Heldenmut' der Fachkräfte die letzte und einzige Absicherung für ihre KlientInnen. [195] Und das gegenüber der gleichen Institution, bei der die Fachkräfte beschäftigt sind mitsamt ihrer Gehorsamspflicht? Das zeigt in aller Deutlichkeit, daß moderne Sozialpädagogik für ihr Gelingen auf Dauer auf *institutionalisierte, normierte fachliche Absicherungen* angewiesen ist.

3.2.2 Zur Ambivalenz des Konzepts der "Lebensweltorientierung".

Die Darstellung der sozialpädagogischen Strukturmaximen aktueller Jugendhilfe enthält zahlreiche Querverweise auf das hinter ihnen stehende Konzept der "Lebensweltorientierung" sozialer Arbeit. Dieses Konzept hat hauptsächlich Hans THIERSCH [196] am sozialpädagogischen Institut der Universität Tübingen entwickelt und in den 8. Jugendbericht als Leitlinie der Jugendhilfe der 90er

---

192 8. Jugendbericht 1990, S. 89.
193 Vgl. 8. Jugendbericht 1990, S. 89; ebenso Thiersch 1992, S. 39.
194 8. Jugendbericht 1990, S. 89; vgl. Thiersch 1992, S. 39.
195 Das schießt in der Alltagspraxis ein, daß SP/SA verläßliche arbeitsrechtliche Kenntnisse haben, um daraus die nötige Risikokenntnis bzw. Standfestigkeit zu beziehen. Sehr detailliert dazu hinsichtlich der dienstlichen Grenzfragen von SP/SA Roscher 1985, S. 46 ff.
196 Vgl. Thiersch 1978 und Thiersch 1992: "Lebensweltorientierte Soziale Arbeit". In dieser Abhandlung mit dem Untertitel "Aufgaben der Praxis im sozialen Wandel" stellt er den Ansatz im reflektierenden Nachgang zum 8. Jugendbericht und dessen Echo und kritischen Einwänden in der Fachwelt nochmals zusammenfassend dar.

Jahre eingebracht.[197]

Das Konzept hat seine Stärken in dem *kritischen* Anspruch gegen ein an sich überholtes fürsorgerisch-repressives Verständnis von Sozialpädagogik[198], aber auch gegen ein einseitiges therapeutisierendes Verständnis von sozialer Arbeit. Von beiden hebt sich das Konzept der Lebensweltorientierung als alltagspraktisches Gegenkonzept ab. Ob aber auch die *positiven* Ausführungen des Konzepts der "Lebensweltorientierung" wirklich eindeutig genug formuliert sind, darüber läßt sich streiten. Diese Zweifel möchte ich zum Abschluß meiner Darstellung methodischer Handlungsansätze darstellen und diskutieren.

Lebensweltorientierung versteht sich selbst als ein kritisches, offensives, parteiliches und innovatives Konzept. Es fordert "politische Deutlichkeit und Einmischung"[199] in den politischen, fachpolitischen und fachlichen Raum. Es will Konflikte nicht vermeiden, sondern fachpolitisch diskursiv austragen, "für handfeste Probleme handfeste Lösungen entwickeln".[200] Dazu fordert es Beteiligung von Betroffenen, Bürgern, Fachkräften und politisch Verantwortlichen. Jugendhilfe wird so als Impuls vorgestellt für eine neue ressortübergreifende Querschnittspolitik. Jugendhilfe beansprucht mit diesem Ansatz, soziale Lebensräume human mitzugestalten.[201]

Fachgeschichtlich läßt sich das Konzept nach Meinung von C. Wolfgang MÜLLER auf Jürgen HABERMAS zurückführen.[202] In seiner Theorie des kommunikativen Handelns 1981 zog HABERMAS Parallelen zwischen einer "äußeren Kolonialisation" der Drittweltländer durch die erste Welt und einer "inneren Kolonialisierung" innerhalb der ersten Welt. Darunter verstand er, daß die Subsysteme Wirtschaft und Staat "immer tiefer in die symbolische Reproduk-

---

197 Vgl. 8. Jugendbericht 1990, S. 80 ff, 183, 198 ff; siehe ferner dazu Müller 1992, S. 181 ff. Thiersch 1992: "Lebensweltorientierte Jugendhilfe hat sich als Signal und Titel in den letzten Jahren durchgesetzt... " (S. 24).
198 Vgl. Friesenhahn S. 210.
199 Vgl. 8. Jugendbericht 1990, S. 81, 199 f; ebenso Thiersch 1992, S. 34-36.
200 8. Jugendbericht 1990, S. 183. Etwas pragmatischer, aber vielleicht auch praktikabler im Ansatz lesen sich dem gegenüber die "Grundlinien eines konflikttheoretischen Ansatzes sozialer Arbeit", die Udo *Maas* entworfen hat. Aus dem Grundkonflikt in der sozialen Arbeit - Bedürfnisse contra Rahmenbedingungen - entwickelt er intelligente Handlungsstrategien zum Umgang mit den unausweichlich entstehenden Berufskonflikten, vgl. Maas 1985, S. 118 ff, 126 ff.
201 Vgl. 8. Jugendbericht 1990, S. 200; ebenso die Zusammenfassung von Friesenhahn 1993: "Lebensweltorientierte Soziale Arbeit begreift sich als Teil einer zukunftsorientierten Gesellschaftsgestaltung, indem sie eigene (!) Vorstellungen hinsichtlich der Entwicklung junger Menschen einbringt und gesellschaftliche Mängel, die diese Entwicklung beeinträchtigen, benennt" (S. 210/211).
202 So Müller 1992, S. 184, und Friesenhahn 1993, S. 209.

tion der Lebenswelt eindringen". [203] Die "Lebenswelt" wurde damit als ein von Staat und Wirtschaft weitgehend unabhängiger Bereich aufgefaßt, der aber ihrem nachträglichen Zugriff ausgesetzt war. Parteilichkeit für diese "Lebenswelt" war damit zugleich oppositionell gegen institutionelle Zugriffe gedacht und gegen die Funktionalisierung der Lebenswelt für deren institutionelle Zweckrationalität. Den Bereich "Lebenswelt" konnte man insofern in Verbindung bringen mit gut, unkorrumpiert, ursprünglich, echt, bewahrenswert - als Wert, für den es sich zu kämpfen lohnte.

Dieser recht harmonische Gedanke über das, was die "Lebenswelt" angeblich ist, aus der sich die Maßstäbe des professionellen Handelns schöpfen lassen, scheint auch im Ansatz von Hans THIERSCH fortzubestehen. Einerseits gilt für ihn die "Lebenswelt" zwar als mangelhaft und veränderungsbedürftig, da die Angebote der sozialen Arbeit sonst überflüssig wären. Ebenso überflüssig wären auch die sozialpolitischen Appelle zur ressortübergreifenden "Querschnittspolitik" vom Ausbildungssektor zum Arbeitsmarkt über Wohnungs-, Straßen- und Städtebau etc. Es geht damit dem "lebensweltorientierten Ansatz" nicht um eine Konservierung der mangelhaften "Lebenswelt", wie sie gerade ist. Der Ansatz nach THIERSCH "zielt auf lebenswerte, stabile Verhältnisse" [204], auf die "Möglichkeiten von Praxis", auf "gelingendere Lebenswelt" und die Ermöglichung von "*gelungenem* Alltag". [205]

Andererseits benennt THIERSCH die Lebenswelt, wie sie gerade existiert, als Maßstab des "Arrangements". Es ginge um "*Orientierung* an Alltagserfahrungen und Alltagskonzepten". [206] Noch deutlicher wird dieser Appell zur Unterordnung unter den gelebten Alltag als Maß sozialpädagogischer Innovation, wenn von "neuem *Respekt* vor dem Alltag" gesprochen wird. [207] Andere Autoren begrüßen im neuen Lebensweltbezug eine "kopernikanische Wende". Die soll in einer "der Praxiserfahrung folgenden Alltagszuwendung der Theoriediskussion" bestehen. [208] Günter J. FRIESENHAHN sagt ganz unmißverständlich, wer hier wem folgt. Danach folgt nämlich die Fachlichkeit dem Alltagsverstand und nicht umgekehrt:

---

203 Habermas 1981, S. 539. Diese Passage provozierte 1983 eine damals vielbeachtete Fachtagung der Deutschen Gesellschaft für Erziehungswissenschaft, Kommission Sozialpädagogik, zu der Fragestellung: "Verstehen oder Kolonialisieren?" Das Buch zur Tagung: Müller/Otto 1984; darin speziell zum Aktualitätsbezug von Habermas' Theorie und dem Lebenswelt-Paradigma: Brumlik 1984, S. 31 ff.
204 8. Jugendbericht 1990, S. 85.
205 Thiersch 1992, S. 27; ebenso Friesenhahn 1993, S. 210 f.
206 Vgl. 8. Jugendbericht 1990, S. 81.
207 So 8. Jugendbericht 1990, S. 80; zustimmend Friesenhahn 1993, S. 210. Thiersch geht in seinem Nachtrag 1992 sogar so weit, sich auf Goethe zu berufen ("Kleiner Pflichten tägliche Bewahrung. / Sonst bedarf es keiner Offenbarung") und schließlich auf Pasolini, der "von der Genialität des Volkes (gesprochen habe), an der es sich zu orientieren gelte" (S. 41).
208 So Kreft/Lukas 1992, S. 373.

> "Sie (die lebensweltorientierte soziale Arbeit) respektiert die in der Lebenswelt der Adressaten angelegten Normalitäts- und Deutungsmuster und damit auch eine veränderte Rolle der Professionellen". [209]

Nimmt man beide Lesarten des Lebensweltbezuges zusammen, die ich hier dargestellt habe, erweist sich der Lebenswelt-Ansatz als nicht eindeutig. Daß soziale Arbeit an der gegebenen Realität anzuknüpfen hat, ist normal und auch banal. Woran sollte sie auch sonst ansetzen? Soziale Arbeit fängt *immer* da an, wo die KlientIn steht und bezieht sich auf die Welt, in der sie lebt. [210] Solche Basissätze sozialer Arbeit sind aber nicht dasselbe wie die Feinheiten in der folgenden verschachtelten Aussage. Lebensweltorientierte Jugendhilfe helfe als "Hilfe zur Selbsthilfe" speziell in der Weise, daß ihre Unterstützungen und Anregungen

> - "ihren Ausgang nehmen in den gegebenen Struktur- Verständnis- und Handlungsmustern,
> - daß sie die individuellen, sozialen und politischen Ressourcen *so* (!) stabilisieren, stärken und wecken, daß Menschen sich *in ihnen arrangieren*, ja vielleicht Möglichkeiten finden, Geborgenheit, Kreativität, *Sinn* und Selbstbestimmung zu *erfahren*." [211]

Lebensweltorientierung in diesem Sinne stehe ausdrücklich in der Tradition: "Sie wollte Menschen in den gegebenen Lebensverhältnissen zur Bewältigung der Lebensverhältnisse helfen." [212] Im Anschluß an diese Ausführungen fragt sich THIERSCH wohl nicht zufällig selbst:

> "Lebensweltorientierung als Arrangement in Verhältnissen, wie sie alle bestimmen, Lebensweltorientierung statt der Frage nach Widersprüchen und Schmerzen, nach sozialen und politischen Konflikten, nach Randständigkeit, Ausgrenzung, Isolation? Gegen solche verkürzenden Mißinterpretationen gilt es, das Konzept lebensweltorientierter Jugendhilfe schwierig, kantig, sperrig zu halten. ...

---

209 Friesenhahn 1993, S. 211.
210 Völlig in diesem Sinne ist eine andere durch *Wabnitz* mitgeteilte Formulierung von *Thiersch* auf einer AGJ-Tagung 1990, wonach lebensweltorientierte Jugendhilfe heiße, "daß Hilfe zur Selbsthilfe sich ebenso auf Widersprüchlichkeit und Unübersichtlichkeit heutiger Lebensverhältnisse beziehen muß wie auf die Zumutung und Überforderung der Selbstbehauptung in ihnen." (Wabnitz 1992, S. 211)
211 Thiersch 1992, S. 23 (Hervorhebungen und (!) von G.N.).
212 Thiersch 1992, S. 23/24. Nicht anders argumentieren *Gehrmann/Müller* in der Präsentation ihrer aus USA übertragenen *"Environment-Aktivierungs-Methode"*: "Sozialökologische Handlungskonzepte und Methoden sind solche, die die Klienten in ihrer sozialen Lebensumwelt belassen und sie dort soweit beim Selbstmanagement in Auseinandersetzung mit ihren Problemlagen unterstützen und dies ausgewiesen systematisch, geplant, nachvollziehbar und überprüfbar tun, bis sie diese Fremdhilfe nicht mehr brauchen und selbsthilfefähig geworden sind." (1993, S. 35).

> Um es zu pointieren: Lebensweltorientierte Jugendhilfe bezieht sich nicht auf Bilder einer heilen Welt, wie sie z.b. im konservativen Kontext (als Beschwörung der ursprünglichen Kraft von Familie und Mutter oder von Ehrenamtlichkeit und Nachbarschaft) entworfen, wie sie z.b. aber auch für alternative 'Inseln' in Anspruch genommen werden. Lebensweltorientierte Jugendhilfe ist kein affirmatives, sondern ein kritisches Konzept. Lebensweltorientierung ist Indiz der Krise heutiger Lebenswelt und zugleich Ausdruck des Anspruchs, in dieser Krise angemessen agieren zu können." [213]

Der lebensweltorientierte Ansatz "beschwört" nicht eine "ursprüngliche Kraft" der Mutter wie vielleicht früher ein nationalsozialistischer Festredner am Muttertag. Aber er "weckt" doch auch nach THIERSCHS Meinung bestimmte in der Mutter verborgene "Selbsthilfepotentiale", die auch Ressourcen oder Selbsthilfe-"Kräfte" genannt werden. [214] Was soll das aber anderes sein als eine Art "ursprüngliche Kraft"? THIERSCH "beschwört" sie zwar nicht. Aber er spricht sie als soziale Elternverantwortung an, die nach wie vor aus der natürlichen Mutterschaft erwachsen soll. Wenn THIERSCH aber dasselbe nur mit anderen Worten sagt, worin liegt dann das Kritische in seinem Konzept und sein qualitativer Unterschied zum "konservativen Kontext" oder worin liegt zwischen beiden das "verkürzende Mißverständnis"? Worin soll dann das Schwierige, Kantige, Sperrige seines Konzepts eigentlich noch bestehen? Hier läßt er die wünschenswerte Eindeutigkeit leider vermissen.

Allein seine Dementis verweisen eher darauf, daß an dem Lebenswelt-Ansatz etwas ziemlich Konservatives dran sein muß. Die "gegebenen Lebensverhältnisse" werden "affirmiert", indem ihnen bescheinigt wird, daß sie zumindest schon einmal einen *gelungenen Alltag ermöglichen*. Indem lediglich seine *Verbesserung* ansteht, soll dieser Alltag im Kern und Ansatz genau so bleiben, wie er ist. Dann ist aber sozialpädagogische *Intervention* entweder fast unnötig oder soll gar keine mehr sein. Besonders deutlich wird dies in Formulierungen von Franz Josef KRAFELD. Er ist ein in der Jugendsozialarbeit engagierter Vertreter dieses Ansatzes:

> "Es geht uns letztlich darum, Jugendliche dabei zu unterstützen, erfolgversprechendere und befriedigendere Wege der Lebensbewältigung zu finden. Denn nur wenn wir die Jugendlichen darin unterstützen mit ihrem Alltag besser (!) zurechtzukommen, dann gibt es Chancen für Änderungen". [215]

Hier blendet KRAFELD einfach den Ausgangspunkt seiner jugendsozialarbeiteri-

---

213 Thiersch 1992, S. 24/25.
214 Dieses Leitwort "Selbsthilfekräfte wecken" findet sich nicht nur bei Müller 1992, sondern prägt die Sprache der Kommission Sozialpädagogik der *Deutschen Gesellschaft für Erziehungswissenschaften* seit 1977 wie die gesamte Regierungsbegründung zum neuen Jugendhilferecht (s.u.), vgl. Müller 1992, S. 193.
215 Krafeld 1992b, S. 38.

schen Intervention aus, daß nämlich die betreffenden Jugendlichen offenkundig gerade dabei sind, sich selbst zu schaden und damit alles andere tun, als "gute" Wege des "Zurechtkommens" mit sich und ihren Mitmenschen einzuschlagen. Oder ist das von mir hervorgehobene *"besser"* im Zitat etwa nicht mehr die Steigerungsform von "gut"? Will man den Kids aber am Ende des Interventionsprozesses *andere* Handlungsmuster vorschlagen, nahelegen oder alltagspraktisch einüben, dann kann der methodische Einstieg nicht der sein, ihnen zu versichern, daß das, was an ihrem Tun gerade kritikabel ist, eigentlich ganz in Ordnung ist, also schon mal "gut" ist.

"Schwierigkeiten lebbar machen", wie THIERSCH [216] es neuerdings formuliert, heißt doch gar nicht, irgendwelche praktischen Gründe von Schwierigkeiten zu beseitigten. Es ist zwar zutreffend, daß man durch *Beseitigung* alltäglicher "Schwierigkeiten" einen "gelingend*eren* Alltag" herstellen könnte, aber dann doch nur deshalb, weil man die Schwierigkeiten gerade nicht fortbestehen ließ. "Schwierigkeiten lebbar machen" heißt demgegenüber, daß die KlientIn *sich* mit ihnen als fortbestehenden Hindernissen "arrangieren" soll. Sie soll nicht von Schwierigkeiten befreit werden, sondern *mit* den Schwierigkeiten leben lernen. Sie soll sich also innerlich auf die fortbestehenden Schwierigkeiten *einstellen* (lat: "orientieren"). So werden aus "Schwierigkeiten" auf einmal *normale* Bestandteile ihres Alltags. Daß KlientInnen sich *dieses* letztlich verlogene Arrangement mit ihren Beschränkungen einleuchten lassen, soll das etwa die Aufgabe "alltagsorientierter" Sozialpädagogik sein?

Im 8. Jugendbericht verweisen die Autoren andererseits an mehreren Stellen auf das, was sie mit ihren Strukturmaximen sicher *nicht* meinen. [217] Offenbar lagen ihnen diese unerwünschten Interpretationen ihrer Maximen so nahe, daß sie sie von sich aus aufgeschrieben und sofort wieder dementiert haben. Also stecken die zurückgewiesenen Folgerungen doch letztlich irgendwie in ihren Maximen drin. Dann wären sie aber keine willkürlichen "verkürzenden Mißinterpretationen", wie THIERSCH meint. Ein Beispiel dafür:

> "Regionalisierung bedeutet aber nicht nur den Bezug auf gegebene regionale Strukturen; die können auch vorurteilsbestimmt, borniert und - vor allem - unzulänglich sein. ...
> Regionalisierung ohne sozialpolitische Absicherung könnte sich sonst als eine kostengünstige Variante eines allgemeinen Sparprogramms erweisen." [218]

Die sozialpolitische Sparpolitik der leeren Gemeindekassen seit 1990 oder auch der Aufstieg von bornierten ausländerfeindlichen Vorurteilen (wären diese

---

216 Thiersch 1992, S. 26.
217 Vgl. 8. Jugendbericht 1990, S. 85 ff.
218 8. Jugendbericht 1990, S. 86/87; genau in diesem Sinne wird es anscheinend in der Praxis diskutiert, vgl. Merchel über Umsetzungsprobleme des KJHG, 1994, S. 2, 5 f.

nach der oben zitierten Position von FRIESENHAHN etwa auch vorbehaltlos zu akzeptieren?) zu "Normalitäts- und Deutungsmustern" der Lebenswelt [219] zeigen, wie konservativ, verzichtsbereit oder zumindest wie bescheiden sich der Lebensweltorientierungsgedanke auslegen *läßt*.

Daraus läßt sich ermessen, was es für die Jugendhilfe bedeuten mag, wenn diese *Interpretation* der Lebenswelt als leere Kasse die zu "respektierende" Vorgabe und Richtschnur für die Fachpraxis ist: ein selbstverordnetes Sparprogramm aus freien Stücken. Selbsthilfeappelle, die beispielsweise keinerlei materielle Angebote zur praktischen Veränderung der Lebenssituation der Betroffenen mehr bereithalten, sind doch wohl eher eine Zumutung an die Opfer sozialer Notlagen als eine Hilfe. Das gilt auch dann, wenn die Zumutung sprachlich übersetzt wird in die "Weckung von Ressourcen" in KlientInnen, die bereits mit dem Rücken an der Wand stehen. Auch wenn es in der modisch-aktualisierten Methoden-Rhetorik von "Environment", "Empowerment" oder "Ressourcenorientierung" vorgetragen wird: Sachlich wäre das dann doch wieder die alte repressive Fürsorgestrategie mit dem Endpunkt, Elend zu verwalten und zu verwahren. Damit würde soziale Arbeit sogar ihren Entstehungsgrund dementieren. Aber selbst das weiß THIERSCH sehr genau:

> "Diese sozialstaatlich-moderne Vergesellschaftung der Hilfe ist ja gerade entstanden, weil Probleme in der Lebenswelt nicht mit den Mitteln der Lebenswelt allein bewältigt werden könnten." [220]

Ich denke, die "verkürzende Mißinterpretation" des Lebensweltorientierungsansatzes liegt zum Teil an seiner eigenen *Ambivalenz* zwischen offensiven Hilfsangeboten zur sozialpädagogisch begleiteten Überwindung schwieriger sozialer Lebenslagen und der konservativen Aufforderung zur Selbstbescheidung in einer gegebenen Misere. Welche Interpretation von "Alltagsorientierung" vorherrscht, liegt aber zum anderen Teil auch am öffentlichen Meinungsklima. Das heißt seit Anfang der 90er Jahre "Sozialmißbrauch" [221] und besteht in der moralisierenden Forderung nach grundlegendem Abstandnehmen von jeder Anspruchshaltung. [222] Dem Spargedanken wie dem Verzichtsappell liegt die

---

219 Bergmann/Erb 1994, FR v. 13.8.1994.
220 Thiersch 1992, S. 25.
221 Vgl. den provokativen Aufreißer der Illustrierten *Focus* in Heft Nr. 43 vom 23.10.1995: "Das süße Leben der *Sozial-Schmarotzer*. Die Millionen Täter. Die miesen Tricks. Der 150-Mrd.-Schaden", der die Inanspruchnahme von sozialen Rechten für moralisch anrüchig erklärt: "Ohne Gewissensbisse würde die überwältigende Mehrzahl der Bundesbürger jede staatliche Leistung in Anspruch nehmen, auf die sie ein Recht hat." (ebenda, S. 280).
222 Repräsentativ dafür könnte sein: Das Manifest "Weil das Land sich ändern muß" von Gräfin Dönhoff, Edzard Reuter, Helmut Schmidt, Wolfgang Thierse u.a. 1992 mit der Forderung eines neuen Konzeptes: "Ein Konzept, in dem der Begriff Verzicht die

zweite Lesart der lebensweltorientierten Selbsthilfe näher, nämlich als Prinzip der Anpassung ans Gegebene, des Zurechtkommens mit dem Gegebenen und der Selbstbescheidung. So können sich also konservative Prinzipien relativ unverkrampft im Lebensweltkonzept wiederfinden.

Gegen dieses Zurückdrängen von Jugendhilfe-Engagement, speziell gegen zu geringe materielle und fachliche Ausstattung der Jugendhilfe, hat der 8. Jugendbericht sich verwahrt. Die Belastung der kommunalen Haushalte wurde im Bericht bereits vor 1990, also vor der "Wende" und ihren Folgekosten, als bedrohliche Einschränkung der finanziellen Spielräume der Jugendhilfe eingeschätzt:

> "Die derzeitigen Einschränkungen sind bedrückend, weil die Aufgaben und Probleme, mit denen Jugendhilfe konfrontiert ist, massiv sind und sich aufgrund der Ausbildung neuer Zonen von Belastungen und Armut verschieben, z.B. in bezug auf Lebensweltorientierungen und Gestaltungsräume für Heranwachsende (vor allem auch für Mädchen und junge Frauen), in bezug auf Alleinerziehende, auf arbeitslose Jugendliche und arbeitslose Familien, in bezug auf Ausländer, in bezug auf Verweigerungen, Ausstieg und Rechtsradikalität". [223]

Der 8. Jugendbericht postulierte daher ausdrücklich:

> "Die Sicherung und Garantie von Leistungsansprüchen sind Voraussetzungen einer lebensweltorientierten Jugendhilfe." [224]

Damit hat die Kommission des 8. Jugendberichtes sich ganz eindeutig auf eine *offensiv-fordernde* Seite gestellt. Der Kommission war nämlich bewußt, daß das Fehlen solcher *Leistungsansprüche* den Nerv ihres Konzepts treffen würde, weil ihm die "Voraussetzungen" fehlten. Ohne materielle Ausstattung, sondern nur mit administrativen Machtbefugnissen ausgestattet wird aus der "Alltagsorientierung" einer lebenspraktisch ausgerichteten *Dienstleistung* namens Sozialpädagogik schnell etwas anderes, nämlich ein repressiver Appell, *Kontrolle* und damit *Bevormundung* des Klientels. In den politischen Perspektiven ihres Berichtes forderte die Kommission aus diesem Grunde "Leistungsansprüche", bessere Bezahlung [225], mehr Mittel für Jugendhilfe und dazu ressortübergreifende "Einmischung" in die Politik.

Hauptrolle spielen muß. ... Die Konsequenz: Wir müssen alle zurückstecken. ... Aber es ist nicht einzusehen, warum es uns so schwer fallen sollte, freiwillig zur Erhaltung des inneren Friedens Verzichte zu leisten, die jeder im Falle eines Krieges selbstverständlich auf sich nimmt." Ähnlich Wolfgang Schäuble 1994: Und der Zukunft zugewandt, mit polemischer Kritik an "Vollkaskomentalität", "Risikoscheu", "Erstarrung", "Verantwortungsscheu" und "Besitzstandsdenken" des "dekadent gewordenen" Bürgers, S. 26 ff.

223 8. Jugendbericht 1990, S. 74.
224 8. Jugendbericht 1990, S. 198.
225 8. Jugendbericht 1990, S. 202.

3.2.3 Eine praktische Bewährungsprobe des Konzepts.

Es fragt sich nur, wie ernst und praktisch das wohl gemeint war. Ihren Bericht gab die Kommission zu Beginn der parlamentarischen Beratungsphase des KJHG am 2. Oktober 1989 in Bonn ab. [226] Von dessen Ausgestaltung in Sachen "Leistungsansprüche" und Finanzen hing es nach dem 8. Jugendbericht ab, ob lebensweltorientierte Jugendhilfe im offensiven Sinne überhaupt möglich ist oder nicht. Als weitere Voraussetzung dafür war gefordert, daß Jugendliche eigenständige "Rechtspositionen" erhalten müßten. Nur dadurch sei ihre "Subjektstellung" abgesichert. "Partizipation ist zunächst eine Frage der Rechtsposition", hieß es. [227] Der Regierungsentwurf zum KJHG erschien im September 1989. Im März 1990 wurde darüber im Bundestag abgestimmt. Dieser Zeitablauf bedeutet, daß alle Parteien den Regierungsentwurf mit Begründung (118 Seiten) innerhalb dieses halben Jahres lesen, verstehen, beraten, ändern und abstimmen sollten. Ihre Stellungnahme zu dem Jugendbericht gab die Bundesregierung aber erst ab, nachdem sämtliche Gesetzesberatungen abgeschlossen waren. Sie veröffentlichte ihn am 6. März 1990 in einer Bundestagsdrucksache. [228] Reinhard Joachim WABNITZ, Ministerialdirektor im Bundesministerium für Frauen und Jugend, schildert diesen Zeitablauf und folgert daraus:

> "Die Ergebnisse des Achten Jugendberichtes konnten deshalb nicht mehr bei der Verabschiedung des Gesetzes berücksichtigt werden. Dies ist teilweise kritisiert worden. Wenn man so will, hätten allerdings Überlegungen des Achten Jugendberichtes nur noch durch den Deutschen Bundestag selbst eingebracht werden können. Die Bundesregierung wäre aus Zeitgründen dazu nicht mehr in der Lage gewesen." [229]

Das verwundert, da die Bundesregierung schließlich selbst die Auftraggeberin dieses Fachberichtes war. Sie mußte also wissen, wann er kommen sollte. Ihre Stellungnahmen zu Wirtschaftsgutachten dauern in aller Regel nur wenige Tage und kein halbes Jahr. Andererseits war der Jugendbericht durch Nichtstellungnahme der Bundesregierung ein halbes Jahr quasi unter Verschluß. Er fehlte in der Gesetzesberatung der Parteien und in der begleitenden Diskussion der Fachverbände, der Fachkräfte und der Öffentlichkeit, von einer "Partizipation" der Betroffenen an dem Beratungsprozeß ganz zu schweigen. Es hätte sicher eine Möglichkeit gegeben, daß die Kommission ihren Bericht selbst der Öffentlichkeit vorstellt, allerdings ohne "Segen" der Bundesregierung. Vielleicht hätten sich dafür auch Parteien oder einzelne engagierte

---

226 Vgl. Wabnitz 1992, S. 211.
227 8. Jugendbericht 1990, S. 88.
228 BT-Ds 11/6576 v. 6.3.1990.
229 Wabnitz 1992, S. 211.

ParlamentarierInnen finden lassen? Immerhin steuerte ein zwanzigjähriger Beratungsprozeß über ein neues Jugendhilferecht auf eine Gesetzesfassung zu, in der in puncto "Leistungsansprüche" und "Rechtspositionen" zugleich darüber entschieden würde, ob "lebensweltorientierte Jugendhilfe" mehr Dienstleistungscharakter haben würde oder mittellos, aufdringlich-kontrollierend und damit eher fürsorgerisch bleiben würde. Stattdessen wartete die Kommission still ab, wie ihr Bericht das gesamte Gesetzgebungsverfahren verpaßte - und enthielt sich jeder "Einmischung" ...

3.3 Eine eher undogmatische Lösung: Erprobte methodische Handlungsmaximen ohne Gesamtkonzept.

Schon von daher bleibt nur eine nachträgliche Überprüfung der Verträglichkeit dieses Ansatzes mit dem neuen Jugendhilfegesetz. Inwiefern die gesetzlichen Regelungen offen sind für einen "lebensweltorientierten Ansatz" oder für welche seiner Lesarten, soll die anschließende Überprüfung von deren Grundstruktur zeigen.

Beruhigend ist demgegenüber vielleicht der Umstand, daß es auf den Ansatz "lebensweltorientierter" Jugendhilfe als solchen letztlich so entscheidend nicht ankommt. Er stellt nämlich schon vom eigenen Anspruch her nur einen theoretischen *Rahmen* dar für die in diesem Kapitel dargestellten vielfältigen professionellen Handlungsmaximen und -methoden. Diese haben also auch ohne den zusammenfassenden Rahmen ihren selbständigen Bestand als konkretes, in der Praxis bewährtes Arsenal sozialpädagogischen Handelns. Von vorrangigem Interesse erscheint mir daher im folgenden die Prüfung der Verträglichkeit der einzelnen, in diesem Kapitel dargestellten sozialpädagogischen Handlungsmaximen mit den neuen gesetzlichen Vorgaben.

Diese Überprüfung läßt sich einmal an der normativen Struktur des Gesetzes im ganzen versuchen, aber auch an einzelnen praxisrelevanten Anwendungsbeispielen. Ich möchte vor dem bisher entwickelten fachlichen Hintergrund beide Aspekte untersuchen und dazu mit dem allgemeineren beginnen. Daran anschließend soll der Methodeneinsatz unter den neuen gesetzlichen Vorgaben an konkreten Anwendungsbeispielen näher dargestellt, theoretisch erprobt und überprüft werden.

4 Zur Normierung sozialpädagogischer Intervention durch Rechtsvorschriften des KJHG

4.1 Das Verhältnis von Gesetz und Praxis der Jugendhilfe.

4.1.1 Vom Eingriff zur Leistung: Die Normierung einer innovativen Praxis.

Das Kinder- und Jugendhilfegesetz vom 26.6.1990 ist nach der Gesetzesbegründung der Bundesregierung

> "ein modernes sozialstaatliches, präventiv orientiertes Leistungsgesetz, das Eltern bei ihren Erziehungsaufgaben unterstützt und jungen Menschen das Hineinwachsen in die Gesellschaft erleichtert". [230]

So lautet das amtliche Gütesiegel des neuen Jugendhilfegesetzes. Es ist als Buch VIII eingebunden in das Sozialgesetzbuch und seine allgemeinen Regelungen in Buch I und X. In einigen Bestimmungen wurde das KJHG 1993 durch eine "Reparaturnovelle" geändert. Der Rechtsanspruch auf einen Kindergartenplatz kam bereits 1992 durch das Schwangeren- und Familienhilfegesetz hinzu (§ 24 KJHG); zuvor gab es in der Hinsicht nur eine "Soll-Bestimmung", wonach die Bundesländer "Sorge tragen" sollten für einen "bedarfsgerechten Ausbau" von Kindertagesstätten.

Das KJHG löst das (Reichs-) Jugendwohlfahrtsgesetz (JWG) ab, das seit 1922 die Rechtsgrundlage der Jugendhilfe darstellte. Der 8. Jugendbericht nennt das JWG "ein Jugendamtsgesetz". [231] Es wurde allgemein als ein polizei- und ordnungsrechtlich ausgerichtetes Eingriffsgesetz bezeichnet. [232] In § 1 JWG verlieh es "jedem deutschen Kind" ein "Recht auf Erziehung zur Tüchtigkeit". Sozialpädagogisches Handeln im jugendpflegerischen Sinn erhielt lediglich Raum in einer Generalklausel (§ 5 JWG), und zwar unter der Formulierung "Aufgabe des Jugendamtes ist ferner ...". [233] Die Überzahl der anderen Paragraphen enthielt fürsorgerische und organisatorische Bestimmungen. [234] Dahinter ließ sich stets die Konzeption eines Jugendamtes als hoheitliche *Eingriffsbehörde* erkennen,

---

230 Regierungsbegründung KJHG, S. I.
231 Vgl. 8. Jugendbericht 1990, S. 78.
232 Vgl. Regierungsbegründung KJHG, S. I; FLPK Einl. Rdn. 19; Schellhorn/Wienand 1991, Einführung Rdn. 5, 52.
233 Vgl. Regierungsbegründung KJHG, S. 64.
234 Vgl. Schellhorn/Wienand 1991, Einführung Rdn. 52, 53.

im Volksmund auch "Kinderpolizei" genannt. [235] Wenn Eltern mit diesem Jugendamt in Berührung kamen, war das peinlich. Es galt nämlich als Beweis, daß sie in der Kindererziehung versagt hatten. Schon der Kontakt war also eine Schuldzuweisung. Als schlimm und schimpflich galt es vorrangig, wenn es dazu kam, daß Eltern beim Jugendamt "angezeigt" wurden. Als weniger schlimm galt eigentümlicherweise der tatsächliche Hintergrund der Einschaltung, etwa die von elterlicher Gewalt gegen Kinder oder ihre Vernachlässigung. Erfolgte dann ein Eingriff von MitarbeiterInnen des Jugendamtes, bedeutete dies oft, daß das "Kind bereits in den Brunnen gefallen war". [236] In der Gesetzesformulierung hieß das juristisch, daß ein "Schaden" für das Kindeswohl eingetreten sein mußte oder zumindest stichhaltige Beweise für seine "Gefährdung" vorliegen mußten. Das war der Grundaufbau der alten Regelungen in § 55 JWG über den Erziehungsbeistand, in § 62 JWG über Erziehungshilfe und insbesondere in § 64 JWG, der Regelung der Fürsorgeerziehung.

Die erwähnte Generalklausel hatte andererseits Vorteile, die in Fachkreisen geschätzt wurden. Da der Katalog von Maßnahmen zur Jugendpflege mit "insbesondere" begann, erlaubte er die Entwicklung neuer Angebote, die im Gesetz nicht ausdrücklich aufgezählt waren. Das war auch der Grund, weshalb das JWG so viele Jahrzehnte als juristischer Rahmen akzeptiert wurde und ohne wesentliche Gesetzesänderung die im 3. Kapitel dieser Arbeit beschriebenen grundlegenden fachlichen Innovationen stattfinden konnten. Das hatte allerdings auch zur Folge, daß die Praxis den gesetzlichen Rahmen teilweise verlassen hat. Angebote wie die Familienhilfe oder die offene Jugendarbeit bewegten sich aus juristischer Sicht teilweise im sogenannten "rechtsfreien Raum" [237], ohne daß es jemand merkte (oder bemerken wollte).

Die andere Seite der Medaille war eine mangelnde rechtliche Absicherung für die Fachkräfte. Sie agierten selber rechtlich oft ungeschützt im grundrechtlich geschützten Binnenraum der Familie. Erfuhren sie dort zum Beispiel familiale Geheimnisse, waren sie mit ihrer persönlichen Verantwortung im Umgang damit gegenüber Jugendamt und sonstigen Behörden (Polizei!) oft überfordert. Sie saßen zwischen allen Stühlen. Auch die fachlichen Standards ihres Handelns waren nicht abgesichert. Damit hing sehr viel vom jeweiligen Standort und vom kollegialen Umfeld der Berufspraxis ab. Zwischen sozialpädagogischem Handeln in verschiedenen Regionen lagen manchmal 'Welten'. In Hamburg gab es sozialpädagogische Angebote, von denen man am Bodensee noch nie etwas gehört hatte. Das nannte man in Bonn "Leistungs- und Ausstattungsgefälle" und

---

235 Vgl. dazu die einführende Werbebroschüre des BMJFFG zum KJHG aus dem Jahre 1990, S. 21.
236 Vgl. BMJFFG Einführung 1990, S. 7.
237 Vgl. Regierungsbegründung KJHG, S. 39, 64.

"hohe Schwankungsbreite der Versorgungsquote".[238] Dieser Zustand widersprach dem Gebot der Chancengleichheit. In der Regierungsbegründung zum KJHG heißt es dazu:

> "Öffentliche Jugendhilfe als Teil der staatlichen Leistungsverwaltung bedarf für ihr Handeln einer sicheren, für den Bürger und die Verwaltung verständlichen Rechtsgrundlage; deshalb ist der Gesetzgeber gehalten, Entwicklungsprozesse der Praxis, die zu einem gewissen Abschluß gekommen sind, auch normativ umzusetzen."[239]

Wenn das KJHG demzufolge eine gesetzliche Festschreibung der sozialpädagogischen Konzept- und Praxisentwicklung der Jugendhilfe ist, bedeutet dies, daß der Gesetzgeber die gelaufenen Auseinandersetzungen und ihre Ergebnisse für ausgereift und für gut befunden hat. Es ist zugleich eine bemerkenswerte staatliche Anerkennung der Leistungen der Fachpraxis.[240] Immerhin mußte sie nicht selten gegen Widerstände der Politik und der Verwaltung erkämpft werden, siehe die oben erwähnte Heimbewegung, die Kita-Bewegung, neue Erziehungsstile etc.

Die gesetzliche Normierung "der" Praxis auf Bundesebene hat andererseits zwangsläufig regional verschiedene Neuerungen im sozialpädagogischen Handeln zur Folge. Bisher nur in bestimmten Teilen der Praxis erprobte und bewährte Arbeitsformen können und sollen sich nun auch in anderen Regionen durchsetzen. Daß die Übernahme von teilweise neuen Standards - für die neuen Bundesländer sind es durchweg neue Standards - mit Umsetzungsschwierigkeiten verbunden ist, läßt sich leicht vorstellen. Ebenso ist zu vermuten, daß diese Umsetzung auf innere oder äußere Widerstände trifft.[241] Für erfahrene Fachkräfte an der 'Spitze der Bewegung' ergibt sich jedoch aus der Charakterisierung des KJHG als Festschreibung einer bereits erprobten Praxisentwicklung, daß ihnen das KJHG außer einer besseren Absicherung ihrer Standards nicht viel Neues bringt.

Wäre diese Einschätzung des KJHG insgesamt zutreffend, würde das für die hier verfolgte Fragestellung bedeuten, daß sich eine grundsätzliche Implementationsproblematik gar nicht stellt. Wenn das KJHG den erreichten Stand sozialpädagogischen Handelns nur gesetzlich festschreibt in dem Sinne, daß "normativ umsetzt" lediglich einen Formwechsel von informell zu normativ bedeuten würde, müßte die fachliche Alltagsroutine in fortschrittlichen Teilen der Praxis an sich bruchlos weiterlaufen wie unter dem alten JWG. Wenn das neue Gesetz

---

238 Vgl. Regierungsbegründung KJHG, S.38.
239 Regierungsbegründung KJHG, S. 39.
240 Diese Anerkennung hebt *Berk* in seiner Bewertung des KJHG aus psychologischer Sicht besonders hervor, 1992, S. 15.
241 Um die speziell daraus erwachsenden Implementationsprobleme aufzeigen zu können, würde man regional erhobene empirische Daten benötigen, was hier nicht angestrebt wird.

tatsächlich nur *nachzeichnet*, was die innovative Praxis längst tut, wäre meine Frage nach Implementationsproblemen so zu beantworten, daß fortschrittliche Praxis und Gesetz sich zur Zeit im wesentlichen decken.

Es gibt Äußerungen in der Literatur, daß das KJHG der Praxis gegenüber *neutral* wäre und die vorhandene Fachpraxis lediglich "rechtlich absichert", wo es nötig ist, und ihr ansonsten "Freiheit und Spielraum für fachliches Handeln und Gestalten" gewährt. [242]

Es bestehen demgegenüber allerdings eine Reihe von Anhaltspunkten, die dagegen sprechen, daß das Gesetz in seiner Normierung der eingeübten Praxis tatsächlich nur folgt und sie so absichert, wie sie sich aus rein fachlicher Perspektive entwickelt hat. Andererseits lassen sich durchaus Belege dafür benennen, daß das Gesetz die bisherigen fachlichen Standards aufgreift und absichert. Das Bild ist offenbar differenzierter. Es erscheint daher sinnvoll, der Fragestellung im Detail nachzugehen. Ich möchte daher im nächsten Schritt das neue Jugendhilfegesetz nach der normativen Wiedergabe von sozialpädagogischen Standards und Settings absuchen.

4.1.2 Moderne Sozialstrukturen und aktuelle fachliche Settings im KJHG.

Eine genauere Betrachtung der einzelnen Vorschriften des Kinder- und Jugendhilfegesetzes zeigt, daß sie in vielerlei Hinsicht an den *sozialstrukturellen Realitäten* der Lebenswelten von Jugendlichen der 90er Jahre anknüpfen, wie sie oben thematisiert wurden.

Grundlegend scheint mir dazu das aus der Leitnorm des § 1 Abs. 3 KJHG ableitbare Eingeständnis zu sein, daß in einer reichen Industrienation Kinder und Jugendliche in bestimmten Lebenslagen so stark *benachteiligt* sind, daß ihr Recht auf Erziehung und Entwicklung nicht ausreichend verwirklicht werden kann. Diese Folgerung ergibt sich aus einem Umkehrschluß daraus, daß es in dieser gesetzlichen Bestimmung als Aufgabe der Jugendhilfe bezeichnet wird, erziehungs- und sozialisationsrelevante "Benachteiligungen" von Kindern und Jugendlichen "zu vermeiden oder abzubauen". Der vom Gesetzgeber im Gesetzeserlaß als notwendig angesehene Auftrag an die Jugendhilfeträger, sie abzubauen, unterstellt das Vorhandensein *systematischer* Benachteiligungen für Kinder und Jugendliche. Das ergibt sich für mich aus der grundsätzlichen Überlegung, daß der Gesetzgeber keine offensichtlich überflüssigen Gesetze beschließt. Er nimmt also mit dem neuen Gesetz in der sozialen Wirklichkeit viele und für ihn wichtige Anwendungsfälle des Gesetzes an. Der Bundesge-

---

242   Vgl. Wabnitz 1992, S. 211.

setzgeber des Jahres 1990 unterstellte damit, daß sich solche Benachteiligungen im gesamten Anwendungsgebiet seines neuen Jugendhilfegesetzes vorfinden lassen würden, also im gesamten Bundesgebiet. Und er geht weiterhin davon aus, daß sich diese Benachteiligungen allein auf privater und individueller Grundlage, nämlich durch Bemühungen der jeweiligen Eltern, nicht mehr ausreichend vermeiden oder abbauen lassen. Noch weitergehend ist der Umkehrschluß aus dem Auftrag der Jugendhilfe, "zur Schaffung einer kinder- und familienfreundlichen Umwelt beizutragen". Auch diese Regelung ergibt nur dann einen Sinn, wenn die vorhandene Umwelt eher das Gegenteil davon darstellt, nämlich eine Lebenswelt voll mit negativen Lebensbedingungen für junge Menschen, also eigentlich eine ziemlich *kinder- und familienfeindliche Umwelt*.

Der Verlängerung der Jugendphase trägt die Definition in den §§ 1, 7 und 41 KJHG Rechnung. Darin ist von "jungen Volljährigen" und "jungen Menschen" die Rede, also von *Adressaten im Alter bis 27 Jahren*. [243]

Ergänzt wird diese Ausweitung der vom Gesetz angesprochenen Altersstufen durch zahlreiche *Hilfen zur Verselbständigung* gerade für diejenigen jungen Menschen, die diese vorwiegend bei einem Entwicklungsstand um den 18. Geburtstag herum benötigen. Überzeugende Belege dafür finden sich

* in § 9 Ziff. 2 KJHG, nämlich im Appell zur Berücksichtigung des Bedürfnisses zu selbständigem Handeln bei sämtlichen Jugendhilfeangeboten,
* in § 13 KJHG, der sich speziell mit arbeitsweltbezogener Jugendsozialarbeit befaßt,
* in § 14 KJHG, der den Jugendschutz auf jugendliches Verantwortungsbewußtsein und auf verantwortlichen Selbstschutz gegen Gefährdungen aufbaut,
* in § 30 KJHG als einer Verselbständigungshilfe durch Erziehungsbeistände,
* in § 34 Ziff. 3 KJHG durch Vorbereitung auf ein "selbständiges Leben" in einer dafür geeigneten Wohnform,
* in § 35 KJHG mit der intensiven sozialpädagogischen Einzelbetreuung mit dem Handlungsauftrag, Unterstützungen zu einer eigenverantwortlichen Lebensführung der Jugendlichen zu leisten.
* Hervorzuheben ist § 41 KJHG als Generalklausel für 18- bis 21-jährige und (allerdings nur ausnahmsweise) auch für ältere junge Menschen: "Hilfen zur Erziehung" im Sinne von Verselbständigungshilfen. [244]

---

243 Dazu Schellhorn 1991 in der Einführung Rdn. 67 f.
244 Vgl. FLPK, § 41 Rdn. 2; Schellhorn 1991, § 41 Rdn. 4, der ausdrücklich auf das entsprechende Regierungsanliegen verweist, wonach die alten Bestimmungen (§ 6 Abs. 3 JWG und 72 BSHG) dazu nicht mehr ausgereicht haben (vgl. Regierungsbegründung KJHG S. 75).

* Förderung zur persönlichen und beruflichen Verselbständigung ist auch für junge Elternteile vorgesehen in § 19 KJHG, nämlich eine Qualifikationsförderung innerhalb von gemeinsamen Wohnformen mit ihren Kindern, wobei aber ein Wohnen ohne Partner verlangt ist.

Offen zeigt sich das KJHG in bestimmten Vorschriften auch gegenüber *neuen Formen familialen Zusammenlebens*:

> "Die Leistungen dieses (zweiten) Kapitels wie des Gesetzesentwurfes insgesamt sind nicht einem bestimmten Familientypus vorbehalten, sondern orientieren sich an unterschiedlichen familialen Lebenslagen". [245]

In § 7 Abs. 1 Ziff 6 KJHG werden "Erziehungsberechtigte" so definiert, daß darunter auch "im Haushalt lebende Verwandte, Stiefelternteile und *nichteheliche Lebenspartner*" von erziehenden Elternteilen fallen, die die Regierungsbegründung ausdrücklich aufzählt. [246] Auch *Väter nichtehelicher Kinder* dürften als "Erziehungsberechtigte" anzusehen sein, und zwar auch, wenn sie an dem Erziehungsprozeß beteiligt sind, aber mit der Mutter keine Lebensgemeinschaft bilden. [247] Das setzt sich dann in Regelungen zu ihrer Unterstützung bei Erziehungsproblemen fort in den §§ 14 (erzieherischer Kinder- und Jugendschutz), § 16 (Förderung der Erziehung in der Familie), § 25 (selbstorganisierte Kinderbetreuung), § 28 (Erziehungsberatung) oder § 42 Abs. 1 und 2 (Berücksichtigung des Willens des Erziehungsberechtigten und Benachrichtigungsanspruch bei der Inobhutnahme). Auch in der Leitnorm des § 1 Abs. 3 Ziff. 2 KJHG sind die "anderen Erziehungsberechtigten" an hervorgehobener Stelle genannt.

Auch für ein aktiveres Verständnis der *Rolle der Väter* im Erziehungsprozeß ist das KJHG eingerichtet. Das zeigt sich in der Formulierung des § 9 Ziff. 3 KJHG, Stichwort: Jungenarbeit, oder der §§ 16, 17, 18, 19, 25 und 80 Abs. 2 Ziff. 4 KJHG, die jeweils von "Müttern und/oder Vätern ..." sprechen. Das dürfte auch nichteheliche Väter einschließen.

Die Regelungen der Tageseinrichtungen für Kinder in den §§ 22 bis 26 KJHG, nämlich Kinderkrippen, Krabbelstuben, Kindergärten, Horte, Tagespflege und kombinierte Formen wie Kinderhäuser, und die Regelungen zur Jugendhilfeplanung dazu in § 80 KJHG werden in der Regierungsbegründung wie in der Kommentarliteratur ausdrücklich mit dem Hinweis auf zunehmende *Erwerbstätigkeit von Frauen* vorgestellt und mit der Zielvorgabe, "Erwerbstätigkeit und

---

245 Regierungsbegründung KJHG S. 54, ähnlich S. 39: "Das Wohl des Kindes und sein Schutz ist unteilbar und können nicht bestimmten Familienformen vorbehalten bleiben."; vgl. Struck 1991.
246 Regierungsbegründung KJHG S. 47; vgl. Schellhorn 1991, § 7 Rdn. 10.
247 Vgl. in diesem Sinne erfolgt die Gesetzesauslegung von *Coester* 1991, S. 257.

Familie besser vereinbaren zu können". [248]

Die Regelungen in den §§ 17, 18 und 28 KJHG gehen offenkundig von den Auswirkungen moderner *Partnerschafts- und Scheidungsprobleme* auf den Erziehungsprozeß aus und reflektieren damit die neue Normalität von hohen Scheidungsraten, die Lage der über 100.000 Scheidungswaisen pro Jahr und die daraus erwachsenden familialen und persönlichen Belastungen.

Als Bezugnahme auf - ursprünglich oppositionell und experimentell gemeinte - autonome Formen von *elterlichen Basisorganisationen* läßt sich der § 25 KJHG verstehen. Darin wird eine kommunale Unterstützungspflicht für "selbst organisierte Kinderförderung" begründet.

Ein ähnlich positiver Gesamtbefund ergibt sich, wenn man das KJHG nach neuen *methodischen Settings* sozialpädagogischen Handelns durchsieht. Auch hierfür möchte ich zunächst einige Belegstellen aufführen.

Grundlegend ist die Unterscheidung in § 2 KJHG. Danach erfüllt Jugendhilfe zwar einerseits traditionelle hoheitliche Aufgaben mit Kontrollfunktionen oder als Hilfe für andere Behörden, siehe speziell § 2 Abs. 3 KJHG. Ansonsten tritt die Jugendhilfe den jungen Menschen, Eltern und sonstigen am Erziehungsprozeß beteiligten Erwachsenen aber neuerdings vorwiegend als Anbieter von "Leistungen" gegenüber, also als *sozialpädagogischer Dienstleistungsanbieter*, siehe § 2 Abs. 1 und 2 KJHG).

Früher gab es neben der Herkunftsfamilie nur die Pflegefamilie oder "das Heim". Im KJHG ist nun an entsprechenden Stellen von "sonstigen Wohnformen" die Rede, siehe die §§ 19, 34, 24 Abs. 1 Nr. 3 KJHG. Darin lassen sich die von der Heimkampagne angestoßenen Entwicklungsergebnisse wiedererkennen und *Offenheit für neue Interventions- und Wohnformen*. [249] Ähnliches gilt für die offene Definition von "Tageseinrichtungen" in § 22 KJHG.

Produktive Arbeit in Formen der *Interdisziplinarität* wird erwartet oder sogar gefordert in den §§ 13 Abs. 4 KJHG, wo es um die Abstimmung der Jugendsozialarbeit mit verschiedenen Trägern geht, oder in § 28, der Regelung der Erziehungsberatung durch Zusammenwirken "von Fachkräften verschiedener Fachrichtungen, die mit unterschiedlichen methodischen Ansätzen vertraut sind". Auch die Vorschrift des § 36 Abs. 2 Satz 1 KJHG verlangt bei der Auswahl der Hilfeart eine Lösungsfindung "im Zusammenwirken mehrerer Fachkräfte". Schließlich organisiert § 81 KJHG auf der Ebene der Jugendhilfeplanung eine Zusammenarbeitspflicht der öffentlichen Träger mit verschiedenen freien Trägern in entsprechenden Arbeitsgemeinschaften.

---

248 Regierungsbegründung KJHG S. 58 - 62 (60). Ähnlich klingt der Wortlaut der Jugendhilfeplanungsbestimmung in § 80 Abs. 2 Ziff. 4 KJHG. Vgl. dazu Münder FLPK, Vorbem. § 22 Rdn. 1 - 16; Colberg-Schrader 1991.
249 Vgl. FLPK 1991, § 34 Rdn. 2-8.

Ganz bestimmte Standards von *Fachlichkeit* und ihres Ausbaus finden sich in Vorschriften wie den eben genannten, aber auch ausdrücklich in den § 72 Abs. 1 KJHG, der eine Definition enthält, was im Jugendhilfebereich als *Fachkraft* zu verstehen ist. Die gesetzlich defininierte Fachkraft der Jugendhilfe zeichnet sich danach durch zwei Komponenten aus. Zuerst - und damit vorrangig? - muß sie für die jeweilige Aufgabe aufgrund ihrer "Persönlichkeit" geeignet sein und sodann - und damit nachrangig? - durch "eine dieser Aufgabe entsprechende Ausbildung". Zwar kommen nach § 72 Abs. 1 KJHG als hauptberufliche MitarbeiterInnen der Sozialämter nach wie vor auch Personen in Betracht, die neben der geeigneten Persönlichkeit über "besondere Erfahrungen in der sozialen Arbeit" verfügen statt einer "entsprechenden Ausbildung". Als "Fachkräfte" gelten aber nur fachlich Ausgebildete. [250] Im Sinne einer ausfüllungsbedürftigen Generalklausel spricht die Vorschrift anschließend von "bestimmten Aufgaben", mit deren Wahrnehmung "nur Fachkräfte oder Fachkräfte mit Zusatzausbildung zu betrauen sind". Damit ist zumindest im Grundsätzlichen ein exklusives Einsatzgebiet für Fachkräfte behauptet, wobei es der Gesetzgeber wohl der Praxis überläßt, wo die Grenzen verlaufen. Gesetzlich definiert sind diese Grenzen allerdings für leitende Funktionen in den Jugendämtern als Soll-Bestimmung in § 72 Abs. § 79 Abs. 3 KJHG verlangt die Einstellung einer bedarfsgerechten Zahl von Fachkräften in den Jugendämtern. Ähnlich ist die Bestimmung über die Förderungswürdigkeit freier Träger hinsichtlich der Besetzung mit Fachkräften in § 74 Abs. 1 Ziffer 1 KJHG.

§ 72 Abs. 3 KJHG enthält zur Bewahrung dieses Standards von Fachlichkeit auf Dauer die Verpflichtung der öffentlichen Träger zur "Sicherstellung" von *"Fortbildung und Praxisberatung"* für die hauptberuflichen MitarbeiterInnen. Für die freien Träger findet dieses Erfordernis etwas abgeschwächt in § 74 Abs. 6 KJHG Erwähnung: Auch sie sollen Mittel für die "Fortbildung" einplanen und bereitstellen. Aber auch die Notwendigkeit fachlicher Anleitung für ehrenamtlich Tätige wird anerkannt und normiert. Die gesetzlichen Anordnungen dafür finden sich in § 73 KJHG für die öffentlichen Träger, in § 74 Abs. 6 KJHG für die freien Träger, in § 52 Abs. 2 KJHG bezüglich der Beratung von Pflegern und Vormündern, in § 37 Abs. 2 als eigenständiger Beratungsanspruch von Pflegepersonen und in § 25 KJHG als Beratungsanspruch von Elterninitiativen.

Zahlreiche Bestimmungen des KJHG enthalten sogar regelrechte *sozialpädagogische Arbeitsprogramme*.

---

250 Der darin liegende Fortschritt in puncto Fachlichkeit läßt sich ablesen, wenn man die entsprechende Definition der Fachkraft im Bundessozialhilfegesetz vergleicht. Nach § 102 BSHG waren und sind im Sozialhilfebereich neben der "Persönlichkeit" als erstem Merkmal die "besonderen Erfahrungen im Sozialwesen" der aufgabenadäquaten "Ausbildung" noch als alternative und damit als gleichrangige zweite Merkmale der Fachkraft festgeschrieben.

* So liest sich § 11 Abs. 1 Satz 2 KJHG wie die Kurzfassung eines Methodenlehrbuchs über Jugendarbeit: Beginnend mit der Anknüpfung an den Interessen junger Menschen ist von Heranziehung zur Mitbestimmung und Mitgestaltung die Rede, darüber von Befähigung zur Selbstbestimmung und schließlich von dem Handlungsziel Anregung und Hinführung zu Übernahme von gesellschaftlicher Mitverantwortung und zu sozialem Engagement.
* Ähnlich in einzelne sozialpädagogische Arbeitsanweisungen zerlegen lassen sich die Vorschriften des § 9 KJHG über die Beachtung der elterlichen Grundrichtung der Erziehung, die auch die religiöse Erziehung einschließt. Ziffer 2 der Vorschrift weist mit den Worten des Gesetzgebers eigens auf eine fachliche Selbstverständlichkeit hin. Bei der Ausgestaltung von Jugendhilfeangeboten sind die wachsenden Fähigkeiten und Bedürfnisse der Kids ebenso zu berücksichtigen wie ihre wachsende Verantwortungsbereitschaft, aber auch besondere soziale und kulturelle Kontexte der Jugendlichen und ihrer Familien, also etwa auch Aspekte bi- oder multikultureller Jugendhilfearbeit. Ziffer 3 schließlich verweist eigens auf Erfordernisse der fachlichen Balance von geschlechtsspezifischen und kompensatorischen Angeboten einerseits und dem Ziel der Gleichberechtigung andererseits hin.
* § 14 Abs. 2 Ziffer 1 KJHG enthält eine fachliche Stichwortsammlung zum Thema Selbstschutz und mitmenschliche Verantwortlichkeit hinsichtlich gefährdender Einflüsse. Die Vorschrift benennt dazu die Schlüsselqualifikationen "Kritikfähigkeit", "Entscheidungsfähigkeit" und "Eigenverantwortlichkeit". Ergänzt wird dies in der Ziffer 2 durch den Hinweis auf das Erfordernis einer begleitenden Erwachsenenbildungsarbeit.
* § 17 Abs. 1 Ziffern 1 - 3 KJHG entwirft ein dreidimensionales Beratungskonzept für Fälle von Partnerschaftskonflikten, deren Beteiligte zugleich für Kinder sorgen. Die Ebenen heißen (Re-)konstruktionshilfen für eine tragfähige Partnerschaft oder Krisenbewältigung oder Trennungsbewältigung unter Einbeziehung der Elternverantwortung.
* Speziell die §§ 36, 37 KJHG enthalten mit der Hilfeplanerstellung, der Kooperation von Herkunfts- und Pflegefamilie und den Interventionsformen der Fachkräfte dermaßen anspruchsvolle Arbeitsanweisungen, daß darüber seit dem Inkrafttreten des neuen Gesetzes ein jahrelanger und noch andauernder Beratungsprozeß in allen möglichen Gremien im Gange ist, wie diese Anforderungen angemessen umzusetzen seien.

4.1.3 Gemeinsamkeiten und Unterschiede von Strukturmaximen moderner Jugendhilfe und KJHG.

Reinhard Joachim WABNITZ, 1992 Ministerialdirektor im Bundesministerium für Frauen und Jugend, ging in diesem Zusammenhang der Frage nach, inwiefern die Rechtsvorschriften des KJHG dem Konzept der lebensweltorientierten Jugendhilfe und vor allem seinen einzelnen Strukturprinzipien entsprechen. [251] Der Fachmann aus der Gesetzesadministration nennt das KJHG im Sinne der Regierungsbegründung "geronnene Fachdiskussion". [252] Nach seiner Gegenüberstellung von Strukturmaximen und Gesetz kommt er zu dem Ergebnis, daß es "sogar einen sehr weitgehenden Gleichklang von Handlungsmustern und konkreten Regelungsinhalten" gibt, während in anderen Fällen "Strukturmaximen und konkrete normative Regelungen zumindest miteinander kompatibel (sind) und nicht im Widerspruch zueinander stehend". [253]

Sein Fazit belegt WABNITZ an einzelnen Strukturmaximen des 8. Jugendberichtes. *Präventionsaspekte* weist WABNITZ in den Kapiteln über Jugendarbeit nach, über Familienhilfen, Jugendschutz und in den Erziehungshilfen: "Der Präventionsgedanke ist durchgängige Philosophie des KJHG." [254] Besonders zahlreich sind seine Belege für die *Alltagsorientierung* des Gesetzes. WABNITZ verweist dazu auf § 5 KJHG (Wunsch- und Wahlrecht), auf § 8 (Beteiligung von Kindern und Jugendlichen), auf § 11 (Jugendarbeit mit gemeinwesenorientiertem Akzent), auf § 22 mit der Verpflichtung zur Orientierung an Bedürfnissen von Kindern und ihren Familien bei Kindertageseinrichtungen und auf § 27 Abs. 2 KJHG mit der Beachtung von Umständen des Einzelfalles und aus dem sozialen Umfeld. Ebenso kann WABNITZ nachweisen, daß die Strukturmaxime der *Partizipation* in zahlreiche Vorschriften des KJHG einging. Auch die Aspekte Mitbestimmung und Freiwilligkeit finden sich in den erwähnten §§ 5 und 8 KJHG sowie bei der Beachtung der Grundrichtung elterlicher Erziehung in § 9 KJHG, bei der Förderung von Selbstbestimmungskompetenzen in der Jugend- und der Familienarbeit und schließlich auch im organisatorischen Rahmen, bei der Mitbestimmung von freien Trägern und Bürgern über den Jugendhilfeausschuß (§§ 70, 71 KJHG). [255]

Was der Regierungsdirektor nicht erwähnt, aber dennoch im KJHG angelegt ist, sind Anknüpfungspunkte für die Strukturmaximen von *Querschnittspolitik*

---

251 Vgl. Wabnitz 1992, S. 210 ff; Anlaß seiner Fragestellung ist die Kritik, daß die Ergebnisse des 8. Jugendberichtes in der Endberatung des KJHG keine besondere Berücksichtigung fanden.
252 Wabnitz 1992, S. 211.
253 Wabnitz 1992, S. 214.
254 Wabnitz 1992, S. 212.
255 Vgl. jeweils Wabnitz 1992, S. 213.

und *Einmischung*. Dafür steht die erwähnte Aufforderung an die Jugendhilfe in § 1 Abs. 3 Ziff. 4 KJHG, dazu beizutragen, "positive Lebensbedingungen für junge Menschen und ihre Familien", ja sogar eine "kinder- und familienfreundliche Umwelt zu erhalten oder zu schaffen". [256] Zu nennen wäre hier auch die Rolle der freien Träger (Regelungen dazu finden sich in den §§ 3, 4, 74, 75, 76 KJHG) und deren Einbeziehung in die geregelte *Jugendhilfeplanung* gemäß den Vorschriften in §§ 80 sowie 78 KJHG sowie die Beibehaltung [257] des zweigeteilten Jugendamtes mit pluralistisch besetztem Jugendhilfeausschuß (§§ 70 Abs. 1, 71 KJHG). Nicht erwähnt wurden auch Vorschriften, die den Maximen von *Vertrauensschutz*, *Transparenz* und institutionell abgesicherter *Parteilichkeit* sozialpädagogischer Arbeit dienen. Es ist der sogenannte bereichsspezifische Datenschutz im KJHG (§§ 61-68) einschließlich besonderer Schweigerechte in den §§ 64, 65 KJHG. Über die scheinbare Umständlichkeit dieser Datentrennung ist in Praxis und Literatur sofort heftig gestritten worden. [258] Und weshalb? Weil hierin ein Übergang von "obrigkeitlich geprägten Interaktionsformen" zur sozialpädagogischen Dienstleistung an den althergebrachten Arbeitsabläufen in den Amtsstuben augenfällig wird. [259]

Problematisch wird es selbst nach der Analyse von WABNITZ bei den Maximen von *Dezentralisierung* und *Regionalisierung*, soweit damit nicht nur die Verstärkung der örtlichen Zuständigkeit der kommunalen Jugendämter gemeint ist: Die ist im KJHG enthalten. Oder soweit damit nur der Aufbau und die Nutzung lokaler Netze gemeint sind: Dies ermöglicht und befördert das KJHG. Der 8. Jugendbericht fordere hier aber zusätzlich die "Vorgabe verbindlicher Standards als Pflichtaufgaben" [260], also *Rechtsansprüche*. Hier stellt WABNITZ eine "Diskrepanz" fest, da das KJHG zwar "durchaus Rechtsansprüche" enthalte, aber auch "eine ganze Reihe von Sollvorschriften". Die sei aber letztlich ein "schwer auflösbarer Widerspruch", da zu streng normierte bundesgesetzliche Vorgaben die kommunale Selbstverwaltung vor Ort schwächen würden. [261]

Die "Diskrepanz" zwischen sozialpädagogischen Ansprüchen an das KJHG, es sollte "verbindliche Rechtsansprüche" gewährleisten, und seiner ausweichenden Antwort wäre also im Hinblick auf Implementationsfragen näher zu untersuchen.

---

256 Die darin liegenden fachpolitischen Chancen spricht Reinhold *Wiesner*, Ministerialrat und damaliger KJHG-Fachreferent im BMJFFG, offener an (vgl. Wiesner 1991, S. 18).
257 Vgl. dazu die Erwägungen in der Regierungsbegründung KJHG (S. 92 ff), wonach ursprünglich daran gedacht war, diese bewährte Zweigliedrigkeit der Jugendbehörde mit Mitspracherechten externer Stimmen abzuschaffen.
258 Siehe die Kontroverse zwischen Mörsberger (1990, 1991a, 1991b), Kunkel (1991a, 1991c, 1993) und Maas (1991) und die polemischen Überschriften ihrer Aufsätze.
259 Merchel 1994, S. 4; vgl. Münder 1993, S. 395 f: Datenschutz in der Jugendhilfe sei die "Nagelprobe auf sozialpädagogische Sonntagsreden" (S. 396).
260 Wabnitz 1992, S. 212.
261 Vgl. Wabnitz 1992, S. 213.

Schließlich hat der 8. Jugendbericht gerade darauf besonderen Wert gelegt, weil damit der Angebots-Charakter seines Konzeptes steht und fällt. [262]

Die zweite Quelle von Implementationsproblemen, die WABNITZ anspricht, ist von struktureller Art. Das KJHG treffe "verbindliche Regelungen im Kontext von Sachproblemen". [263] Wenn die Lösung der Fachfragen aber von Rechts wegen bereits verbindlich vorgegeben ist, wären "Freiheit und Spielraum für fachliches Handeln und Gestalten" durch die Rechtsnorm versperrt. Implementationsprozesse sind dann überflüssig. Daß aber mit der "Lösung von Rechtsfragen" auch die Probleme der Klienten "gelöst" sein sollen, erscheint mir allerdings äußerst fraglich.

Möglicherweise meint WABNITZ damit aber das, was in der Eingangsthese dieser Arbeit formuliert wurde, daß nämlich die handlungsbezogenen Rechtsregelungen erst *durch* den Einsatz von sozialpädagogischer Fachlichkeit umsetzbar werden. Dann liegt der Kern des Problems in der *Vermittlung* der Ebenen, weil der rechtliche Regelungsgehalt nur mittels der sozialpädagogischen Fachlichkeit realisiert werden kann. Darin liegt dann in der Tat ein Implementationsproblem grundsätzlicher Art.

4.1.4 Reglementiert das KJHG die moderne Jugendhilfepraxis?

Selbst wenn sich das aktuelle sozialpädagogische Instrumentarium "in der Gesamtkonzeption und in zahlreichen Rechtsnormen des KJHG widerspiegelt" [264], ist doch die rechtliche Normierung dieser Praxis mehr als ihr wertfreier oder wertungsfreier Abguß in rechtlicher Form. Das betonen zahlreiche Hinweise in der Regierungsbegründung zum KJHG ausdrücklich. Dort heißt es:

> "Entsprechend den verfassungsrechtlichen Vorgaben weist der Gesetzesentwurf der Jugendhilfe eine die Erziehung der Eltern unterstützende Funktion zu." [265]

> "Zweck der öffentlichen Jugendhilfe ist die Förderung der Erziehung und Entwicklung junger Menschen. Bei der Wahl der Mittel hat die Jugendhilfe die verfassungsrechtlichen Vorgaben zu beachten." [266]

> "Ziel dieser Leistungsangebote ist aber nicht die Einmischung des Staates in familiale Aufgaben im Sinne einer Vergesellschaftung, sondern partnerschaftliche Hilfe unter der Achtung familialer Autonomie." [267]

---

262 Siehe oben Kapitel 3.2.
263 Wabnitz 1992, S. 211.
264 Wabnitz 1992, S. 214.
265 Regierungsbegründung KJHG S. 39.
266 Regierungsbegründung KJHG S. 42.
267 Regierungsbegründung KJHG S. 39.

Nimmt man diese Begründungssätze zusammen, so gibt das KJHG der Jugendhilfepraxis sehr wohl eine *Richtung* vor. Man kann sogar sagen, es *weist* ihr geradezu eine *Funktion zu*, die sie offenbar von sich aus nicht hat. Der richtungsweisende Eingriff des Jugendhilfegesetzes in die Fachpraxis ergibt sich wiederum aus der Verfassung, also aus dem rechtlich-politischen System, nicht aus einem fachwissenschaftlichen Dialog. [268]

Die damit zugewiesene Aufgabe gleicht der Quadratur des Kreises: Dem autonomen System Familie sollen von außen Leistungsangebote gemacht werden, die mit einer Einmischung in die familialen Strukturen nichts zu tun haben sollen. Ohne fremde Hilfe von außen ist die Familie aber zu autonomem Handeln gerade nicht mehr fähig. Bereits diese Aufgabenstellung läßt vermuten, daß der Sozialpädagogik hier vom Gesetz etwas abverlangt wird, auf das sie von sich aus nicht käme.

Während also nach der einen Seite hin ein gewisser methodischer Gleichklang besteht zwischen KJHG und sozialpädagogischen Ansätzen, zeichnet sich andererseits auch eine deutliche Akzentsetzung oder eine inhaltliche Leitungsfunktion des Gesetzes gegenüber der Fachpraxis ab. Der Charakter dieser Zielvorgaben soll daher näher ermittelt werden. Aus dem Charakter dieser Zielvorgaben müßte sich dann auch die spezifische Implementationsproblematik dieses Sozialgesetzes herleiten lassen.

4.2   Exemplarische Analyse von Wertungen im KJHG.

4.2.1   Zuvörderst das Elternrecht.

Das KJHG enthält sicher mehr als einen wertungsrelevanten Akzent. Daß sich sogar aus verschiedenen seiner Einzelregelungen bis ins Kostenrecht Folgerungen auf bestimmten Grundpositionen des Jugendhilfegesetzes ziehen, kann man in der juristischen Fachliteratur nachlesen. Ich beschränke mich zunächst auf eine Analyse des § 1 KJHG. Damit werden sicher manche Aspekte nicht erfaßt. Andererseits handelt es sich bei dieser Bestimmung um die programmatische Leitnorm des ganzen Gesetzes. Daher ergibt ihre Analyse möglicherweise doch

---

268 *Wabnitz* nennt rechtliche Gesetze "geronnene Politik" im Unterschied zu pädagogischen Konzepten, die er "geronnene Fachdiskussion" nennt, a.a.O. S. 211. - Zum Verhältnis Fachwissenschaft und Recht zitiert der Leiter des Frankfurter Jugendamtes, Matthias *Mann*, eine Stelle aus einem Beschluß des Landgerichtes Frankfurt am Main vom 6.5.1991: "Nach der Entscheidung des OLG Frankfurt am Main vom 2.3.1978 - OLGZ 1978, 394 (396, 397) sind Erkenntnisse der Sozialwissenschaften insbesondere der Psychologie insoweit zu beachten, als sie allgemein *und* mit dem geltenden Familienrecht vereinbar sind." (1993, S. 59).

einen besonderen Einblick in seine Grundstruktur.

§ 1 KJHG ist in drei Absätze gegliedert, die untereinander in einem eigentümlichen Spannungsverhältnis stehen. Um das nachzuweisen, zitiere ich zunächst einmal den Gesetzestext:

> § *1 Recht auf Erziehung, Elternverantwortung, Jugendhilfe*
>
> (1) Jeder junge Mensch hat ein Recht auf Förderung seiner Entwicklung und auf Erziehung zu einer eigenverantwortlichen und gemeinschaftsfähigen Persönlichkeit.
>
> (2) Pflege und Erziehung der Kinder sind das natürliche Recht der Eltern und die zuvörderst ihnen obliegende Pflicht. Über ihre Betätigung wacht die staatliche Gemeinschaft.
>
> (3) Jugendhilfe soll zur Verwirklichung des Rechts nach Absatz 1 insbesondere
> 1. junge Menschen in ihrer individuellen und sozialen Entwicklung fördern und dazu beitragen, Benachteiligungen zu vermeiden oder abzubauen,
> 2. Eltern und andere Erziehungsberechtige bei der Erziehung beraten und unterstützen,
> 3. Kinder und Jugendliche vor Gefahren für ihr Wohl schützen,
> 4. dazu beitragen, positive Lebensbedingungen für junge Menschen und ihre Familien sowie eine kinder- und familienfreundliche Umwelt zu erhalten oder zu schaffen.

Im ersten Absatz wird jungen Menschen ein eigenständiges "Recht auf Erziehung" und persönliche Entwicklungsförderung zugesprochen. Im zweiten Absatz ist dieses "Recht auf Erziehung" als eigenständiges "natürliches" Recht ihrer Eltern gefaßt. Das gleiche "Recht auf Erziehung" existiert also doppelt. Welches geht im Streitfalle vor? Zugleich haben die Eltern die "Pflicht" zur Erziehung. Aus dem textlichen Bezug ist nicht ausreichend klar, ob diese Pflicht die Erfüllung des entsprechenden Rechts des jungen Menschen auf Erziehung ist oder aber des natürlichen Rechts der Eltern selbst. [269] Sollten die Eltern die Pflicht zur Erfüllung ihres eigenen Rechts haben, dreht sich die Sache ziemlich eigenartig im Kreis. Welchen Inhalt sollte aber das *eigenständige* Recht eines jungen Menschen auf Erziehung noch haben, wenn seine Eltern *an seiner Stelle* "zuvörderst" bestimmen, was Erziehung ist? Völlig unklar bleibt daher zunächst, weshalb im dritten Absatz überhaupt noch die Jugendhilfe aufgeführt ist. Nach der Konstruktion der Vorschrift in den ersten beiden Absätzen hat sie entgegen der Formulierung in Absatz 3 Ziffer 1 doch gar keinen direkten Zugang zu den

---

269 Das *Bundesverfassungsgericht* hat diese mehrdeutigen Textstellen längst in zahlreichen Entscheidungen interpretiert und das Elternrecht als Pflicht bezeichnet, die das Elternrecht wesensmäßig ausfüllt und nicht beschränkt, als "Elternverantwortung" und als quasi-treuhänderisches Recht (vgl. BVerfGE 24, S. 144, BVerfGE 72, S. 137 und dazu die Aufsätze von Proksch 1993b, Mann 1993, Bauer 1993, Herdegen 1993).

jungen Menschen, von denen im Absatz 1 die Rede ist. Vorschläge und Angebote kann sie allenfalls den Eltern machen (Absatz 3 Ziff. 2), die in Absatz 2 "zuvörderst" *zwischen* Jugendhilfe und jungen Menschen stehen. Dann verhilft sie den Eltern zwar zur "Verwirklichung" ihrer Elternrechte, aber doch nicht den Jugendlichen zur "Verwirklichung" *ihrer* eigenständigen Rechte. Schließlich ist in Absatz 2 nach dem Elternrecht, aber noch vor der Regelung der Jugendhilfe in Absatz 3, die "staatliche Gemeinschaft" mit ihrem Wächteramt über die elterliche Erziehung plaziert. Offenbar nicht allein das ein ständiges Mißtrauen des Gesetzgebers gegen die angemessene Anwendung des natürlichen Elternrechts?[270] Und deutet der Gesetzesaufbau nicht auch ein Spannungsverhältnis von staatlichem Wächteramt in Absatz 2 und sozialpädagogischer Jugendhilfe in Absatz 3 an? Erste Fragen - erste Verwirrungen.

Nach der Regierungsbegründung und ihr zustimmenden Beiträgen aus der juristischen Literatur ist das "*Recht* auf Erziehung" und Förderung seiner Entwicklung jedes jungen Menschen entgegen dem Wortlaut [271] gar *kein* Rechtsanspruch dieser jungen Menschen gegen die Anbieter von Jugendhilfeleistungen. [272] Das verwehrt angeblich die Verfassung. Das KJHG gehe vielmehr davon aus, daß die öffentliche Jugendhilfe neben dem natürlichen elterlichen Erziehungsrecht *keinen* eigenständigen Erziehungsauftrag habe. [273] Daß in der Regierungsbegründung im gleichen Zuge die Schule als Ausnahme von der unantastbaren Geltung des Elternrechts genannt wird, gilt wohl nicht als Widerspruch dazu, obwohl die schulische Erziehung immerhin zehn und mehr Jahre lang die aufnahmefähigste Tageszeit der Kinder und Jugendlichen für sich alleine beansprucht. Diese Ausgangsposition präge das ganze Gesetz. "Deshalb sind Leistungsberechtigte auch nicht die Kinder und Jugendlichen, sondern die Eltern", schließt Walter SCHELLHORN in seinem Kommentar. [274]

Es verwundert nicht, daß diese Position im Gesetzgebungsverfahren wie auch in der fachlichen Auseinandersetzung - und zwar offenbar in zwei Jahrzehnten Reformdiskussion - sehr umstritten war. [275] Die kritischen Vorwürfe von fachli-

---

270 Vgl. Kiehl 1990, S. 97.
271 Auf den Wortlaut des KJHG berufen sich *gegen* die Interpretation in der Regierungsbegründung speziell der FLPK KJHG § 1 Rdn. 7, 8 und 11 und Münder 1991, S. 287.
272 Regierungsbegründung KJHG S. 44. Ihr stimmen unter anderen zu: Schellhorn/Wienand 1991, § 1 Rdn. 5; Rüfner 1991, S. 2; Ollmann 1992, S. 390 f.
273 Vgl. Schellhorn 1991, § 1 Rdn. 6. Reinhold *Wiesner* (BMJFFG) stimmt dem grundsätzlich zu, läßt aber Ausnahmen zu, indem "ein staatlicher Erziehungsauftrag auch als parteiische Interessenvertretung des Kindes gegen die Elten verstanden wird", 1991, S. 14. Ähnlich argumentiert *Coester*, der einerseits einen Rechtsanspruch Minderjähriger verneint, ihnen aber einen Rechtsanspruch auf staatlichen Kindeswohl-Schutz zuspricht. Der Staat hätte hier "nicht nur ein Nachtwächteramt" (1991, S. 256, 263).
274 Schellhorn 1991, § 1 Rdn. 6.
275 Schellhorn 1991 führt dafür zahlreiche Belege auf (a.a.O. § 1 Rdn. 6).

cher Seite gipfeln darin, daß das KJHG die Jugendlichen nur als "Objekte der Hilfeleistungen" sehe [276] und in Wahrheit ein "Elternhilfegesetz" [277] sei oder ein "erziehungsorientiertes Familienhilfegesetz" [278], aber kein Kinder- und Jugendhilfegesetz. Zweifelhaft ist angesichts solcher Befunde die Anmerkung von SCHELLHORN, daß die ganze Auseinandersetzung

> "mehr theoretischer Art ist und entscheidend auch in dieser Frage die Umsetzung des neuen Rechts durch die Jugendämter und die Freien Träger sein wird. [279]

Ich befürchte, daß diese Entgegensetzung nicht zutrifft. Schließlich erhält die Umsetzung des neuen Jugendhilferechts ihre "Richtung" aus der gesetzlich fixierten Ausgangsposition. Daß diese "das ganze Gesetz prägt", hat Walter SCHELLHORN unter der gleichen Randnummer zuvor selbst geschrieben.

Es fragt sich daher, ob dem Elternrecht die im KJHG eingeräumte und in der Regierungsbegründung dazu untermauerte *unüberwindliche* Dominanz tatsächlich zukommt. Offenbar wird das Wort "zuvörderst" wie ein Monopol im Sinne von '*ausschließlich*' interpretiert. [280] Sozialpädagogisch orientierte Juristen wie Helga OBERLOSKAMP, Friedrich BARABAS [281] oder Johannes MÜNDER [282] verweisen auf die *Teilmündigkeiten* von Kindern und Jugendlichen als Muster dafür, daß das so zwingend nicht ist. Indem "Minderjährige" damit ihre eigenen Grundrechte auf Persönlichkeitsentfaltung wahrnehmen, die ihnen das Bundesverfassungsgericht aus dem Grundgesetz ausdrücklich zugestanden hat [283],

---

276 Münder 1990c, S. 452 f. Bezogen auf Fragen des Umgangs mit den Eltern nennt auch *Coester* das Fehlen von Rechten der Kinder im KJHG "besonders schmerzlich"; sie seien im KJHG "noch allein als Objekt elterlichen Umgangsrechts" gefaßt, 1991, S. 261.

277 Kiehl 1990, S. 97. Merchel spricht vom "elternzentrierten Verständnis" der Jugendhilfe (1994, S. 3), ebenso Carsten *Rummel* 1990. Behutsamer, aber doch ähnlich äußern kritisch sich Helga *Oberloskamp* 1990, S. 263 und *Barabas/Erler* 1994, S. 179. *Coester* hält den Grundansatz zwar für berechtigt, meint aber dennoch, das KJHG "läuft Gefahr, das Kind mit dem Bade auszuschütten, d.h.: die individuelle Rechtsposition des Kindes übermäßig zurückzudrängen" (1991, S. 255).

278 Kiehl 1990, S. 99. - Bedenkt man demgegenüber, daß der überwiegende Teil der Erziehungsarbeit von Müttern geleistet wird (vgl. oben Kapitel 2.2.5), könnte man das KJHG auch als "*Mütterhilfegesetz*" bezeichnen.

279 Schellhorn 1991, § 1 Rdn. 6.

280 Dagegen bezieht sich Carsten *Rummel* vom Deutschen Jugendinstitut auf eine Verfassungsgerichtsentscheidung, in der es heißt: "Jedoch läßt schon das Wort zuvörderst erkennen, daß neben den Eltern auch der Staat eine Funktion eines Erziehungsträgers mit entsprechenden Pflichten hat", so in der Grundsatzentscheidung in BVerfGE 24 S. 119 (S. 135 f), vgl. bei Rummel 1989, S. 29. Ähnlich argumentiert *Borsche* als jugendpolitisch engagierter Vertreter der AWO, vgl. Borsche 1993, S. 27.

281 Vgl. Oberloskamp 1990, S. 263, 265; Barabas/Erler 1994, S. 170 ff.

282 Vgl. Münder FK JWG 1988 § 1 Anm. 1.2 - 1.4; § 3 Anm. 2.2 und 2.5. Ansatzweise knüpft auch *Coester* an Grundrechten von Kindern an, soweit es um ihr Recht auf staatlichen Schutz gegen die Eltern geht (1991, S. 256).

283 Vgl. die Entscheidung des BVerfGE 24, S. 119 ff: Ein Minderjähriger ist "ein Wesen

sind die Elternrechte im gleichen Maße dadurch beschränkt. [284] Diese Betrachtung des Elternrechts läßt sich mit Hinweisen auf rechtliche Positionen absichern, die jungen Menschen auch *unter* 18 Jahren auf bestimmten Gebieten rechtliche Befugnisse oder sogar autonome Selbständigkeit zusprechen. Um einen Eindruck von diesen längst gültigen Vorgaben für Rechtsautonomie von Kindern und Jugendlichen innerhalb des Rechtssystems selbst zu gewinnen, lohnt es sich, bestimmte dafür charakteristische Vorschriften einmal vorzustellen:

* Die §§ 2 Abs. 3 und 5 Satz 1 und 2 des Gesetzes über die religiöse Kindererziehung von 1921 verleihen Kindern im dem grundrechtsrelevanten Bereich von Glaubens- und Gewissensfreiheit Anhörungsrechte bereits ab dem *10. Lebensjahr* und eigene Entscheidungsrechte ab dem *12. bzw. 14. Lebensjahr* ohne Beachtung eines eventuell entgegenstehenden Elternwillens, wenn es um einen Wechsel oder die Aufgabe eines konfessionellen Glaubensbekenntnisses geht. [285]

* § 36 SGB I ist gültig seit dem 1.1.1976. Danach tritt die Sozialrechtsmündigkeit ab *15 Jahren* ein. Das heißt, daß 15-Jährige das Recht haben, Anträge auf Sozialleistungen zu stellen und diese zu empfangen, wovon die Eltern allerdings zu benachrichtigen sind und wogegen die Eltern dann schriftlich Einspruch einlegen können.

* Nach § 19 des Strafgesetzbuches sind Jugendliche sogar schon ein Jahr früher, nämlich ab Vollendung des *14. Lebensjahres*, strafmündig. Vier Jahre vor ihrer Volljährigkeit sollen sie laut Gesetz also grundsätzlich in der Lage sein, den vollen Ernst und die Bedeutung von Strafvorschriften aus der Welt und aus der Perspektive von Erwachsenen erstens einzusehen und zweitens danach zu handeln, und zwar drittens ganz *selbstverantwortlich*. Also hatte der Gesetzgeber schon seit dem Jahre 1923 - Reichsjugendgerichtsgesetz - und auch bei der Novellierung des Jugendgerichtsgesetz im Jahre 1953 an dieser Stelle keine grundsätzlichen Skrupel, sie dafür ab 14 Jahren auch zur Verantwortung zu ziehen, wobei aber die Strafrahmen und -formen im Jugendgerichtsverfahren altersspezifisch modifiziert sind.

* Wichtig erscheinen mir gerade in einem lebensweltlichen Kontext hier zahlreiche Rechte, die Jugendlichen ab *16 Jahren* zustehen: Die Eheschließung,

---

mit eigener Menschenwürde und dem eigenen Recht auf Entfaltung seiner Persönlichkeit" (S. 144).
284 Vgl. Oberloskamp 1990, S. 265, und Borsche 1993, S. 25.
285 Gesetz vom 15.7.1921 (RGBl. S. 939). Darauf stützen ihre Argumentation zur Absicherung rechtlicher Selbständigkeit junger Menschen z.B. Oberloskamp 1990, S. 265, und Münder 1990a, S. 33, sowie der alte Frankfurter Kommentar zum JWG, FK-JWG 1988, § 3 Anm. 2.5.

Besuche von Gaststätten und Tanzveranstaltungen ohne Begleitung Erwachsener bis 24.00 Uhr, der Kauf alkoholischer Getränke außer Schnaps, Recht und Pflicht zum Personalausweis, die Befähigung, vor Gericht einen Eid abzulegen.

* Rechte zur Teilnahme am motorisierten Straßenverkehr [286] stehen bereits den 15-Jährigen zu, wenn sie eine Prüfbescheinigung zum Führen eines einsitzigen Mofas mit einem Hubraum von maximal 50 ccm und einer Höchstgeschwindigkeit von 25 km/h erwerben. Ebenfalls ab 15 Jahren können sie die Fahrerlaubnis Klasse 4 erwerben und dann mit kleinen Motorrollern, Mopeds oder Mokicks bis maximal 50 ccm Hubraum bis zu 50 km/h Geschwindigkeit über die Straßen brausen. Ab Vollendung des 16. Lebensjahres steht ihnen seit dem 1.1.1996 zu, den Führerschein Klasse A1 zu erwerben und zweisitzige große Roller oder "Leichtkrafträder mit 80 ccm Hubraum, 11 kW/15 PS und bis zu 100 km/h Höchstgeschwindigkeit zu führen.

* Sehr bezeichnend ist eine Altersbestimmung aus dem neuen *Ausländerrecht* [287], das zur gleichen Zeit wie das KJHG neu beraten und gefaßt wurde. Nach § 68 Abs. 1 des Ausländergesetzes von 1990 werden ausländische Jugendliche in ausländerrechtlichen Angelegenheiten schon ab *16 Jahren* für geschäftsfähig erklärt und damit für alleinverantwortlich in diesen existenziellen Fragen.

* *Ohne* Einfluß auf eine Erweiterung der Rechtsstellung von Kindern in Deutschland blieb offenbar die *UNO-Kinderrechtskonvention*, die am 6.3.1990 von der Bundesrepublik Deutschland unterzeichnet wurde und am 5.4.1992 in Kraft getreten ist. [288] Das ergibt die umstrittenen *Vorbehaltserklärung*, die die Bundesregierung am 6.3.1992 in New York

---

286 Vgl. ADAC-motorwelt 4/1995, S. 6 ff. - Bedenkt man die Relevanz von Peer-group-Orientierung, soziokulturellen Milieus und jugendkultureller Mobilität als Grunddaten jugendlicher Identitätsbildungsprozesse, spielen die Rechte zur Teilnahme am motorisierten Straßenverkehr in subjektiver Perspektive möglicherweise rein praktisch eine ebenso wichtige Rolle wie der offizielle Eintritt der Volljährigkeit. Mit ihnen fallen nämlich Teilnahmeausschlüsse weg, unter denen man bis dato mit Ohnmachtsgefühlen gelitten hat und die umgekehrt zu eigenen Formen abweichenden Verhaltens führen (z.B. der "Ritzelkriminalität", "Fahren ohne Führerschein").
287 Gesetz vom 9.7.1990, BGBl. 1990 I, S. 1354, anwendbar auf das Gebiet der ehem. DDR seit 31.8.1990 durch Anlage I Kapitel II Sachgebiet B Abschnitt III Nr. 3 Einigungsvertrag (BGBl. 1990 II, S. 889, 915)
288 Vgl. Bekanntmachung in BGBl. 1992 II S. 990. Vgl. dazu den Bericht der Bundesregierung an die UNO vom August 1994. Eine kritische Auseinandersetzung mit dem Bericht der Bundesregierung und dem Stand der Umsetzung der UNO-Kinderrrechtskonvention in Deutschland liefern Kiehl/Salgo 1995, S. 196 ff.

abgegeben hat, wonach großzügige Minderjährigenrechte, das offene Umgangsrecht mit beiden Eltern und die Nichtdiskriminierung von nichtehelichen Kindern der internationalen UNO-Konvention im deutschen Familienrecht nicht unmittelbar gelten sollen. [289]

Jugendhilfeleistungen "verlangen" können also junge GrundrechtsträgerInnen vor Vollendung ihres 18. Lebensjahres nicht, obwohl sie vom gleichen Gesetzgeber längst für religionsmündig, für der Schulpflicht entwachsen, strafmündig, öffentlich alkoholkonsumfähig, straßenverkehrsmündig, erwerbsarbeitsfähig und in puncto Ausweisungsbescheid sogar für geschäftsfähig erklärt worden sind.

Helga OBERLOSKAMP ergänzt diese Argumentationslinie um eine Erinnerung an die 1975 beschlossene Herabsetzung des Volljährigkeitsalters von 21 auf 18 Jahre und zieht daraus folgenden Schluß:

> "Man war der Meinung, daß die Mehrzahl der jungen Menschen ihr Leben ab diesem Zeitpunkt alleine meistern könne. ... Wenn aber die Möglichkeit besteht, die elterliche Sorge den gesellschaftlichen Bedingungen entsprechend zu verkürzen oder zu verlängern, sie also nicht eine ein für allemal versteinerte Größe darstellt, dann ist nicht einzusehen, warum für das Jugendhilferecht andere Maßstäbe gelten sollen." [290]

So plausibel es also gewesen wäre, aus den sozio-kulturellen Veränderungen der Jugendphase mit Verabschiedung des KJHG 1990 auch rechtlich eine erneute Verstärkung der Selbständigkeit Jugendlicher festzuschreiben, zieht sich das KJHG stattdessen hinter ein ganz bestimmtes Verständnis von Elternrecht zurück. [291] In puncto jugendlicher Selbständigkeit bleibt es daher bei bloßen Appellen an die Einsichtsbereitschaft der Eltern. Das ist in den Regelungsmustern des Familienrechts ebenso (vgl. §§ 1618a, 1626 Abs. 2, 1631a BGB). Da wie dort stehen Appelle an einsichtsbereite Eltern, die diese Appelle im Grunde nicht nötig haben. Das Grundmuster der wirklichen Regelung des Eltern-Kind-Verhältnisses bleibt dagegen eine eher autoritäre Struktur von oben nach unten und eine letztlich patriarchale Grundkonzeption von Familie. [292]

Von daher kehren sich viele schönen Gesetzesworte des KJHG in ihrer Bedeutung um. Sie ermöglichen zumindest auch ein völlig anderes Verständnis

---

289 Kritisch zu der Vorbehaltserklärung steht der fachjuristische Aufsatz von Koeppel 1991, S. 355 f.
290 Oberloskamp 1990, S. 265.
291 Vgl. Rummels Überschrift: " ... oder wie man die Jugendhilfe hinter dem Elternrecht versteckt", 1989. Kritisch zur überdominanten Rolle des Elternrechts bei Jugendlichen äußern sich aus sozialpädagogischer Sicht auch Karl *Späth* 1991, S. 113 und Sven *Borsche* 1993, S. 26 f.
292 Vgl. die deutliche Kritik bei Münder FK JWG 1988, § 3 Anm. 2.1-2.4, die in seinem neuen Kommentar zum KJHG von 1990 weggefallen ist, ohne daß sich die Rechtslage in diesen Punkten entsprechend geändert hätte.

von Jugendhilfe. Die eigentlichen Adressaten des KJHG wären danach nämlich weder Kinder noch Jugendliche, ja nicht einmal die Eltern als solche. Vielmehr ginge es dem Staat unter den besonderen Bedingungen der Moderne zuvörderst um die Erhaltung der Fruchtbarkeit seiner eigenen "Keimzelle".

> "Insoweit ist das KJHG Teil eines funktional verstandenen Oberbegriffs 'deutsches Familienrecht'",

lautet irgendwie konsequent das juristische Fazit von Michael COESTER zur Frage, wo das KJHG innerhalb des Rechtssystems einzuordnen wäre. [293] Nach den Worten des Familienrechtlers ist das Kinder- und Jugendhilfegesetz zwar eine "Bereicherung", aber nicht für Kinder oder für Jugendliche, nicht einmal für die Eltern und nicht für familiale Lebensformen, sondern zuvörderst für das *Familienrecht* als solches. Zu einem ähnlichen, allerdings kritisch gemeinten Fazit gelangt auch Hermann-Josef BERK in seiner Analyse der Mitwirkungsmöglichkeiten der Psychologie bei der Verwirklichung des KJHG:

> "Nicht das Wünschenswerte ist der Maßstab, sondern das zu Tolerierende. Da das Kind nur Nutznießer des Rechts und der Pflicht seiner Eltern ist, *kein* eigenes Recht hat, muß es auch nicht schädigende Einschränkungen hinnehmen, wenn seine Eltern dies so wollen. Dieser Grundzug wird verständlicher, wenn man weiß, daß das KJHG eine logische Weiterentwicklung des Ehe- und Familienrechts ist." [294]

Das heißt doch in letzter Konsequenz: Ohne KJHG wäre die familienrechtliche Überforderung und Reglementierung des Privatlebens von BürgerInnen durch Vater Staat vielleicht auf Dauer gar nicht mehr praktikabel. Ohne KJHG-Angebote können familienrechtliche Leitbilder vielfach gar nicht mehr gelebt werden. Deshalb bedarf das Familienrecht der funktionalen Ergänzung, wie COESTER es nennt. Was damit in der "Lebenswelt" aufrechterhalten werden soll, ist das überkommene Familienleitbild des deutschen Familienrechts. Damit wäre das KJHG insgesamt ein Konservierungsmittel für überkommene Wertvorstellungen. Wenn man so will, wäre das KJHG dann der Versuch, ein ganz andersartiges Implementationsproblem zu lösen, nämlich eine juristisch zementierte Schablone namens BGB-Familie in der modernen Lebenswelt lebendig zu halten.

Dabei wird nicht übersehen, daß das Familienrecht im Vergleich zu der Ausgangslage vor fast 100 Jahren schon mehrere Modernisierungsschübe erlebt hat, die es aber in bestimmten Teilen auch überlebt hat. Die Modernisierungsschübe betrafen vorrangig die Frauengleichberechtigung durch die Zurückdrängung rein patriarchaler Ermächtigungen über Frau und Kinder (Schlüsselgewalt, väterliche Gewalt). Die neueren Tendenzen dieser Entwicklung

---

293 Coester 1991, S. 263.
294 Berk 1992, S. 7.

beschreibt COESTER als den "Aufstieg der elterlichen Regelungsautonomie" und den "Aufstieg des Kindeswohls" als Leitaspekt bei Sorgerechtsregelungen im Rahmen einer Ehescheidung. [295] Hier, meint COESTER, wäre der "fundamentale Wechsel im staatlichen Interventionsansatz" in der Entscheidung des Bundesverfassungsgerichts vom 3.11.1982 [296] auch nach über zehn Jahren noch immer nicht richtig erkannt. In der Entscheidung ist die Regelung in § 1671 Abs. 4 Satz 1 BGB für verfassungswidrig erklärt worden, daß das elterliche Sorgerecht über die Kinder bei der Ehescheidung immer auf *einen* Elternteil zu übertragen ist. Positiv ist damit die *gemeinsame* elterliche Sorge nach der Scheidung ermöglicht. COESTER geht noch weiter: Der Paradigmenwechsel besage, daß die elterliche Kooperation Vorrang hätte vor der einseitigen "Zuordnung" der Kinder. Sie sei daher aus verfassungsrechtlichen und entwicklungspsychologischen Gründen anzustreben. Daß dies die Eltern in der Scheidungssituation teilweise überfordert, wird zugestanden. Da die Wertung aber heißt, daß eben nur die *Ehe* geschieden wird, *nicht* aber die *Elternverantwortung*, kommen damit auf die sozialpädagogische Begleitung des Familienrechts weitere neue Aufgaben zu. Ich möchte später aufzeigen, daß dies sogar Impulse für bestimmte neue sozialpädagogische Interventionsansätze enthält (Mediation). [297] Ihre Vorgabe heißt: Fachliche Begleitung der Umorganisation des Eltern-Kind-Verhältnisses, und zwar möglichst auf Basis der familialen Selbstorganisation. Das KJHG ist dafür ausgerüstet, siehe §§ 17, 18, 28, 50 KJHG. Eine neuere Form, das verfassungsrechtliche Elternrechtsverständis zu betonen, besteht also darin, daß das Elternrecht auch im Scheidungsfalle für grundsätzlich unteilbar erklärt wird.

4.2.2 Widersprüchliche Konsequenzen des elternzentrierten Jugendhilfekonzepts des KJHG.

Allein die hier exemplarisch herausgegriffene elternzentrierte Grundkonzeption des KJHG, sein familienrechtlich geprägter Gesamtauftrag und seine damit einhergehende Verweigerung eigenständiger Positionen für Jugendliche hat erhebliche praktische Konsequenzen für den gesamten Anwendungsbereich der Jugendhilfe. Darin wurzelt ein Großteil seiner eigentlichen, praktischen Umsetzungsprobleme, die wiederum die gesamte sozialpädagogische Arbeit unter dem KJHG vorprägen - und zwar aus meiner Sicht eher ungünstig.

Auf der einen Seite tritt das Jugendhilfegesetz nämlich einer sozialen Realität gegenüber, in der viele familiale Lebensformen mit Belastungen aus Arbeitswelt,

---

295 Coester 1992, S. 617.
296 Vgl. BVerfG in FamRZ 1982, 1179. Auch Helga *Oberloskamp* 1990 hebt dieses Urteil in ihrer Argumentation hervor (S. 261).
297 Siehe dazu eingehend unten das Kapitel 5.5.

Armut, Wohnsituation sowie kommerziell und mittelständisch geprägten Erwartungen und Leitbildern in der Erziehung *überfordert* sind. Ausgerechnet diese weitgehend *heteronom*, nämlich von außen überforderte Familie soll bei der "Herstellung oder Wiederherstellung eines verantwortungsgerechten Verhaltens der natürlichen Eltern" streng in ihrer (real ziemlich hilflosen) *Autonomie* geachtet werden. [298]

Soll "Autonomie" bedeuten, daß man *jeden* Erziehungsstil professionell achten soll? Oder wird vom Gesetz nicht doch eine Art fachlich geleiteter Eingriff erwartet, der aber zugleich gar kein Eingriff sein soll oder zumindest nicht als Eingriff erscheinen soll, weil man dafür offiziell weder zuständig noch berechtigt ist? Lautet der präventive Auftrag des KJHG sprichwörtlich etwa, bestimmten Eltern den Pelz zu waschen, ohne sie dabei naß zu machen?

Einerseits soll Jugendhilfe die Sozialisationssituation von Jugendlichen verbessern helfen. Andererseits soll das staatliche "Wächteramt" durch das Elternrecht so lange beschränkt sein, bis die Eltern das "Kindeswohl" unübersehbar gefährden oder beschädigen, also bis das Kind doch "in den Brunnen gefallen ist". Die Eingriffsgrenze dafür ist in der Eingriffsnorm der §§ 1666, 1666a BGB beschrieben. [299] Demnach bleibt für die Jugendhilfe nur, zu resignieren [300] oder das Unmögliche zu versuchen:

> "Ihr Handeln muß daher in Konfliktsituationen unterhalb der Schwelle des § 1666 BGB darauf gerichtet sein, Kindern, Jugendlichen und Eltern Wege aufzuzeigen, wie sie solche Konflikte selbst lösen können." [301]

Von wegen "... *und* Eltern"! Wenn man nämlich Kindern oder Jugendlichen Lösungswege aufzeigt und sie dafür gewonnen hat, erweist sich das als ziemlich zwecklos und überflüssig, wenn ihre Eltern sich dazu uneinsichtig und abwehrend verhalten. Die Regierungsbegründung übertüncht hier die Konsequenzen ihrer Rechtsverweigerung gegenüber Minderjährigen. Auf deren Position kommt es nämlich in Konfliktfällen unterhalb der Schwelle einer Gerichtsentscheidung gerade *nicht* an. In akuten Konfliktsituation kommt vielmehr *alles* darauf an, die meist blockierten *Eltern* gegen ihre primären Überzeugung doch von der

---

298 Vgl. BVerfGE 24, S. 119 (S. 145) und Regierungsbegründung KJHG S. 65. Vgl. dazu die kritischen Äußerungen von *Tauche* 1993, S. 79.

299 Vgl. ausdrücklich die Regierungsbegründung KJHG S. 43 und 65. Zutreffend und doch hart klingt dazu der Kommentar von *Coester*: "Die staatliche Wächterfunktion gemäß Art. 6 II S. 2 GG bezieht sich nicht auf die Gewährleistung optimaler Entwicklungsbedingungen für jedes Kind, sondern ist auf Gefahrenabwehr begrenzt." (1991, S. 254).

300 So offenbar die Meinung des Familienrechtlers *Coester*: "Lehnen die Eltern eine angebotene und geeignete Hilfe nach §§ 27 ff KJHG ab, muß das Kind sich damit abfinden wie mit allen anderen ungeschickten und nachteiligen Verhaltensweisen der Eltern, die noch keine Gefährdung des Kindeswohls begründen" (1991, S. 255).

301 Regierungsbegründung KJHG, S. 43.

Annahme bestimmter Jugendhilfeleistungen zu überzeugen, die von diesen anfangs oft lediglich als Beweise ihres persönlichen Versagens wahrgenommen werden. Praktisch kann das eigentlich nur heißen, daß die Jugendhilfe mit den KlientInnen, die es am nötigsten hätten, am wenigsten arbeiten kann. Bei ihnen fehlen nämlich zunächst wichtige methodische Voraussetzungen sozialpädagogischen Arbeitens wie Freiwilligkeit, Akzeptanz, Partizipationsbereitschaft, Problemeinsicht oder die Bereitschaft zur Änderung des eigenen Verhaltens. Derartige *Voraussetzungen* müssen bei ihnen vielfach erst *hergestellt* werden. Die methodischen Voraussetzungen sozialpädagogischer Intervention sind also speziell bei ihnen oft erst *Produkte* sozialpädagogischer Intervention und keineswegs ihr "gegebener" Ausgangspunkt. [302] Almuth TAUCHE, städtische Verwaltungsdirektorin und seit 1980 Leiterin des ASD der Stadt München, bestätigt das Dilemma und die praktischen Schwierigkeiten in folgendem Zitat:

> "Sind Kinder gefährdet und ihre Eltern nicht an Hilfe interessiert, d.h. scheidet die Mitwirkungsmöglichkeit von Eltern aus, tritt m.E. der soziale Dienst in Verbindung mit dem Gericht weniger als Wächter des Staates, denn als Anwalt des Kindes auf. Der Hilfeplan, die Helferkonferenz, sind gerade in jenen Fällen erforderlich, in denen die Kinder nicht durch die Eltern vertreten werden. Wir haben hier die paradoxe Situation, daß das Gesetz solche Fälle nicht kennt. Die Praxis der Jugendhilfe wird hier den Mangel ausgleichen müssen." [303]

An dieser Stelle drängt sich in der Praxis immer wieder der fatale Rückgriff auf - rechtlich zulässige - Droh- und Druckmittel gegenüber nicht-kooperativen Eltern auf. Das spezifisch *sozialpädagogische* Ziel des Einsatzes solcher Druckmittel ist dabei gerade *nicht*, die Drohung wahrzumachen, tatsächlich irgendwelche negativen Fakten herbeizuführen und so letztlich den Eltern zu schaden. Die Drohungen dienen vielmehr als Instrumentarien einer *repressiven Motivation*, um über die mit Drohgebärden inszenierten Appelle mit schwierigen und sich sperrenden Eltern endlich einen entscheidenden Schritt im Interesse des Kindeswohles voranzukommen.

Gedroht wird den Eltern oft mit belastenden Kostenfolgen, aber meist mit dem "Gang vor den Kadi", also mit der Anregung oder Ingangbringung eines gerichtlichen Verfahrens. [304]

Hier kommt einmal ein *vormundschaftsgerichtliches Verfahren* in Betracht mit dem Thema oder angeblichen Ziel der richterlichen Beschränkung oder gar dem

---

302 Siehe dazu oben Kapitel 3.1.6.
303 Tauche 1993, S. 79. Genau diesen Punkt stellt auch der (frühere) Leiter des Frankfurter Jugendamtes, Matthias *Mann*, ins Zentrum seiner Erwägungen (1993, S. 62, 64). Mit seinem Lösungsvorschlag für diese paradoxe Lage befasse ich mich noch näher im Kapitel 5.3.2.
304 Wie der Rückgriff auf solche Drohungen im alltäglichen Kontext fachlichen Handelns auftaucht, wird in der Fallbesprechung in Kapitel 5.4 dargestellt.

völligen Entzug des elterlichen Sorgerechts nach den §§ 1666 und 1666a BGB. Mir geht es an dieser Stelle meiner Argumentation nicht um Sachlagen, in denen diese Gerichtsverfahren aus juristischer oder auch sozialpädagogischer Sicht dringend geboten sind. Ich möchte hier vielmehr die spezifisch sozialpädagogische Widersprüchlichkeit herausstellen, die vor allem dann besteht, wenn diese Verfahren gezielt als Vehikel von Druck auf die Eltern instrumentalisiert werden. Gedroht wird den Eltern nämlich dann mit der obrigkeitlichen und praktischen Außerkraftsetzung ihrer Elternkompetenz. Sozialpsychologisch ist der Ansatzpunkt der Drohung eine möglich Beschädigung ihres Selbstbildes als erziehungsfähige Eltern und ihres makellosen gutbürgerlichen Erscheinungsbildes im sozialen Nahfeld, denn mit dem Gerichtsverfahren wird ein "Versagen der Eltern" öffentlich und offenkundig gemacht, und zwar auch mit stigmatisiernden Folgen für die Eltern. Der offenkundige Widerspruch besteht darin, daß man mit der Androhung von Entpflichtung und Entmündigung der Eltern bezüglich ihrer Kinder eigentlich das genaue Gegenteil davon evozieren will, nämlich ihre freiwillige Wahrnehmung der Elternverantwortung. Man erwartet von ihnen also die *eigen*verantwortliche Betätigung von dem, was ihnen in dem Verfahren ex officio abgesprochen werden soll - und riskiert damit, daß durch den zermürbenden Prozeß der Druckentfaltung ein Gutteil davon beschädigt wird. [305]

Die zweite Möglichkeit, ein Gerichtsverfahren als Drohpotential einzusetzen, ist die *Strafanzeige* bei der Staatsanwaltschaft. Auch hier geht es mir an dieser Stelle der Argumentation nicht um eklatante und eindeutige Fälle von massiven Gewaltakten der Eltern gegen ihre Kinder wie Kindesmißhandlung oder Vernachlässigung der Kinder, die nach den §§ 223, 223a, 223b, 170d Strafgesetzbuch strafbar sind und vom Jugendamt sicher zur Anzeige gebracht werden. Ich frage mich hier, was es heißt, wenn seitens der sozialpädagogisch Handelnden in weniger gravierenden Fällen und ohne akute neue Gefährdung der Kinder oder Jugendlichen den Eltern mit der Strafanzeige gedroht wird, damit sie hinsichtlich einer anstehenden "Hilfe zur Erziehung", also einer sozialpädagogischen Dienstleistung, kooperativ werden. Dabei gehe ich davon aus, daß das Jugendamt zu einer Strafanzeige von Rechts wegen ganz streng genommen nur dann verpflichtet ist, wenn es sich dabei um ein Verbrechen handelt, was aber in der Regel nicht der Fall ist. [306] Auch wenn man berücksichtigt, daß das Jugendamt ein Teil der öffentlichen Kommunalverwaltung ist, die der Beachtung des Rechts in besonderer Weise verpflichtet ist, besteht bei weniger gravierenden Fällen hinsichtlich der Anzeigenerstattung doch rechtlich gesehen ein gewisser

---

305 Daß diese Art von Druckentfaltung ohnehin nur dann greift, wenn sie zumindest auf ein über das Selbstbild vermitteltes *positives Interesse* trifft, vor sich oder anderen als *gute Eltern* dazustehen, versteht sich von selbst; Eltern, die diese Grundlage nicht (mehr) haben, kann man mit solchen Methoden von vornherein nicht erreichen.
306 Vgl. Stumpf 1995, S. 206.

Entscheidungsspielraum. Das schafft ja erst die Möglichkeit, mit einer Strafanzeige, die man auch unterlassen könnte, zu drohen. [307]

Da also auch hier ein sozialpädagogisch-fachlich ausfüllbarer Ermessensspielraum besteht, ist es sinnvoll, die durch eine Strafanzeige ausgelösten *schädigenden Folgen* für Eltern und letztlich für die Kinder eingehend zu bedenken. Selbst die Diskussion über eine Reform des kindlichen Opferschutzes stößt an dieser Stelle immer wieder an die Grenze, daß eine Bestrafung der Eltern oft auch die bereits geschädigten Kinder ein zweites Mal trifft. Sie schädigt die *elterlichen Potentiale* empfindlich, nicht nur durch die Freiheitsstrafe, bei der das offenkundig ist. [308] Deshalb wurden vor der Kinderschutzkommission des Deutschen Bundestages 1989 neuartige Verfahrensmöglichkeiten diskutiert, wonach die Ingangsetzung eines solchen Strafverfahrens mit Rücksichten auf eine Verminderung der Gefährdung der familialen Beziehungen gekoppelt werden sollte. Ein Vorschlag von Gisela ZENZ war in dem Zusammenhang, den Vormundschaftsrichter dazwischenzuschalten. [309] Dieser könnte dann den Fall unter Einbeziehung der fachlichen Gerichtshilfen in Kenntnis der familialen Lage so weit vorprüfen, daß abgewogen werden kann, ob die Strafanzeige wirklich juristisch unerläßlich erscheint, damit die Eltern nicht ohne Not mit einem Strafverfahren überzogen würden. Ein anderer Reformvorschlag ging dahin, sogar das Jugendamt mit dieser Ingangsetzung der Strafjustiz gegen die Eltern zu betrauen. [310] Diese Idee wurde dann aber doch wieder verworfen, und zwar bezeichnenderweise mit dem - zutreffenden - Argument, daß diese neue Aufgabe dem Charakter der Jugendhilfeeinrichtung mehr schade als es den Eltern, Kindern oder dem Strafverfahren nutzen könne. Gegen diese neue Belastung des Jugendamtes sprach im Kern sein neues Verständnis als Dienstleistungsbehörde für Eltern und Kinder, das sich nicht mit der kontraproduktiven Gleichsetzung von Jugendamt mit Elternpolizei und Elternbestrafung vereinbaren läßt.

Die geschilderten Rückgriffe auf repressive Formen der Elternmotivation speziell durch "Androhung" von - anderenfalls als vermeidbar dargestellten - Gerichtsverfahren sind letztlich fatale Konsequenzen aus der im KJHG normier-

---

307 Nach der Studie von Thomas *Stumpf* stammten in der Stadt Frankfurt 1986 insgesamt 23,5 Prozent aller Anzeigen von Kindesmißhandlungskriminalität vom Jugendamt, wobei nach internen Weisungen auch Fälle geringfügiger Mißhandlungen zur Anzeige zu bringen sind (oder waren?), während in Darmstadt Ende der 80er Jahre nur 4,8 Prozent der entsprechenden Anzeigen vom Jugendamt stammten. Vgl. Stumpf 1995, S. 116 mit weiteren Belegen dazu. - Mittelstandseltern, die sich nach *Stumpfs* Erhebungen weniger an das Jugendamt wenden, sondern in akuten Konfliktlagen vorzugsweise Beratungsstellen des *deutschen Kinderschutzbundes* einschalten, können sich sicher sein, daß dieser freie Träger aus grundsätzlichen Erwägungen *keine* Strafanzeigen gegen sie erstattet.
308 Vgl. Stumpf 1995, S. 191 ff.
309 Vgl. Zenz, zitiert nach Stumpf 1995, S. 192
310 Vgl. Stumpf 1995, S. 192 f mit weiteren Belegstellen.

ten strukturellen Angewiesenheit der Jugendhilfe auf die Kooperation mit den Eltern. Die leider naheliegenden repressiven Interventionsformen sind damit fatale Umgangsformen mit der *normlogischen Unterstellung* von *kooperativen* Eltern, die es gerade in verqueren Konfliktfällen in der Realität oft so nicht gibt. Noch etwas anders gesagt, besteht die Gefahr, daß der dogmatische Primat des Elternrechts die Jugendhilfe animiert, in entnervter und kurzschlüssiger Erfüllung ihres (vermeintlichen) Auftrages *repressiv* aufzutreten und damit ausgerechnet wieder in die alte Rolle der *obrigkeitlichen Fürsorge* zurückzufallen.

4.2.3 Mögliche Lösungen: "Intervention durch Infrastruktur" und "Anwaltsfunktion" ...

Ähnlich wie Almuth TAUCHE hat Johannes MÜNDER aus diesem paradoxen fachlichen Zirkel von *Unfreiwilligkeit als Ausgangspunkt für Freiwilligkeit* oder von *Inakzeptanz und Akzeptanz* einen schwierigen, aber meiner Ansicht nach durchaus praktikablen Ausweg gewiesen. Er nennt ihn "Intervention durch Infrastruktur". [311] Da der Erfolg der Angebote, Dienste und Leistungen der Jugendhilfe entscheidend davon abhänge, daß die Bürger sich auf eine "produktive Kooperation" mit der Jugendhilfe einlassen, sei die *offensive Bereitstellung dieser Angebote innerhalb ihrer Lebenswelt* notwendig. Allein der Umstand, daß Jugendhilfe-Infrastruktur *im Alltag sichtbar und erlebbar* da ist, dürfte ihm zufolge bereits helfen, Schwellenängste zu überwinden und Kontaktbarrieren abzubauen. Wenn die Angebote tatsächlich *"attraktiv"* ausgelegt sind, erhöht sich ihre Akzeptanz aus ihrer im Alltag erfahrenen Nützlichkeit. [312] Es müßte sich dann schlicht herumsprechen, was es bringt, wenn man mit

---

311 Vgl. Münder 1991, S. 289. Vom Ansatz her ähnlich Proksch 1993b, S. 15; Proksch 1993c, S. 44 ff, 51, wobei seine Formulierungen sich teilweise im Kreis drehen: "Erreicht die Jugendhilfe durch ihre Angebote die Eltern mit ihren Kindern, ist sie in der Lage, zum Wohle des Kindes präventiv zu intervenieren" (S. 47).

312 Demgegenüber warnen manche Stimmen vor einem Mißverständnis, das der KJHG-Text selbst stiftet. Er legt zumindest nahe, das KJHG würde Kindern, Jugendlichen oder ihren Eltern wirklich eine Standardverbesserung oder einen Erziehungs-Service zu bieten haben: "Eine allgemeine Pflicht des Staates zur Gewährung *optimaler* Verhältnisse für das Aufwachsen des Kindes ergibt sich aus dem Grundgesetz nicht" (Herdegen 1993, S. 377). "Das KJHG bietet damit jedoch staatlicherseits keine 'Wohltaten' an" (Proksch 1993c, S. 44). Die Bundesregierung selbst nennt schließlich in der Gesetzesbegründung, welchen guten Grund diese Beschränkung aus ihrer Sicht hat: "Eine allzu offene Formulierung von Leistungstatbeständen kann andererseits auch ein überzogenes Anspruchsdenken in der Gesellschaft fördern und dazu führen, daß persönliche Verantwortung und Einsatzbereitschaft erlahmt." (Regierungsbegründung S. 65) - Für mich klingt das zynisch gegenüber Eltern, speziell alleinerziehenden Elternteilen. Ich glaube nicht, daß man das KJHG so eng verstehen *muß*.

Jugendhilfeleuten in Kontakt kommt. Früher hat es sich ja auch umgekehrt herumgesprochen, was ein Jugendamt als "Kinderpolizei" bedeutet.

Eine weitere Möglichkeit, die sozialpsychologisch begründete und auch rechtlich geforderte Beachtung der *Subjektstellung* junger Menschen trotz des dominanten KJHG-Elternrechts zu realisieren, besteht einmal darin, die in KJHG vorhandenen Rechte wenigstens offensiv auszulegen. Auch so kann die Jugendhilfe eine *"Anwaltsfunktion"* für diese wahrnehmen. In der Fachliteratur zur KJHG-Umsetzung wird dieser Ausweg vielfach gefordert [313] und neuerdings verstärkt auch auf rechtspolitischer Ebene diskutiert. [314]

4.2.4 ... ohne Finanzausstattung?

Vor diesem Hintergrund steht außer Frage, daß die einzurichtende Infrastruktur *finanziell* gut ausgestattet sein muß. [315] Davon kann in der Praxis aber aus mehreren Gründen keine Rede sein. Schon die im Gesetzesentwurf geschätzten Mehrkosten sämtlicher Neuerungen von insgesamt DM 420 Millionen (nur für die alten Bundesländer) für die Zeit von 1991 bis 1995 [316] entsprachen bei 8 Milliarden DM Gesamtausgaben für die Jugendhilfe im Jahre 1990 einer Steigerung von nur 5 Prozent. Das war also nicht mehr als ein Inflationsausgleich. Die in der Regierungsbegründung genannten Mehrkosten des KJHG gegenüber dem JWG sollen jährlich DM 84 Millionen betragen. Das "moderne, präventiv orientierte Leistungsgesetz" soll also jährlich 1 % (i.W.: ein vom Hundert) mehr kosten als das "polizeirechtlich orientierte" Eingriffsgesetz. [317] Hinzu kommt die "finanzrechtliche Grundstruktur" des bundesrechtlichen Leistungsgesetzes: Der Bund überläßt die finanzielle Ausstattung der Jugendhilfe ohne nennenswerte Bundeszuschüsse "der sehr unterschiedlichen Finanzschwäche von Ländern und Kommunen, die gerade da besonders groß ist, wo gerade der Jugendhilfe-Bedarf besonders hoch ist". [318] In der Bundestagsdebatte über das KJHG-Änderungs-

---

313 So äußert sich bereits das BVerGE 72, S. 122 (134 f). Der gleiche Gedanke ist in der Literatur zum KJHG an vielen Stellen zu finden, beispielsweise bei Reinhold *Wiesner* 1990 (S. 327) und 1991 (S. 18 f), außerdem bei Proksch 1993b (S. 8), Bauer 1993 (S. 92) oder Mielenz 1993 (S. 79).
314 Vgl. Salgo 1993: Der Anwalt des Kindes, und ders. 1995: Vom Umgang der Justiz mit Minderjährigen. Auf dem Weg zum Anwalt des Kindes.
315 Vgl. Proksch 1993c: "Grenzen präventiver Arbeit dürften sich in der Praxis nicht in den personellen, sächlichen oder finanziellen Ressourcen der Jugendhilfe zeigen, sondern ausschließlich in dem Willen oder der Fähigkeit der Eltern zur inhaltlichen und persönlichen Kooperation" (S. 52); ähnlich die Kritik aus psychologischer Sicht von *Berk*, 1992: Das KJHG sei ein *Kostendämpfungsgesetz* (S. 8).
316 Vgl. Regierungsentwurf KJHG, S. II und 40 ff.
317 Vgl. Münder 1990c, S. 186.
318 Kiehl 1993, S. 227.

gesetz 1993 soll bei der Finanzierung von Jugendhilfeeinrichtungen im Osten sogar von "Kahlschlag" gesprochen worden sein. [319]

4.2.5 Sozialpädagogik füllt "unbestimmte Rechtsbegriffe".

Diese eher ungünstigen Befunde führen zu der Frage, wie verläßlich und belastbar die rechtliche Seite der Ansprüche auf Jugendhilfeleistungen eigentlich ist. "Zu was sind wir rechtlich unbedingt verpflichtet?", heißt es aus der gegenteiligen Perspektive in den Jugendämtern. Die neuerdings übliche "Aufgabenkritik" unter Spargesichtspunkten trifft auch die Jugendhilfe. [320] Schon vor der Verabschiedung des KJHG beklagte Ulrich PREIS einen "Überfluß an Sollvorschriften" in dem Gesetz. Gegenüber nur 17 zwingend formulierten Rechtsnormen enthalte das KJHG 59 Sollbestimmungen. Andererseits weist PREIS an der Rechtsprechung nach, was die Praktiker in der Verwaltung ganz anders sehen: "Die Sollvorschrift bedeutet für die Behörde in der Regel ein 'Muß'". [321] MÜNDER konkretisiert das hinsichtlich der Finanzlage so:

> "Die finanzielle Situation des öffentlichen Jugendhilfeträgers berechtigt nicht zu einem Abweichen von der Soll-Vorschrift. Ich schlage als Begriff hier 'Regelrechtsanspruch' vor". [322]

Bei Kann-Vorschriften ist die schlechte Finanzlage dagegen auch offiziell ein 'Sachargument'. Aber auch die scheinbar sicheren Muß-Vorschriften haben ihre Tücken. Wenn der Leistungsinhalt juristisch nicht definiert ist, was beispielsweise unter 'Beratung' genau zu verstehen ist, handelt es sich auch bei zwingenden Ansprüchen im KJHG um "harte Ansprüche auf eine weiche Leistung" [323] (Beispiele §§ 18, 28). Folgerung: Die wirkliche Qualität solcher Leistungen hängt dann weniger von ihrem rechtlichen Verbindlichkeitsgrad ab, sondern von der Qualität der sozialpädagogischen Fachlichkeit, die sie in die soziale Realität umsetzt. Auch das ist eine Bestätigung der Ausgangsthese. [324]

Noch mehr hängt die Rechtsverwirklichung von der inhaltlichen *Ausfüllung* sogenannter "unbestimmter Rechtsbegriffe" ab. Formeln wie "Kindeswohl" oder "Geeignetheit", "Erforderlichkeit", "Notwendigkeit" einer Hilfe in Schlüsselvorschriften wie §§ 27 (Hilfen zur Erziehung) oder 36, 37 (Hilfeplan;

---

319 Vgl. Kiehl 1993, S. 227.
320 Vgl. Merchel 1994, S. 2.
321 Vgl. Preis 1990, S. 91.
322 Münder 1991, S. 288.
323 Münder 1991, S. 287.
324 Vgl. oben Kapitel 1.2.1.

Fremdunterbringung) KJHG sind ohne Konkretisierung nicht anwendbar. [325] Dabei spielen oft Wertungen und Prognosen eine Rolle. Diese inhaltlichen Konkretisierungen sind nur aus fachlicher Kompetenz heraus zu leisten. Das hat zur Folge, daß die gerichtlich nachprüfbaren "Beurteilungsspielräume" des KJHG letztlich "sozialpädagogische Beurteilungen von sozialpädagogischen Fachkräften" sind:

> "Als zentrale 'sozialpädagogische Konkretisierungsinstrumente' haben die anspruchbegründenden Berichte damit neben der verwaltungsinternen Ebene gegenüber den Leistungsberechtigten eine mittelbare Außenwirkung: Im Rahmen des der sozialpädagogischen Fachbehörde Jugendamt zugestandenen Beurteilungsspielraums sind die Berichte der Fachkräfte ein entscheidendes Mittel zur Realisierung und Weiterentwicklung sozialpädagogisch ausgerichteter Jugendhilfe". [326]

4.3 Sozialpädagogik nach den Vorschriften des KJHG - Ein Balanceakt zwischen wertkonservativen Vorgaben und moderner Fachlichkeit.

Damit zeigen sich nun Dilemma und Chance von sozialpädagogischer Rechtsverwirklichung am Beispiel des KJHG in ihrer ganzen Reichweite.

Einerseits ist das KJHG demzufolge ein auf moderne Lebenslagen junger Menschen im familialen und außerfamilialen Kontext zugeschnittenes Sozialleistungsgesetz, ein "juristischer Rahmen für sozialpädagogisches Handeln". [327] Es stellt eine Herausforderung dar an die Jugendhilfe als spezifisch "sozialpädagogische Sozialleistung". Darin unterscheidet es sich von dem alten Verständnis von Jugendwohlfahrt, das auf Ordnungspolitik und obrigkeitliche Fürsorglichkeit hinauslief. Das KJHG enthält also, verglichen mit dem JWG, eine fachliche "Umorientierung von der Fürsorglichkeit zur Sozialpädgogik", wie Johannes MÜNDER es nennt. [328] Deshalb verlangt es auch von der gesetzlich angeleiteten Praxis nun den Nachvollzug dieses "Perspektivenwechsels zu einer *sozialpädagogischen Dienstleistung*", die sich nach Einschätzung erfahrener Jugendhilfefachleute in Teilen der Praxis erst in den Anfängen befindet. [329]

---

325 Siehe dazu nähere Ausführungen im der Fallbesprechung in Kapitel 5.4.5. am Beispiel des § 27 KJHG.
326 Münder 1991, S. 292.
327 Vgl. Kiehl 1993, S. 228 und Mechel 1994, S. 4.
328 Münder 1993, S. 390.
329 Vgl. Merchel 1994, S. 4; Münder 1993; Späth 1992.

Andererseits ist das KJHG ein spezifisch *familienlastiges* Jugendhilfegesetz, das der sozialpädagogischen Arbeit wertorientierte Ziele vorschreibt. [330] Seine Wertvorstellungen verdanken sich keinem altertümlichen Familienbild und auch keiner Idylle einer heilen Welt. Die *wertkonservative Vorgabe* des KJHG lautet demgegenüber so, daß jede Familienform 'zuvörderst' die private Alleinhaftung zu tragen und zu verkraften hat für das Gelingen von Sozialisation, und zwar für die außerschulische und außerberufliche Sozialisation und auch noch für die Auswirkungen des Mißlingens der Bemühungen der beiden außerfamilialen Sozialisationsinstanzen. Damit werden sämtliche gesellschaftlichen und sozialen Umstände, die die Erschwernisse der Erziehungsaufgaben vielfach erst hervorbringen, aus der primären staatlichen Zuständigkeit ausgeblendet. Auf Basis dieser "unsozialen" Ausblendung in der Regierungsbegründung

> "kann Hilfe zur Erziehung von ihrer Funktion her nur an Mängellagen bei Kindern und Jugendlichen im Erziehungsprozeß ansetzen, da die häufig zugrundeliegenden Faktoren, wie etwa Arbeitslosigkeit oder Krankheit der Eltern bzw. unzureichende Wohnsituation etc., nicht mit Mitteln der Jugendhilfe behoben werden können." [331]

Wenn viele moderne Familienformen durch solche amtlich bekannte "häufig zugrundeliegende Mängellagen" zwangsläufig überfordert sind, wird ihnen dafür familienunterstützende Jugendhilfe gewährt. Sie soll ihre quasi-natürlichen Erziehungskräfte "herstellen", "wiederherstellen" oder zumindest "stärken". [332] Das ist eine öffentliche *Indienstnahme* von Familien für das "legitime Interesse der staatlichen Gemeinschaft an Erziehung des Nachwuchses" (Bundesverfassungsgericht). [333] Vorgestellt wird die Indienstnahme aber als ihr Gegenteil, nämlich als eine undogmatische gesetzliche Hinwendung an *alle* Familienformen und als Achtung familialer "*Autonomie*". [334] So kann man kostenlose Dienste in puncto Kindererziehung für die "staatliche Gemeinschaft"

---

330 Auch *Thiersch* spricht im Nachhinein davon, daß das KJHG bezüglich der Familienideologie eine "beträchtlichen Schlagseite" hat (1992, S. 28).

331 Regierungsbegründung KJHG S. 65. Diese Aussage läßt sich auch so interpretieren, daß zumindest die Bundesregierung (d.h. nicht unbedingt der parlamentarische KJHG-Gesetzgeber) von der Aufforderung zur *Querschnittspolitik* in § 1 Abs. 3 Ziff 4 KJHG von Anfang an im Grunde nichts hielt.

332 "Der Verfassungsgeber geht davon aus, daß diejenigen, die einem Kind das Leben geben, *von Natur aus bereit und berufen* sind, die Verantwortung für seine Pflege und Erziehung zu übernehmen" (BVerfGE 24, S. 119 ff (S. 150) *und* Regierungsbegründung KJHG S. 65; Hervorhebung G.N.).

333 BVerfGE 24, S. 119 ff (S. 144).

334 Vgl. Regierungsbegründung KJHG, S. 39, 54. Aufschlußreich ist die juristische Sichtweise von *Coester* (1991, S. 257 f) dazu. Er unterscheidet ausdrücklich zwischen dem Rechtsbegriff der Familie und Familie im tatsächlichen, gelebten, "psychosozialen oder pädagogischen Sinne", wobei in seiner Sichtweise die tatsächlich gelebte wegen des Rechtsbegriffs unterstützt wird und nicht umgekehrt.

allerdings auch würdigen. Hermann-Josef BERK war Verbandsvertreter des Berufsverbandes Deutscher Psychologen e.V. (BDP) im KJHG-Anhörungsverfahren und kommt zu dem Fazit:

> "Das KJHG ist in seiner Grundstruktur ein Reprivatisierungsgesetz, Erwachsenenrecht und Kostendämpfungsgesetz." [335]

Wird diese Hilfe im Vorfeld des staatlichen Zwangseingriffes dann auch noch finanziell oder fachlich mangelhaft ausgestattet, entpuppt sie sich als eine obrigkeitliche Zumutung, Kinder auch ohne eine lohnende oder akzeptable Perspektive großzuziehen. Mit welcher Begründung? Weil es eben *Pflicht* ist. Erlahmen dabei (fast zwangsläufig) die Kräfte, erhält man staatliche Durchhaltehilfe, damit sie wieder geweckt werden. Zu diesem Verständnis paßt es, daß der Rechtsanspruch auf einen Kindergarten erst im Zuge einer *Strafrechtsdebatte* über Schwangerschaftsabbrüche in das KJHG gelangte. Sein Bezugspunkt war das "Gesetz zum Schutz des vorgeburtlichen/werdenden Lebens, zur Förderung einer kinderfreundlicheren Gesellschaft, für Hilfen im Schwangerschaftskonflikt und zur Regelung des Schwangerschaftsabbruchs", kurz: das Schwangeren- und Familienhilfegesetz. [336] Mit ihm wurde die strafrechtlich-moralische *Repression* gegen Paare und Frauen *sozial flankiert*. Es waren also auch hier keineswegs "leibhaftig schon vorhandene Kinder", die den Gesetzgeber zum Kindergarten-Anspruch motivierten. Es war vielmehr wieder der "elterliche oder zumindest mütterliche Willen zum Kind", den der Gesetzgeber mit der vagen Aussicht auf gewisse Betreuungsperspektiven für ihr Kind motivieren wollte. [337]

Diese beiden Seiten des neuen deutschen Jugendhilfegesetzes zeigen, welche Belastung und Verantwortung auf eine sozialpädagogisch-parteiliche Rechtsauslegung und Rechtsverwirklichung des KJHG zukommen.

Dabei bleibt festzuhalten, was zu Anfang dieser reflexiven Auseinandersetzung mit dem Gesetz aufgezeigt werden konnte: Das KJHG ist für moderne Sozialpädagogik ein *brauchbares Instrument*.

Außer Frage steht weiterhin, daß bei seiner Umsetzung die rechtlich gezogenen Grenzen beachtet werden müssen. Aber schon um diese zu erkennen und richtig auszuloten, sind sozialpädagogische Rechtsanwendungskompetenzen nötig. Erst danach setzt der Versuch an, innerhalb der rechtlich erlaubten Auslegungsspanne von unbestimmten Rechtsbegriffen und in der fachlichen Ausgestaltung von gesetzlich vorgeschriebenen Verfahrensweisen, fachliche Parteilichkeit, fachliche Phantasie und fachliche Innovation in die den Prozeß der

---

335 Berk 1992, S. 8.
336 Gesetz vom 27.7.1992, BGBl. I, S. 1398, geändert durch das Schwangeren- und Familienhilfeänderungsgesetz vom 21.8.1995, BGBl. I., S. 1050.
337 Vgl. Kiehl 1993, S. 227; Merchel 1994, S. 3. Daher hält der Finanzierungsstreit um die Kindergartenplätze wohl auch weiter an.

Rechtsumsetzung einzubringen. Richtungsweisend ist dabei zwangsläufig wiederum das hier skizzierte und kritisierte Grundwertverständnis des KJHG. Richtungsweisend sollte aber andererseits (korrigierend) auch eine erziehungswissenschaftlich begründbare Parteilichkeit für die Interessens- und Bedürfnislagen von Jugendlichen und Kindern sein. Das gilt ebenso für erziehende Frauen und Männer in familialen Lebenszusammenhängen. Nur damit läßt sich verhindern, daß Erkenntnisse der Sozialpädagogik zu Lebenslagen und Entwicklungsproblemen von Jugendlichen gänzlich von der rechtlich vorgegebenen Perspektive des tradierten "deutschen Familienrechts" erdrückt werden. Dafür ist die im 8. Jugendbericht verankerte Maxime von der "Einmischung" in andere Ressorts von besonderer Bedeutung. [338] Offensive Jugendhilfearbeit schließt sicherlich auch ein, junge Menschen in ihren altersgemäß eigenständigen Positionen auch jenseits der offiziell verweigerten Rechte ernstzunehmen. [339] Kommt es dabei zu Konflikten mit dem Elternrecht, sind *Arrangements* zu suchen, die die Rechtslage zwar nicht verletzen dürfen, aber sie in puncto Elternrecht auch nicht übererfüllen müssen. Es geht also um die Verankerung fachlich engagierter und verantwortungsbewußter Sozialpädagogik innerhalb und an den Grenzen des Handlungsrahmens, den das KJHG nun einmal abgesteckt hat. [340]

Für dieses professionelle Selbstverständnis sind Kenntnisse von *Restriktionen und Hemmnissen* hilfreich, die beispielsweise Ingrid MIELENZ, berufsmäßige Stadträtin für Jugend, Familie und Soziales in Nürnberg, aufgezeigt hat. Sie hat nämlich Erfahrung damit, was einer offensiven Querschnittspolitik und Einmischung in der Praxis alles begegnen kann [341]:

Die von ihr genannten Restriktionen bestehen zuerst vordergründig, aber auch wieder ganz am Ende in *fachlichen Restriktionen*. Da Jugendhilfe entsprechend ihrem traditionellen methodischen Handlungsansatz hauptsächlich als soziale Einzelfallhilfe, also einzelfallbezogen, tätig ist, liege es bei Schwierigkeiten in der Praxis nahe, auch vom Denkansatz her strukturverändernden Perspektiven auszuweichen und individualisierte Lösungen anzustreben. Und das, obwohl man es in der sozialen Arbeit tatsächlich meist mit den Folgewirkungen von gesellschaftlichen Problemen zu tun hat. Als Teillösung gegenüber diesen innerfachlichen Restriktionen empfiehlt Frau MIELENZ die Entwicklung präventiver, zielgruppenunabhängiger Strategien.

---

338 Siehe dazu oben Kapitel 3.1.6. Weitere Fundstellen dazu im 8. Jugendbericht 1990, S. 99 ff, und bei Münder 1993, S. 393.
339 Hier kommt zum Tragen, was ich oben in Kapitel 3.1.6 unter dem Schlagwort Partizipation und Ernstnehmen ausgeführt habe.
340 Vgl. Mielenz 1993, S. 89.
341 Vgl. Mielenz 1993, S. 87 f.

Administrative Restriktionen sieht MIELENZ im Statusdenken, in Finanzierungssystemen und der Ressorttrennung.

Strukturelle Restriktionen sind Verbandsegoismen, Innovationsunlust und Trägerschaftsrivalitäten.

Politische Restriktionen liegen auch in ihren Augen in den fehlenden Rechtsansprüchen auf Jugendhilfeleistungen und fehlenden Rechten Jugendlicher. Darüber hinaus verweist sie aber auch auf fachinterne Selbstbeschränkungen auf das Machbare als weitere Restriktion einer offensiven Umsetzung des neuen Jugendhilferechts.

Was unter einer fachlichen Implementation des KJHG mit ansatzweiser Überwindung derartiger Restriktionen konkret und im einzelnen verstanden werden könnte, soll im folgenden Teil unter Rückgriff auf fachliche Erfahrung und Phantasie an einigen bloß skizzierten und einigen detaillierter ausgearbeiteten Umsetzungsbeispielen aufgezeigt werden.

5 Sozialpädagogische Einflußmöglichkeiten auf die Umsetzung ausgewählter Bestimmungen des KJHG in die Praxis

5.1 Sozialpädagogische Vorschläge zur Beteiligung von Kindern und Jugendlichen an Jugendhilfeangeboten.

Obwohl das KJHG den Kindern und Jugendlichen durch sein Verständnis vom Primat des Elternrechts kaum eigenständige Rechte zugesteht, gibt es doch einige Vorschriften, die sich auch diesen gegenüber als Ausdruck der sozialpädagogischen Handlungsprinzipien wie Partizipation, Freiwilligkeit und Ernstnehmen von Kindern und Jugendlichen, von Angebotsorientierung und Partnerschaftlichkeit, von Transparenz und Parteilichkeit für sie verstehen lassen. [342] Es soll daher nun überlegt werden, inwiefern und auf welche Weise solche Vorschriften für eine sozialpädagogisch-offensive fachliche Auslegung offen sind.

Allgemeine Regelungen zur Beteiligung von Kindern und Jugendlichen an Jugendhilfeleistungen im weiteren Sinne - also einschließlich der sogenannten "Aufgaben" - finden sich im KJHG in den Regelungen in § 1 Abs. 3 Ziff. 1, § 8 und § 9 KJHG und in § 36 SGB I. Speziellere Beteiligungsregelungen im Zusammenhang mit ganz bestimmten sozialpädagogischen Interventionsformen kommen im jeweiligen Themengebiet zur Sprache, beispielsweise in § 36 KJHG (Beteiligung am Hilfeplan) [343], in § 42 KJHG (Bitte um Inobhutnahme) [344] oder als Mitbestimmung bei der Jugendarbeit in § 11 KJHG.

Nach § 8 Abs. 1 und 2 sowie nach § 9 Ziff. 2 KJHG haben Kinder und Jugendliche ein Recht auf Beteiligung an allen Entscheidungen der öffentlichen Jugendhilfe, wenn sie davon betroffen sind. Dieses Beteiligungsrecht wird in § 8 Abs. 1 Satz 1 KJHG durch die Formel "entsprechend ihrem Entwicklungsstand" erläutert. Auf ihre Rechte in anderen Gerichtsverfahren (Verwaltungsgericht, Vormundschaftsgericht) sind sie "in geeigneter Weise" hinzuweisen, siehe § 8 Abs. 1 Satz 2 KJHG. Nach § 9 Ziff. 2 KJHG sind "die wachsende Fähigkeit und das wachsende Bedürfnis des Kindes oder des Jugendlichen zu selbständigem, verantwortungsbewußtem Handeln" bei der Ausgestaltung aller Leistungen und Aufgaben der Jugendhilfe zu berücksichtigen. In Kommentaren wird darauf hingewiesen, daß diese Regelungen dem familienrechtlichen Standard in § 1626 Abs. 2 BGB nachgebildet sind, daß sie den Anhörungsrechten in vormund-

---

342 Vgl. zu den Strukturprinzipien die Ausführungen in Kapitel 3.1.6 dieser Arbeit.
343 Vgl. unten Kapitel 5.3.1 / 5.3.2.
344 Vgl. unten Kapitel 5.2 und 5.4.

schaftsgerichtlichen Verfahren entsprechen (§ 50 b FGG) und daß sie bestimmte Gedanken der UN-Kinderrechtskonvention umsetzen. Sie entsprechen insbesondere dem verfassungsrechtlichen Gebot, Kinder und Jugendliche als *Grundrechtsträger* in ihrer *Subjektstellung* zu respektieren, statt sie als Objekte staatlicher Fürsorge zu behandeln. [345] Sie werden daher von Kommentatoren auch als "fundamentale Grundsätze der Jugendhilfe" bezeichnet, von deren Beachtung sogar die Akzeptanz der gesamten Jugendhilfe durch die jungen Menschen abhinge. [346] Als Kritiker der Überbetonung des Elternrechts im KJHG hält das Autorenteam des FRANKFURTER KOMMENTARS diese Regelung dagegen eher für eine Vorschrift, die fehlende Rechtspositionen junger Menschen nur notdürftig kompensiert. [347]

Ob aber die gesetzliche Bezugnahme auf den (gegenüber den Erwachsenen noch geringeren) Entwicklungsstand in der Praxis tatsächlich zu einer Einschränkung der Beteiligungsmöglichkeiten Jugendlicher benutzt wird, wie diese Autoren befürchten [348], möchte ich bezweifeln. Zum einen spricht § 9 KJHG ausdrücklich von den "wachsenden" Fähigkeiten und Bedürfnissen Jugendlicher zur Partizipation, was auf stark zunehmende Beteiligungsintensität hindeutet. Zum anderen handelt es sich bei diesen Ausdrücken um sogenannte *unbestimmte Rechtsbegriffe*, deren Ausfüllung, wie oben dargestellt, eine *sozialpädagogische Fachfrage* ist. Dabei kommt es vorrangig auf den Einzelfall an, auf den individuellen Entwicklungsstand des jungen Menschen und sein konkretes Problem. Als fachliche Rahmendaten spielen hier aber auch die sozialwissenschaftlichen Befunde über den früheren Eintritt der soziokulturellen Reife und die Konsequenzen daraus eine fachliche Rolle. So wird man gerade unter diesem Gesichtspunkt argumentieren können, daß ein Alter von 14 Jahren grundsätzlich *keine* altersbedingte Rückstufung bei Beteiligung und Rechtsaufklärung mehr rechtfertigen dürfte. Daß diese Befunde den zahlreichen juristischen Regelungen zu den Altersgrenzen nicht widersprechen [349], stützt die sozialpädagogische Einschätzung ab. Eine *offensive* Begründung von ungeschmälerten Beteiligungsrechten Jugendlicher ab dem 14. Lebensjahr wäre also das erste Beispiel für die in dieser Arbeit postulierte sozialpädagogischfachlich begründbare oder gar gebotene *Parteilichkeit* der Auslegung des KJHG. Dabei bleibt stets vorausgesetzt, daß das auch nach Lage des individuellen Falles fachlich vertretbar sein muß und daß die Grenze des Elternrechts nicht überschritten wird.

---

345 Vgl. Schellhorn/Wienand 1991, § 8 Rdn. 3-5; FLPK KJHG 1990, § 8 Rdn. 2.
346 Vgl. Schellhorn/Wienand 1991, § 8 Rdn. 8; sehr engagiert zu dieser Akzeptanzproblematik argumentiert der Aufsatz von Mehl 1990, S. 329.
347 Vgl. FLPK KJHG 1990, § 8 Rdn. 1.
348 Vgl. FLPK KJHG 1990, § 8 Rdn. 2.
349 Vgl. oben Kapitel 4.1.2.

Ein reelles Mitgestaltungsrecht bedeutet nach der Idee der Regelung des Wunsch- und Wahlrechtes in § 5 KJHG ein *rechtzeitiges* Mitgestaltungsrecht bei den Jugendhilfeleistungen. Nur so läßt sich sicherstellen, daß ihre Betroffenenperspektive von Anfang an berücksichtigt wird. § 5 KJHG gilt direkt nur für die "Leistungsberechtigten". Kinder und Jugendliche sind davon ausgeschlossen, da sie selber gar keine Rechte auf die Leistungen haben, sondern nur ihre Eltern. Für alle "Hilfen zur Erziehung" zeigt das die Formulierung in § 27 Abs. 1 KJHG. Nur so ist erklärlich, daß SCHELLHORN extra umständlich darauf hinweisen muß, daß

> "ihre Anliegen und Vorstellungen nach Möglichkeit mit berücksichtigt werden, ggf. nach weiteren Gesprächen mit den Eltern". [350]

Ähnlich lauten Äußerungen zu einer offensiven Anwendung des § 36 SGB I, der nach § 37 SGB I auch für die Jugendhilfe gilt und sogar ein noch stärkeres Recht ab Vollendung des 15. Lebensjahres enthält, nämlich ein regelrechtes Antragsrecht. [351] Diese Regelung wird so kommentiert, daß die Jugendhilfe aufgerufen ist, die Perspektive und Position der Jugendlichen, die einen Antrag gestellt haben, auch gegenüber deren Sorgeberechtigten zu vertreten. Damit soll verhindert werden, daß Eltern einen Antrag ihrer Kinder beim Jugendamt nicht einfach unbedacht widerrufen, was ihr Elternrecht aber zuließe. Was bei sozialrechtlichen Anträgen Jugendlicher gilt, müßte meiner Ansicht nach auch bei ihren Beteiligungsrechten im Jugendhilferecht gelten. Zur effektiven Gewährleistung von Beteiligungsrechten kann das nur heißen, daß eine sozialpädagogische Fachkraft zumindest versucht, durch Beratung Einfluß auf die Eltern zu nehmen, daß sie ein von ihrem Kind gewähltes Jugendhilfeangebot oder dessen spezielle Ausgestaltung nach Möglichkeit akzeptieren. Auch in dieser Hinsicht folgt also aus der fachlichen Umsetzung von Partizipationsrechten von Jugendlichen eine intervenierende und *fachlich-parteiliche Beratung*. Das Elternrecht ist damit keineswegs passiv als Grenze einer offensiven Jugendhilfe hinzunehmen. Bis zur Grenze einer erkennbaren Zurückweisung ist das Elternrecht vielmehr umgekehrt Anlaß zu fachlichem Engagement im Interesse der Jugendlichen.

Solche Überlegungen sind auch auf das Recht von Kindern und Jugendlichen auf Aufklärung über ihre Rechte übertragbar. Wie in § 5 Satz 3 KJHG umfaßt dieses Recht bei fachlich verständiger Interpretation sicherlich auch die Aufgabe des Jugendhilfeträgers, "von sich aus aktiv abzuklären" [352], welche Rechte Kinder und Jugendliche mit welchen Effekten in bestimmten Problemlagen in

---

350 Schellhorn/Wienand KJHG 1991, § 8 Rdn. 5.
351 Vgl. dazu Oberloskamp 1990, S. 266; Kiehl 1990, S. 96; Coester 1991, S. 256; FLPK KJHG 1991, § 5 Rdn. 2-8.
352 Vgl. FLPK KJHG 1991, § 5 Rdn. 5.

gerichtlichen Verfahren anmelden können. Werden die jungen Leute dagegen nur pro forma informiert, weiß man aus der Praxis, daß sie nicht durchblicken, ob und wie sie ihre Rechte geltend machen sollen. Eine bürokratische Art von Rechtsaufkärung wirkt dann im Effekt so, als hätte man sie über ihre Rechte überhaupt nicht aufgeklärt. Also folgt daraus, daß ihnen ihre Rechte altersgemäß bekannt zu machen sind. Wie das geht, muß jeweils erst noch fachlich erarbeitet und erprobt werden.

Wenn man den weiteren Gesichtspunkt der *Prävention* hinzunimmt, ergibt sich außer der Einzelfallperspektive eine wesentlich breitere Ebene der Rechtsaufklärung durch das Jugendamt. Aus dem Präventionsgedanken läßt sich herleiten, daß die rechtlichen Hinweise *vor* einem akuten Anwendungsfall bekannt sein sollten, und zwar *allen* Jugendlichen. Die rechtlichen Hinweise könnten über die Schule oder im Rahmen von Bildungsangeboten der Jugendarbeit vermittelt werden. Aus der Strukturmaxime Prävention läßt sich ebenso herleiten, daß man über die betreffenden Rechte *Aufklärungsbroschüren* in *jugendgemäßer* Aufmachung herstellt und verbreitet. Vorbilder dafür sind Gebiete wie Sexualaufklärung oder AIDS-Prävention. Das sind rechtlich mögliche Konsequenzen. Fachlich können sie sich auf sozialwissenschaftliche Befunde über postmoderne Unübersichtlichkeit, jugendliche Orientierungslosigkeit in der Erwachsenenwelt und ihr Streben nach selbständigen Positionen stützen. Vor diesem Hintergrund drängen sich derartige Überlegungen geradezu auf. In der juristischen Kommentarliteratur finden sich dagegen in dieser Richtung keine Vorschläge.

Trotz der Formulierung "hat das Recht", soll das Recht von Minderjährigen in § 8 Abs. 2 KJHG, sich an das Jugendamt wenden zu dürfen, nach dem Kommentar von SCHRELLHORN/WIENAND *keinen* Rechtsanspruch der Minderjährigen auf Handeln des Jugendamtes hergeben. [353] Mit einer so engen Auslegung der Rechtsfrage ist das Thema aber nicht erschöpft. Die Regelung, daß das Jugendamt eine Anlaufstelle für Kinder und Jugendliche ist, bedeutet sicherlich mehr als die Selbstverständlichkeit, daß Kinder und Jugendliche das Jugendamt betreten dürfen. Wenn man in der Regelung nicht nur einen "amtspädagogischem Nutzen" sieht und ein "Alibi" für fehlende Rechte [354], dann läßt sie sich mit einer Portion *fachlicher Phantasie* auch gehaltvoller auswerten. Fachlich produktiv angewendet, könnte ich mir die Regelung sogar als eine weitreichende Anforderung an *Konzeption und Organisationsstruktur* von Jugendhilfe vorstellen, und zwar im Sinne der oben entwickelten Maximen von "Lebensweltorientierung" und speziell von "Intervention durch Infrastruktur":

> "Das Recht bedeutet für Kinder und Jugendliche nur dann eine wirkliche Verbesserung, wenn entsprechende fachliche und personelle Ressourcen in den

---

353 Vgl. Schellhorn/Wienand KJHG 1991, § 8 Rdn. 12.
354 Vgl. Kiehl 1990, S. 96.

Jugendämtern vorhanden sind. Im Sinne der offensiven Jugendhilfe richtet sich die Aufforderung an die Jugendhilfestruktur, sich so zu entwickeln, daß es Kindern und Jugendlichen möglich gemacht wird, sich an das Jugendamt zu wenden." [355]

Die erforderlichen fachlichen und personellen Ressourcen wird man (abgesehen von finanziellen Engpässen) nur erhalten, wenn zuvor finanzierungswürdige Umsetzungsvorschläge entwickelt sind. [356] Diese könnten dann in Jugendhilfeplanungsprozesse eingehen. Ohne vorangegangene Konzeptentwicklung haben Forderungen nach Stellenerweiterung bekanntlich keine Chance. Es fragt sich daher um so mehr, welche Vorschläge in dieser Richtung diskutiert werden. Innovative Ansätze dazu scheint es nur sporadisch zu geben.

Ob die Innovationen beim Aufbau neuer Jugendhilfestrukturen in den östlichen Bundesländern hier einen Fortschritt darstellen, wird sich erst noch erweisen müssen. Eher sind Zweifel angebracht. Zu nennen wäre hier beispielsweise der mecklenburg-vorpommersche Modellversuch mit *"Jugendhilfestationen"*. [357] Diese sind organisatorisch vom Jugendamt getrennt und mit überschaubaren multidisziplinären Teams besetzt, die zusammen sämtliche "Hilfen zur Erziehung" abdecken können. Sie arbeiten nach "Fachleistungsstunden". Die werden mit den Jugendämtern abgerechnet, wobei eine Kapazität von zehn Prozent für anonyme Beratungen reserviert ist. Anonymität und sozialräumlicher Bezug sichern die erforderliche Niederschwelligkeit und Akzeptanz. Kritische Einwände sind, daß die Nachweispflichten über geleistete "Fachleistungsstunden" zu Einflußnahmen des Kostenträgers auf die pädagogische Arbeit und zum Sparzwang führen würden. Ihnen begegnen die Mitarbeiter mit Hinweisen auf die "Kompetenz der Jugendhilfestation". Einerseits sind Jugendhilfestationen also ein ganzheitlicher Ansatz auf Grundlage des professionellen Erscheinungsbildes einer gemeinnützigen GmbH (gGmbH). Das ist sicher neu in der Behördenlandschaft der Jugendhilfe. Ob aber ihre Eingrenzung des Jugendhilfeangebotes auf "schwere Fälle" eine fachliche und konzeptionelle Bereicherung ist, ist für mich ebenso fragwürdig wie die Ausgrenzung aus dem öffentlichen Dienst und vor allem die Bemessung sozialpädagogischer Arbeit nach Stundenaufwand pro Fall. Das klingt sehr nach Privatisierung sowie nach Kommerzialisierung und Rationalisierung von sozialpädagogischer Arbeit mit Menschen.

Vor dem Hintergrund der sozialpädagogischen Strukturmaximen [358] möchte ich dagegen andere Überlegungen anstellen und daraus *meine Vorschläge* ableiten. Dabei gehe ich davon aus, daß Jugendämter Kinder und Jugendliche subjekt-

---

355 FLPK KJHG 1991, § 8 Rdn. 4; das vertritt auch Balloff 1995, S. 263 f.
356 Dabei ist umgekehrt die Warnung berechtigt, daß Konzeptentwicklung noch längst keine Planungspraxis ist, vgl. Merchel 1994, S. 6.
357 Vgl. den Fachbericht von Winter 1993, S. 260 ff.
358 Vgl. dazu oben Kapitel 3.1.6.

orientiert und altersgerecht bei der Überwindung ihrer Probleme unterstützen und ihnen Lösungswege aufzeigen sollen. Um dafür speziell bei ihren jungen Adressanten Verständnis zu wecken, Mißverständnissen vorzubeugen und Vorurteile abzubauen, sollten sie sich auch im Sinne ihres Auftrages *präsentieren*.

Der subjektorientierten Stellung des Jugendamtes muß daher auch seine *bauliche Präsentation* entsprechen. Bei den mir bekannten Jugendämtern im Rhein-Main-Gebiet und im Bodenseeraum war das durchweg nicht der Fall. Ein Jugendamt mit dunklen Gängen im dritten Stockwerk eines alten Verwaltungsbaus erweckt schon äußerlich den Eindruck einer unnahbaren Verwaltung. So ein Jugendamt ist schon allem Anschein nach keine kundenorientierte Dienstleistungsbehörde, sondern eher ein Stück obrigkeitliche Abschreckung. Die Folge ist klar: Jugendliche trauen sich erst gar nicht, "ihr" Jugendamt zu betreten. Folgerung daraus: Zumindest hinsichtlich ihrer Kontaktbereiche, speziell als Beratungs- und Anlaufstellen, müssen Jugendämter jugendgemäß gelegen und ausgestattet sein, d.h. dezentral und niederschwellig. *Dezentral* heißt, in der Lebenswelt erreichbar, im Viertel, im Brennpunkt, in der Innenstadt, wo für die Jugendlichen die Szene ist. Dezentral heißt auch, daß Lage und Öffnungszeiten für Jugendliche erkennbar sein müssen. Auch diese Bekanntmachung muß wiederum jugendgemäß und in ihrem sozialräumlichen Einzugsgebiet stattfinden: Durch Aushänge oder Handzettel, in Schulen oder Treffpunkten, in öffentlichen Verkehrsmitteln, auf Plakaten, in Zeitungen. *Niedrigschwellig* heißt, daß Jugendlichen der Zutritt ohne Hemmnisse möglich sein muß. Die Anlaufstellen müssen auch ausreichend anonym gelegen sein. Es muß möglich sein, einfach mal reinzuschauen, nur so und unverbindlich. Das kann bedeuten, daß ein unspezifischer, aber kommunikativer Kontaktbereich vorgeschaltet oder angegliedert ist, eine Teestube oder eine Lesestube. Die Anforderungen an die Niedrigschwelligkeit werden dabei durch den jeweiligen Adressatenkreis verändert. Handelt es sich um eine Kriseninterventionsstation in einer Metropole, etwa für jugendliche Trebegänger oder Drogenabhängige, spielen anonyme und unverbindliche Zugangsmöglichkeiten eine zentrale Rolle. Anders wird die Ausstattung sein, wenn speziell Kinder angesprochen werden sollen. Auch sie haben einen Anspruch auf altersgerechte Ansprache.

Niedrigschwelligkeit der Jugendhilfeangebote und der Präsentation der Jugendbehörde sind nicht nur bauliche Fragen oder Standortfragen, sondern auch eine Frage der innenräumlichen Ausgestaltung und der *Ausstattung*. Auch in dieser Hinsicht lohnt es sich, Vorschläge zu entwickeln. - Soweit das Jugendamt Müttern, Vätern und Eltern offenstehen will, gibt es für den "Partner der Familie" Veranlassung, kurzzeitige Betreuungsangebote und Spielmöglichkeiten für Kinder vorzusehen, solange die Eltern Anträge stellen oder in einer Einzelberatung sind. Was einem familienorientierten Möbelkaufhaus selbstverständlich ist, sollte einer modernen Jugendbehörde zumindest ansatzweise billig sein und nicht zu teuer. An Vorbildern und guten Erfahrungen fehlt es keineswegs. Eher fehlen phantasievolle Jugendhilfeträger, die aus der Perpektive einer Dienstleistungsstelle nach einem ansprechenden Erscheinungsbild streben oder besser gesagt, nach einem "geilen Outfit".

Anknüpfend an Fragen der baulichen Präsentation sind auch Überlegungen über Settings und konzeptionelle Kombinationen von verschiedenen Arbeitsweisen angebracht. Daraus ergeben sich dann *Übergänge* von gemeinwesenorientierten Dienstleistungsformen in die teilmobile oder mobile Jugendhilfeleistung. [359] Ebenso denkbar sind produktive Kombinationen stationärer mit aufsuchender Jugendarbeit, mit Jugendsozialarbeit oder Familienarbeit (Streetwork und szenenorientierte Ansätze nebst festen Anlaufstellen). Solche kombinierten Arbeitsweisen des Jugendamtes wären wiederum adäquate fachliche Antworten auf veränderte, postmoderne Gesellungsformen Jugendlicher in Form von räumlich mobilen Szenen, Milieus und anderen Peergroup-Orientierungen einerseits und sozialräumlicher Bindung andererseits (Kneipen-Gangs, Kiez-Banden). [360]

Das führt mich zu der *Folgerung*, daß ein offensives und phantasievolles fachliches Verständnis der scheinbar banalen gesetzlichen Anordnung aus § 8 Abs. 2 KJHG, daß Kinder und Jugendliche ein Recht auf Kontaktaufnahme mit dem Jugendamt haben, für die öffentliche Jugendhilfe auch heißen kann, daß sie umgekehrt die *Pflicht* hat, sich den Kindern und Jugendlichen *in ihrer Lebenswelt als Dienstleistungsangebot zu offerieren*. [361] Mein Fazit hierzu: Damit Jugendliche und Kinder in allen Angelegenheiten der Erziehung und Entwicklung auch wirklich ihr Recht wahrnehmen, sich an ihr Jugendamt zu wenden, müßte sich zuvor umgekehrt ihre Jugendhilfe konzeptionell, organisatorisch und auch baulich in der Alltagswelt und altersgerecht an ihre Adressaten "wenden".

Eine recht gelungene Umsetzung der Präsenz und Repräsentation von Kinderinteressen in wahrnehmbaren Teilen des öffentlichen Lebens erscheint mir der Kinder- und Jugendanwalt *"Till Eulenspiegel"*. [362] Das in Düsseldorf seit 1980 von der Arbeiterwohlfahrt getragene Projekt nutzt die historische Figur und Kostümierung des Till Eulenspiegel und läßt ihn - dargestellt von einer hauptamtlichen Sozialpädagogin - überall auftreten, wo Kinder sind. Da die Kostümie-

---

359 Dazu siehe die Zusammenfassung im 8. Jugendbericht 1990, S. 116 f.
360 Vgl. die Grundlagen dazu in Kapitel 2.2.6, 2.3 und 3.2. Zur Praxis aktueller "aufsuchender Jugendarbeit" vergleiche Schröder 1994, S. 16 ff und speziell seine thesenhafte Zusammenfassung S. 22.
361 Vgl. eine ähnliche Äußerung des *Deutschen Vereins* in seinen Empfehlungen zur Hilfeplanung: "Die Einbeziehung und Beteiligung von Kindern und Jugendlichen zählt zu den fachlich anspruchsvollsten Aufgaben bei der Hilfeplanung" (1994, S. 323 Ziff. 3.3).
362 Vgl. zum folgenden: Ina Schubert 1984, S. 366 ff, ferner AWO-Konzept 1980; Stumpf 1995, S. 113 f.

rung und der Habitus im Vordergrund seines Erscheinungsbildes stehen, ist "der" Till auch durch verschiedene Fachkräfte darstellbar. Sein Bild und seine Telefonnummern hängen öffentlich aus, in Schulen, Bussen, Gebäuden. Er hat einen Sorgenbriefkasten, telefonische und persönliche Sprechstunden und tritt vor allem immer wieder leibhaftig in der Öffentlichkeit auf. Till erscheint nicht nur auf Straßenfesten und in Einrichtungen, sondern tritt auch in Kommunalparlamenten zwischen den Bänken auf und hält den Abgeordneten den Spiegel vor, ob sie auch die Kinder-interessen genügend berücksichtigen. Davon wird dann wieder in den Lokalzeitungen und im Regionalfernsehen berichtet. Till ist also originell und provokant angelegt, eine Figur, die bei den Kindern Neugier und Lachen auslöst und darüber Berührungsängste abbaut. Die methodischen Arbeitsfelder der kindgerechten Identifikationsfigur "Till Eulenspiegel" sind Motivation, Beratung, Krisenintervention, Medienarbeit und kinderpolitische Arbeit. In seinen Ansprachen gegenüber Erwachsenen findet sich immer wiederkehrend der folgende Aufruf:

> "Ihr seid verpflichtet, Euer Handeln durchsichtig zu machen und Kinder in Eure Entscheidungen miteinzubeziehen. Überlegt Euch, zu wessen Gunsten und mit wem Ihr handelt und entscheidet, denn Erwachsene wachsen aus Kindern und nicht umgekehrt. Habt Mut zur Partnerschaft - Vormundschaft ist zu einfach!" 363

Zur Frage einer Beteiligung von Kindern und Jugendlichen zählen auch ihre Einflußmöglichkeiten auf die Gestaltung einer ihrer Altersklasse gemäßen Gesellschaftspolitik. Kinderpolitik in diesem Sinne wird auch als *Querschnittspolitik* bezeichnet. Der entsprechende rechtliche Programmsatz steht in § 1 Abs. 3 Ziff. 4 KJHG: Jugendhilfe soll zur Schaffung oder Bewahrung einer kinder- und familienfreundlichen Umwelt beitragen. Das ist aber nur machbar, wenn die Jugendhilfe in allen möglichen Ressorts von (Kommunal-) Politik "mitmischt", sich also auch in Beratungs- und Entscheidungsprozesse über Städtebau, Straßenbau, Kommunalplanung, Ausländerpolitik, Kulturpolitik etc. einschaltet. Zur Umsetzung dieses Impulses enthält das KJHG auf den ersten Blick keine weiteren Spezialbestimmungen. Daraus muß man aber nicht schließen, daß es sich um ein unerfüllbares Versprechen handeln muß. Nach den fachlichen Maximen von Partizipation und Selbstverantwortung junger Menschen lassen sich beispielsweise auch außerhalb des geregelten Bereichs bestimmte Formen der Beteiligung von Kindern und Jugendlichen an der (Mit-) Gestaltung gesellschaftlicher Rahmenbedingungen erproben. Beispiele dafür sind die Kinderparlamente, Kindersprechstunden der Verwaltungen oder die Kinderbeiräte. Im Bundesland Nordrhein-Westfalen sind beispielsweise 1994 auf freiwilliger Basis in 23 Kommunen und bei fünf freien Trägern spezielle Kinderinteressenvertretungen geschaffen

---

363 Till Eulenspiegel, Jahresbericht 1986 nebst Anhang Pressespiegel.

worden. Dies sind Kinderbeauftragte, ReferentInnen für Kinderfragen oder Kinderbüros. [364]

Einen Schritt weiter noch als diese eher symbolischen Formen der Partizipation ging der Bielefelder Jugendforscher Klaus HURRELMANN im Oktober 1994 vor dem Hintergrund einer entsprechenden Umfrage unter 2.590 repräsentativ ausgewählten Jugendlichen:

> "Eine stärkere Beteiligung von Jugendlichen in politischen Gremien, eine stärkere Mitbestimmung in Schule und Ausbildung und eine Vorverlagerung des Wahlalters wären klare Signale der Gesellschaft an die junge Generation, daß sie von den für sie lebenswichtigen politischen Zukunftsentscheidungen nicht länger ausgeschlossen wird". [365]

Diese Forderung zeigt zumindest, daß es der *fachlichen Phantasie* gelingt, aus entwicklungspsychologischer und pädagogischer Perspektive heraus Anregungen in den jugendpolitischen Diskurs einzubringen, die sich in den bunten Kontext des KJHG mit Jugendarbeit oder Jugendsozialarbeit einbetten lassen. Daß diese Vorschläge nicht nur Produkte fachlicher Phantasie sind, haben mittlerweile einige Landesregierung bewiesen. Sie diskutieren - kontrovers natürlich - über eine Herabsetzung des Wahlmündigkeitsalters im Kommunalbereich auf 16 Jahre. Andere, wie das Bundesland Niedersachsen, haben eine solche Herabsetzung des Wahlalters und damit eine Aufwertung der jungen BürgerInnen bereits 1995 beschlossen und sind nun auf die Akzeptanz gespannt.

5.2 Das Beispiel Krisenintervention.

5.2.1 Krisenintervention und sozialpädagogische Parteilichkeit.

Das Gegenstück zu den freien und angebotsorientierten Leistungen der Jugendhilfe sind in gewisser Hinsicht die Aufgaben, die die Jugendhilfe aus dem staatlichen Wächteramt über die elterliche Erziehung heraus hat (Art. 6 Abs. 2 Grundgesetz). Hierzu gehört die *Inobhutnahme* von Kindern und Jugendlichen in einer akuten Konfliktsituation. Fachlich spricht man hier von Krisenintervention. Einige Stimmen in der juristischen Fachliteratur meinen, wenigstens hier müßte ein *Rechtsanspruch des Kindes* auf die öffentliche Hilfeleistung gelten. [366] Diese Rechtsauslegung erhöht zumindest auf diesem besonders schwierigen Handlungs-

---

364 Vgl. Bericht der Bundesrepublik an die UNO 1994, S. 13.
365 Hurrelmann, FR v. 10.10.1994, S. 1.
366 Diesen *Rechtsanspruch* von Kindern und Jugendlichen auf staatlichen Schutz interpretiert *Coester* aber nur in Jugenhilfe-"Aufgaben" (nicht: "Leistungen"), die sich direkt aus dem staatlichen *Wächteramt* herleiten wie zum Beispiel § 8 Abs. 3 und § 42 und 43 des KJHG hinein, vgl. Coester 1991, S. 256. Siehe auch dazu oben Kapitel 4.2.1.

feld die rechtliche Absicherung und Legitimität von sozialpädagogischen Fachkräften zu einer parteilichen Intervention.

Der Wandel von ordnungsrechtlicher Kontrolle und fürsorgerischem Eingriff durch das Jugendamt zum Vorrang eines sozialpädagogischen Leistungsangebotes ist auf dem Gebiet der Krisenintervention besonders deutlich erkennbar. [367] Früher wurde Inobhutnahme "häufig als Einschließen, als sicheres Verwahren" verstanden. [368] Auch dieses Aufgabenverständnis zeigte sich an den Baulichkeiten der entsprechenden Verwahr-Einrichtungen. Eine möglichst geringe Entweichungsquote wurde als 'Erfolg' angesehen. Der Grund des Entweichens aus dem Elternhaus oder der Verwahrung wurde *prinzipiell* beim Jugendlichen gesucht. Die Reaktion des Jugendamtes war grundsätzlich *repressiv*. Unter diesen Voraussetzungen verwundert es niemanden, daß Kinder und Jugendliche beim Jugendamt meist von der Polizei 'abgeliefert' wurden und nicht selber auf die Idee kamen, dort um Hilfe zu bitten.

Die neuere Praxis und das KJHG rechnen demgegenüber mit sogenannten Selbstmeldern. Die Praxis entwickelt vor und nach der Gültigkeit des KJHG gerade auf diesem Gebiet neue, lebensweltorientierte Interventionsmodelle. [369] Das belegt, daß die sofortige Rückführung zu den Eltern weder das vorrangige oder alleinige Interventionsziel ist noch die Jugendlichen das den BetreuerInnen dort unterstellen. Das schließt nicht aus, daß Inobhutnahme auch *gegen* den Willen von Kindern und Jugendlichen möglich ist und sogar als geschlossene Unterbringung, wenn besonders akute Gefahren für das Kindeswohl bestehen. Dazu ist das Jugendamt nach wie vor vom Gesetz beauftragt. Es gehört zu seiner Funktion als staatliches Wächteramt über die Erziehung. [370] Dennoch wird auch in diesem Zusammenhang auf die Bedeutung des "Vorrangs sozialpädagogischer Lösungsmöglichkeiten" hingewiesen. [371]

Inobhutnahme erfolgt durch recht verschiedene Einrichtungen: In Kontaktstellen, Jugendschutzstellen, in Kurzzeitpflegestellen oder Bereitschaftspflegestellen für Kinder, in betreuten Jugendwohnungen oder alternativen selbstverwalteten Jugendwohnkollektiven oder auch durch Krisentelefondienste. [372] Aus der gesetzlichen Aufzählung mehrerer Varianten läßt in Verbindung mit den Jugendhilfeplanungspflichten des § 80 KJHG ableiten, daß jede Kommune je nach ihrer Größe und Brennpunktlage eine problemgemäße und altersgemäße

---

367 Ich folge hier der engagierten fachlichen Darstellung von Proksch 1994, S. 26 ff.
368 Vgl. Regierungsbegründung KJHG, S. 76.
369 Vgl. FLPK KJHG 1991, § 42 Rdn. 2; Schmidt 1993, S. 296: Allein in Hamburg wandten sich 1992 von sich aus 998 Kinder und Jugendliche mit dem Wunsch nach Hilfe direkt an den Kinder- und Jugendnotdienst.
370 Vgl. Schellhorn/Wienand § 42 Rdn. 18-22; vgl. auch Schreiber 1992, S. 191.
371 So formuliert es ausdrücklich sogar der Kommentar von Schellhorn/Wienand, § 42 Rdn. 22.
372 Vgl. Proksch 1994, S. 28 und Schreiber 1992, S. 194.

Vielfalt solcher Einrichtungen entwickeln und auch bereit halten muß. Dem würde jedenfalls zuwiderlaufen, eine solche Einrichtung zu schließen oder auf Dauer anderweitig einzusetzen, wenn aktuell gerade keine volle Belegung mit Kriseninterventionsfällen nötig ist. Hier muß man in der Praxis sorgsam zwischen funktionellen und kostenmäßig rationellen Mischformen solcher Einrichtungen und ihrer fachlichen Ausstattung einerseits unterscheiden und andererseits ihrer verdeckten Schließung durch einen endgültigen Funktionswechsel ...

Hintergründe der Inanspruchnahme solcher Einrichtungen sind nach Untersuchungen des Instituts für soziale Arbeit in Münster meist Familienkonflikte. Erziehungsprobleme, Kinder-Eltern-Konflikte, Mißhandlungen und sexueller Mißbrauch waren 1992 in 4.300 Fällen Anlässe zur Inanspruchnahme des Hamburger Notdienstes. [373] Es mag zunächst paradox klingen, aber eine krisenhafte Situation birgt auch Chancen zur Aufarbeitung der zugrundeliegenden Konflikte. Beim Fehlen fachlich geeigneter Hilfen birgt sie zugleich die Gefahr einer Verfestigung der Grundproblematik. Aus dieser Ambivalenz erwächst eine besondere sozialpädagogische Verantwortung und ein Gebot zur Einfühlsamkeit. Da Kinder sich gegen die zugrundeliegenden Gefahren häufig nicht selbst schützen können, tritt aus juristischer Sicht zu dem sozialpädagogisch-fachlichen Auftrag zusätzlich der verfassungsrechtliche Auftrag [374] zur Bewahrung der Minderjährigen vor Schäden hinzu und ergänzt ihn. Das Interventionsziel heißt also auch aus rechtlichen Gründen nicht unbedingt, die Minderjährigen möglichst schnell wieder den Eltern, der Pflegefamilie oder der Heimform zuzuführen. Die Inobhutnahme sollte gerade umgekehrt zu einer *grundlegenden* Analyse von Konfliktlage und Hilfsbedürftigkeit genutzt werden. Eine pauschale Verweildauer anzugeben, ist daher fachlich nicht sinnvoll. Sie ist *einzelfallabhängig*.

Daraus ergibt sich dann auch die fachliche Füllung des unbestimmten Rechtsbegriffs von der "*vorläufigen*" Unterbringung. "Vorläufig" heißt demnach hier: "So kurz wie möglich und so lange wie nötig." [375] - Daß eine JuristIn mit einer solchen Formel nicht viel anfangen kann, liegt in der Sache und belegt an diesem Beispiel meine Ausgangsthese, daß Juristen für die konkrete Anwendung von sozialpädagogischem Sozialrecht nicht unbedingt ausgebildet und in der Lage sind. Um so enttäuschender ist es dann aber, in einem verbreiteten Handbuch für die sozialpädagogische Anwendung des KJHG, "Praxis der Kinder - und Jugendhilfe", herausgegeben von Martin R. TEXTOR, zu lesen, daß "unverzüglich" eine "eng begrenzte Zeitspanne von in der Regel einigen

---

373 Vgl. Schmidt 1993, S. 297.
374 Hierzu wird immer wieder auf die Entscheidung des *Bundesverfassungsgerichtes* BVerfGE 24, 144 f, zur Grundrechtsmündigkeit von Kindern verwiesen; vgl. Proksch 1994, S. 29.
375 Busch 1993, S. 132; ähnlich interpretiert es Proksch 1994, S. 31.

Stunden" bedeuten würde. [376] Ich denke, daß diese Zeitspanne geeignet sein kann, aber allein die Angabe "in der Regel" paßt einfach nicht richtig in diesen auf den Einzelfall zugeschnittenen Arbeitsbereich.

Die gleiche fachliche Rechtsauslegung stellt sich bei der gesetzlichen Formulierung im § 42 Absatz 2 Satz 2 KJHG, wonach die Benachrichtigung der Sorgeberechtigten von Selbstmeldern "unverzüglich" stattfinden muß. Was heißt *"unverzüglich"*? Zumindest nicht "ohne weiteres", wie im FRANKFURTRER KOMMENTAR zum KJHG steht. [377] Hier ist auf die wichtige rechtliche Verknüpfung der Krisenintervention mit der Regelung in § 8 Abs. 3 KJHG hinzuweisen, wonach eine Not- und Konfliktberatung ohne Kenntnis der Sorgeberechtigten möglich ist, "solange" deren Information den Beratungszweck vereiteln würde. Auch dies ist eine Frage der fachlichen Einschätzung. Die sozialpädagogische Konsequenz aus diesen beiden Bestimmungen läßt sich demgemäß so ziehen, daß die Pflicht zur Benachrichtigung der Eltern

> "in der Praxis häufig dazu dienen (wird), ihr Einverständnis zum vorübergehenden Verbleib des Kindes oder des Jugendlichen in der Schutzstelle zu erreichen." [378]

Die fachlich für eine Krisenintervention erforderlichen Handlungs- und Entscheidungsspielräume auch und gerade gegenüber den Eltern sind hier also vom KJHG vorausschauend *abgesichert*. Speziell beim Verdacht von Gewaltanwendung durch die Eltern ist ab dem Augenblick des Erstkontaktes aus methodischen Gründen grundsätzlich Parteilichkeit für die Minderjährigen erforderlich. Eine schematische Benachrichtigung der Eltern könnte gefahrerhöhende und sogar katastrophale Folgen haben. Daher der Rat eines erfahrenen Fachmannes: "Der Handlungsspielraum des § 8 Abs. 3 SGB VIII ist auszuschöpfen" (Proksch). [379] Bittet die oder der Minderjährige selbst um Inobhutnahme, dann genügt *allein diese Bitte*, daß das Jugendamt sie ohne Wenn und Aber aufnehmen muß. Auf irgendeine Form oder eine Erlaubnis der sorgeberechtigten Personen kommt es hier gerade nicht an. Selbst wenn die Begründung der oder des Minderjährigen im ersten Augenblick nicht überzeugend klingt, spielt das keine Rolle: Entscheidend für die Aufnahme ist das subjektiv bestehende Schutzbedürfnis der jungen Menschen. Werden Kinder oder Jugendliche andererseits von der Polizei aufgegriffen, sollte aus Gründen fachlicher Parteilichkeit eine "Zuführung" durch die Polizei dringend vermieden werden. Stattdessen sollten die Kids von sozialpädagogischen Fachkräften von der Polizeidienststelle abgeholt werden. [380]

---

376 So definiert es aber Maria *Schreiber*, Leitung Pflegedienstwesen des Stadtjugendamtes Nürnberg, 1992, S. 191.
377 FLPK KJHG § 42 Rdn. 12.
378 Schellhorn/Wienand § 42 Rdn. 16.
379 Proksch 1994, S. 33.
380 So lautet ein sofort einleuchtender, aber in der Praxis noch weitgehend unüblicher Vor-

Auch an derartigen Erwägungen zeigt sich die neue sozialpädagogische Perspektive.

Dennoch finden sich nicht nur in Teilen der Praxis, sondern auch in der sozialpädagogischen Fachdiskussion, etwa in der Zeitschrift "Jugendhilfe", Beiträge, die noch von einem gegenteiligen Fachverständnis geprägt sind, das mittlerweile sogar gesetzlich überholt ist. Hierfür zitiere ich einige Belegstellen:

> "Voraussetzung für eine förmliche Inobhutnahme ist, daß der Minderjährige seinen Sorgeberechtigten oder Erziehungspersonen nicht unmittelbar übergeben werden kann, z.B. weil diese nicht erreichbar oder handlungsunfähig sind ..." [381]

Diese Voraussetzung steht weder im Gesetz noch läßt sie sich fachlich rechtfertigen. Selbst ein mehr für die Sozialverwaltung geschriebener Kommentar des Geschäftsführers des DEUTSCHEN Vereins warnt an dieser Stelle davor, den sozialpädagogischen Interventionsansatz zu verspielen:

> "Bestünde die eigentliche Aufgabe des Kindernotdienstes nur darin, Kinder und Jugendliche wieder ihren Eltern zu überantworten, so würden junge Menschen die Dienste dieser Stelle nicht in Anspruch nehmen." (Wienand) [382]

Das folgende Zitat läßt für mich klar erkennen, wie schwer sich hier ein Pädagoge "alter Schule" tut, das neue Gesetz und die darin anerkannte Selbständigkeit junger Menschen anzunehmen und umzusetzen:

> "Auch eine Weigerung des Kindes/Jugendlichen, nach Hause zurückzukehren, oder die Weigerung der Eltern, das Kind/den Jugendlichen wieder bei sich aufzunehmen, rechtfertigt (!) die Inobhutnahme, wenn (!) diese zur Problemklärung erforderlich ist." [383]

Auch hier wird die ausschlaggebende Bedeutung der *Bitte* des oder der Jugendlichen (auch Mädchen lassen sich nicht alles gefallen!) entgegen dem Wortlaut aus dem Gesetz schlicht weggeredet. Ob die Inobhutnahme für eine "Problemklärung" *objektiv* erforderlich ist, wird im Gesetz gerade nicht zu einer Bedingung gemacht. Man ist als Pädagoge also schon vom Gesetz her nicht aufgerufen, das Vorliegen "objektiver Gründe" zu bezweifeln. Daß sie vorliegen, wird unterstellt. Der Wortlaut des § 42 Abs. 2 Satz 1 KJHG ist demgegenüber eindeutig:

> "Das Jugendamt ist verpflichtet, ein Kind oder einen Jugendlichen in seine Obhut zu nehmen, wenn das Kind oder der Jugendliche um Obhut bittet."

Ebensowenig darf im Zusammenhang mit der Notaufnahme eine

---

    schlag von Proksch 1994, S. 34.
381 Schmidt 1993, S. 299.
382 In: Schellhorn/Wienand, § 42 Rdn. 16.
383 Schmidt 1993, S. 299.

(un)professionelle Abgebrühtheit aus der Erwachsenenperspektive ausschlaggebend sein. Aus der Praxis kennt man/frau (leider) oft so gefühllose Unterstellungen, daß es den Minderjährigen nicht ernst wäre mit ihren Hilferufen oder daß ihre "bloß" subjektiv empfundene Notlage "unberechtigt" wäre. Manche sagen sogar, die Krise, die sie zur Flucht treibt, wäre nur eine ganz "normale Härte", wo man einfach durch muß. Dazu zwei Zitate aus dem Fachaufsatz von Klaus SCHMIDT in der Fachzeitschrift "Jugendhilfe" 7/1993, die wohl für sich sprechen:

> "In manchen Fällen ist die Familienflucht eines Minderjährigen lediglich Begleiterscheinung eines alters- und entwicklungstypischen Lösungsprozesses. Hier besteht die Gefahr einer Überreaktion."
>
> "Schwierig ist es, bei Ausreißern aus Erziehungseinrichtungen zwischen den Konflikten zu unterscheiden, die ihnen grundsätzlich nicht zu ersparen sind und 'berechtigten' Fluchtgründen". [384]

Wer mit solchen Gründen auch noch vor einer Parteinahme für die stummen oder nicht stummen Hilfeschreie Minderjähriger als gefährliche "Überreaktion" warnt, ist vielleicht eher selbst eine Gefahr für die Perspektive einer subjektorientierten Sozialpädagogik, vor der er indirekt warnt:

> "Diese Gefahr besteht jedoch, wenn die inobhutnehmende Einrichtung unreflektiert und ungeprüft Partei ergreift."

Daraus ergibt sich für mich, daß die neue Perspektive der Jugendhilfe in der Krisenintervention eine wichtige Bewährungsprobe findet. [385] Sie ist der einzige Fall, in dem aus der besonderen Gefährdungslage eine "Beratungspflicht *gegen* Elternrecht" besteht. [386]

In der gesetzlichen Regelung der Inobhutnahme spiegelt sich insofern auch der Wandel familialer Lebensformen wieder. Hier kommt es sehr darauf an, sich auf die wirklich bestehenden Lebensverhältnisse zu beziehen und nicht auf irgendwelche Leitbilder davon.

Das läßt sich an zwei weiteren Stellen der Regelung aufzeigen. In Absatz 1 von § 42 KJHG ist auch der "mutmaßliche Wille" des "*Erziehungsberechtigten*" zu berücksichtigen. "Erziehungsberechtigte" sind Personen, die im Einverständnis mit der Person, die die Personensorge hat, *faktisch* im Erziehungsprozeß mitwirken: Der nichteheliche Lebenspartner, der Freund, der Vater eines nichtehelichen Kindes, ein Verwandter oder eine umsichtige und

---

384 Schmidt 1993, S. 300.
385 Ich habe als Diplom-Sozialarbeiterin beim kommunalen "Verein für Arbeits- und Erziehungshilfe" (vae) in einer Kurzzeiteinrichtung für Jugendliche der Stadt Frankfurt am Main gearbeitet und kenne dieses Arbeitsfeld daher aus eigener Anschauung recht gut.
386 Genau das behauptet auch die sozialpädagogisch engagierte Gesetzesauslegung im *Frankfurter Kommentar* zum KJHG § 8 Rdn. 5.

engagierte Nachbarin. In Absatz 2 der Vorschrift ist diese Person "unverzüglich von der Inobhutnahme zu unterrichten". Damit wird gesetzlich an ganz real bestehende, im Alltag wichtige Verantwortlichkeiten und Vertrauensstellungen zwischen den betroffenen Menschen angeknüpft, egal, ob sie im Familienbuch stehen oder nicht. Insofern ziehe ich aus meiner Diskussion des Bereichs Krisenintervention und KJHG die Schlußfolgerung: zumindest da, wo es auf direkte und effektive Soforthilfe ankommt, hält sich auch ein von Familienideologie mitgeprägtes Gesetz ohne besondere Umstände an die familialen Realitäten, wie sie in der Lebenswelt nun einmal *sind*.

5.2.2 Zur Krisenintervention am Praxisbeispiel einer Kurzzeiteinrichtung in Frankfurt am Main.

Weitere Anwendungsprobleme der Regelung über die Inobhutnahme im KJHG möchte ich nun an Vorgängen aus meinem eigenen beruflichen Erfahrungsbereich in der Krisenintervention aufzeigen.

Ich habe als Sozialarbeiterin in einem Team aus SozialabeiterInnen und SpozialpädagogInnen im einer sozialpädagogisch betreuten Kurzzeiteinrichtung für Jugendliche mitgearbeitet. Träger war der Verein für Arbeits- und Erziehungshilfe der Stadt Frankfurt am Main e.V., der als kommunaler freier Träger für das Stadtjugendamt arbeitet. Die Einrichtung befand sich in einem Wohnhaus im Frankfurter Gallusviertel, einem der sozialen Brennpunkte der Mainmetropole. Die Räumlichkeiten bestanden aus Aufenthaltsraum, Gruppenraum, Büro, Küche, Sanitärräumen für MitarbeiterInnen im Parterre, aus drei Mehrbettschlafzimmern nebst Sanitärraum im 1. Stockwerk und ebenso im 2. Stockwerk.

Aufgenommen wurden in der Zeit, als ich dort arbeitete, offiziell Jugendliche beiderlei Geschlechts. Tatsächlich waren aber auch immer wieder Kinder im Alter von 12 oder 13 Jahren darunter. Bei allen Aufgenommenen ging es um sozialpädagogische Krisenintervention. Wir boten den Jugendlichen lebenspraktische und sozialpädagogische Begleitung und Betreuung an, was vor allem erst einmal Beruhigen und einfach Zuhören bedeutete. Die Einrichtung hatte für die untergebrachten Jugendlichen die Funktion einer Drehscheibe. Dazu war der Träger mit dem Jugendamt und mit allen fachlichen Diensten der Stadt und auch mit Trägern außerhalb vernetzt. Das Klientel waren Ausreißer, mißhandelte, geschlagene und auch vermutlich sexuell mißbrauchte Jugendliche oder Jugendliche, die von ihren Eltern vernachlässigt oder einfach verjagt wurden, sowie junge Obdachlose. Streetgang-orientiert waren die meisten Jugendlichen. Viele kamen aus der Gegend um die Frankfurter Hauptwache und die Konstabler Wache zu uns, also aus dem Bereich der Haupteinkaufstraße Zeil. Waren die Jugendlichen offensiv gewalttätig oder offenkundig drogenabhängig, war dies ein Ausschlußgrund aus dieser Einrichtung; dafür kam aber eventuell eine anders konzipierte Einrichtung des VAE für sie in Betracht.

Ein immer wiederkehrendes Problem war, die *Anonymität der Lage der Einrichtung* gegenüber Eltern möglichst zu wahren. Den Jugendlichen im Viertel war die Einrichtung und ihre Lage durchaus bekannt - und sie sollten sie auch kennen. Die Anonymität gegenüber Eltern diente dem Schutz der untergebrachten Jugendlichen. Es kam nämlich vor, daß Eltern, meist die Väter, entschlossen waren, ihre Kinder gewaltsam wieder an sich zu bringen. Andere wollten ihnen Prügel verpassen, weil sie ausgerissen waren. Im Vordergrund stand dabei ein tradiertes und oft patriarchal-herrschsüchtiges Verständnis von Elternrecht, mit den Kindern machen zu können, was man will und vor allem von ihnen rücksichtslos gegen ihre Interessen Gehorsam und Unterordnung verlangen zu können; als "Elternverantwortung" im Interesse des Kindeswohls und mit Rücksicht auf die wachsenden Interessen und Bedürfnisse ihrer Kinder ließ sich das jedenfalls kaum einordnen. Gegenüber diesem zum Teil rabiaten und gewalttätigen Verständnis von Elternrecht war es äußerst wichtig, daß das Jugendamt berechtigt war, die Anschrift der Einrichtung zur Gefahrenabwehr zu verschweigen, bis eine Lösung der akuten Konfliktlage angebahnt war. Also waren auch die uns anvertrauten Jugendlichen dahingehend zu beraten und zu instruieren, daß sie ihren Angehörigen bei einer telefonischen Kontaktaufnahme nicht ihren genauen Aufenthaltsort verrieten. Die meisten sahen das ein, machten zu ihrem Schutz mit und bewerteten diese Vorkehrung sogar positiv als einen Vertrauensbeweis.

In umgekehrter Blickrichtung handelte es sich bei unseren Schutzmaßnahmen möglicherweise manchmal um *Freiheitsbeschränkungen* der Jugendlichen, zumindest in den ersten Tagen. An den ersten drei Tagen haben wir neu aufgenommene Jugendlichen nämlich außer zu Schul- und Ausbildungsbesuchen *keinen Ausgang* erlaubt. Das hatte seine pädagogische Begründung in ihrer ganz außergewöhnlichen psychischen Ausnahmesituation bei der Aufnahme in die Einrichtung. Wenn sie neu ankamen, waren sie von den vorausgegangenen Katastrophen meist regelrecht traumatisiert und außer sich. Ohne dieses Ausgehverbot hätte eine unbedingt nötige Beruhigungsphase und Eingewöhnungsphase als Voraussetzung für jede sozialpädagogische Arbeit mit den Kids gar nicht stattfinden können. Sie hätten sich stattdessen nach unseren Erfahrungen schon am nächsten Tag wieder genau den Gefahren ausgesetzt, vor denen sie bei uns in "Obhut" waren. So war die intensive Erstbetreuung vielfach ein regelrechter Kampf *mit* den Jugendlichen und ein Kampf *um* die Jugendlichen, um ihr Vertrauen und ihre Bereitschaft, sich helfen zu lassen. Ohne rechtliche Absicherung wäre diese nervlich ohnehin extrem belastende Interventionsarbeit nicht machbar gewesen.

Auf den ersten Blick mag ein Außenstehender bedauern, daß im KJHG auch Formen der Freiheitsbeschränkung enthalten sind. Aus meiner praktischen

Erfahrung in der Brennpunktarbeit im Großstadtmilieu kann ich nur sagen, daß solche Absicherungen in dieser Situation nötig sind. Einen automatischen Widerspruch zu einem sozialpädagogischen Verständnis von Krisenintervention sehe ich darin keineswegs. [387] Andernfalls müßte sich die Sozialpädagogik nämlich aus der von unglaublicher Alltagsgewalt geprägten Brennpunktarbeit zurückziehen. Aber wem überließe sie dieses Feld dann?

5.2.3 Datenschutz, Vertrauensschutz und Unsicherheit in der Praxis.

Ein anderer Fragenkreis aus der Praxis der Krisenintervention betraf immer wieder die Bedeutung und die Grenzen des *Datenschutzes*. Oft sagten die Jugendlichen in den ersten Gesprächen Dinge, die in ihrem Interesse möglichst schnell überprüft werden mußten. Ein Telefonanruf bei der betreffenden Stelle oder Person, beispielsweise einer Ärztin, einer Behörde oder einem Anwalt, waren dafür meist der schnellste oder einfachste Weg. Unsere Frage war dabei oft: Dürfen wir das, von wegen Datenschutz, Vertrauen, Geheimnisverrat, zumal man bei eigenen Fragen der anderen Seite oft zwangsläufig auch Informationen preisgeben muß (Namen, Aufenthaltsorte, Krisensituation etc.). Das KJHG sagt hier, daß das Jugendamt für die Zeit der Krisenintervention ersatzweise Erziehungsbefugnisse hat und damit auch datenrechtlich abgesichert ist. Wenn man diesen Zeitraum fachlich begründbar im erforderlichen Umgang ausdehnt, wachsen auch diese Befugnisse zeitlich - und infolgedessen das Recht, mit obhutsbezogene Daten berechtigt umzugehen. So steht es ausdrücklich in § 62 Abs. 3 Ziff. 2c KJHG. Das Datenschutzrecht ist keine Verhinderung einer vernünftigen Krisenintervention. Ohne rasche Datenbeschaffung wäre die auch ziemlich ineffektiv. Das gilt insbesondere dann, wenn die Jugendlichen selbst sich aus falsch verstandenen Abwehrgründen sperren. Wenn sie zustimmen, ist eine Datenermittlung sowieso kein Problem. Ein viel größeres Problem wäre es aus meiner Sicht dagegen, wenn man in dieser totalen Ausnahmesituation rechtlich allein von der Mitwirkung der Kids abhängig wäre, wenn man als Fachkraft Daten braucht. Sie dann zum Mitmachen zu überreden und sie damit restlos zu überfordern, würde das erforderliche Vertrauensverhältnis noch mehr belasten. Weshalb man zu Anfang die Daten sofort braucht, kann man ihnen dagegen später noch in aller Ruhe erklären. Daß die Daten nicht für andere Zwecke als die Krisenintervention eingesetzt werden dürfen, ergibt sich ebenfalls aus § 64 Abs. 1 KJHG. Fazit: Die Daten sind dem Anlaß ihrer Erhebung entsprechend zugänglich *und* geschützt zugleich. Die Fachkraft ist rechtlich

---

387 Eher kritisch zu solchen Überlegungen äußert sich dagegen der *Frankfurter Lehr- und Praxiskommentar*, FLPK KJHG, § 42 Rdn. 16 - 18.

abgesichert. In dieser Hinsicht unterstützt speziell das KJHG-Datenschutzrecht die sozialpädagogische Krisenintervention.

Verstärkt wird dieser *Vertrauensschutz* noch bei "anvertrauten" Daten, die zum Zweck erzieherischer Hilfen mitgeteilt wurden (vgl. § 65 KJHG). Darüber gibt es allerdings unter Juristen Streit, ob das jede Beratungstätigkeit betrifft oder nicht. [388] Besonders geschützt wird das Vertrauen in die Nichtweitergabe von sensiblen Daten gerade aus der Krisenintervention auch in der Vorschrift des § 64 Abs. 2 KJHG. Danach ist eine "Offenbarung" nur zulässig, "soweit dadurch der Erfolg einer zu gewährenden Leistung nicht in Frage gestellt wird". Auch hier springt ins Auge, daß die konkrete Festlegung dieser Grenze auf eine fachliche Abwägung [389] verweist. Auch hier ist also die Sozialpädagogik gefragt: 1. welche Leistung hier zu gewähren ist, 2. worin ihr "Erfolg" bestehen könnte und 3. inwiefern dieser Erfolg durch Datenoffenbarung in Frage gestellt wird. Es geht also um eine komplizierte fachlich-methodische Auswahlfrage und auf deren Grundlage dann um eine Prognose. In einem Schlagwort läßt sich sagen, daß hier letztlich die Sozialpädagogik die Reichweite des Datenschutzes absteckt, aber nicht die Juristerei.

In der Praxis wußten die meisten KollegInnen von derartigen Abgrenzungen meistens wenig oder nichts und daher auch nicht von unserer neuen Kompetenz als SozialpädagogInnen. [390] In KollegInnenkreisen war zwar oft davon die Rede, was das neue Recht alles ermöglichen würde. Auf Nachfrage wurden wir auch im Einzelfall von "oben" beraten, von der Ebene der Amtsleitung her, was wir in wichtigen Fällen datenschutzmäßig tun könnten und nicht tun müssen. Das betraf beispielsweise Fälle, wenn eine Fachkraft aus beruflichen Gründen ernsthaft in die Mühlen von Polizeivernehmungen, Anwälten und Gerichten gezogen wurde; in der Krisenintervention kann einem so etwas noch eher passieren als in anderen Bereichen. Dennoch blieb der KJHG-Datenschutz in der sozialpädagogischen

---

388   Vgl. dazu eine juristische Datenschutzrechtsdebatte zwischen Mörsberger 1990, 1991a, 1991b; Kunkel 1991a, 1991c, 1993 und Maas 1991; bewertend äußert sich dazu Münder 1993, S. 396.

389   So auch Schellhorn/Wienand § 64 Rdn. 8.

390   Auch im allgemeinen sehr durchdachte Leitfäden für die Praxis sind im Hinblick auf Datenschutzprobleme und -vorschriften oft sehr knapp und für die praktische Umsetzung nicht gerade leicht verständlich geschrieben. Insbesondere lassen sie oft Argumentations- und Verhaltenshilfen in entscheidenden Grenzfällen vermissen, vgl. Arndt/Oberloskamp/Balloff 1993, S. 135 f oder S. 150 ff. Im Sachwortverzeichnis dieses Praxisleitfadens sucht man beispielsweise die Stichworte "Schweigerechte" oder "Zeugnisverweigerungsrechte" von Fachkräften vergeblich. Eine positive Ausnahme stellt zu diesem Fragenkreis der 1985 erschienene Band "Sozialarbeit und Sozialverwaltung" dar, darin insbesondere die Aufsätze von Falk *Roscher*, S. 46 ff (S. 56-61), und Udo *Maas*, S. 66 ff (S. 75-81). Den aktuellen Stand muß man sich dann aus juristischen Fachzeitschriften zusammensuchen, wenn sie nur für SozialpädagogInnen genügend verständlich geschrieben wären …

Praxis der Anfangsjahre des KJHG ein gewisses Geheimnis. Man wußte eher gerüchteweise von dessen Existenz. Das war mehr als nichts. Wenn seine Schutzfunktion wirklich dringend gebraucht wurde, konnte man sich amtsintern in Einzelfragen kundig machen und Rat einholen. Aber befriedigend war dieses Wissen auf Gerüchtebasis nicht. Mir ist aber auch nicht bekannt geworden, daß sich daran zwischenzeitlich sehr viel geändert hätte. Es wäre daher zu fordern, daß der sozialpädagogischen Fachpraxis die "Geheimnisse" des Datenschutzrechts aus dem KJHG mit ihren praktischen Konsequenzen besser, und das heißt systematisch und mit Praxisbeispielen erschlossen werden. Die häufig zitierten juristischen Fachdebatten darüber [391] erscheinen mir dagegen etwas zu abgehoben und für rechtliche Laien kaum nachvollziehbar zu sein.

5.2.4 Fort- und Weiterbildung als fachliche Notwendigkeit.

Weiteres Fazit aus dem Beispiel der verbreiteten Unsicherheiten über die Anwendbarkeit von Datenschutz in der Jugendhilfepraxis wäre: Sozialpädagogisch orientierte Jugendhilfe benötigt *beruflich-fachliche Fortbildung und Weiterbildung* als ständiges, begleitendes Angebot. Diese Notwendigkeit ist schon im 8. Jugendbericht anerkannt worden [392] und ebenso in der Regierungsbegründung zum KJHG zu den Regelungen in § 72 Abs. 3 KJHG (Sicherstellung von Fortbildung für JugendamtsmitarbeiterInnen) und § 74 Abs. 6 KJHG (Fördermittel für Fortbildung bei freien Trägern):

> "Die gesetzliche Absicherung von Fortbildung und Praxisberatung dient daher der Stärkung der Fachlichkeit der Jugendhilfe." [393]

Dem Recht auf Weiterbildung sollte in der Praxis eine gewisse Verbindlichkeit entsprechen, diese Angebote auch wahrzunehmen. [394] Diese könnte in einer Beachtung der Weiterbildung beim beruflichen Fortkommen bestehen, was bereits häufig geschieht. Ich denke aber hier weniger an eine repressive Motivation durch Erschwernisse des beruflichen Fortkommens. MitarbeiterInnen, denen eine Fortbildung aufgedrängt wird, machen sich die Anregungen oft nicht wirklich zu eigen. Stattdessen entwickeln sie eher regelrechte Aversionen gegen innovative fachliche Anregungen aller Art. Als der bessere Weg erscheint mir auch hier eine Erhöhung der *Attraktivität* derartiger Fortbildungsangebote zu sein, damit sie auf breiterer Grundlage angenommen und wahrgenommen werden. Ziel sollte es sein, daß es als "ganz normal" angesehen wird, in

---

391 Vgl. Mörsberger 1990, 1991a, 1991b; Kunkel 1991a, 1991c, 1993 und Maas 1991.
392 Vgl. 8. Jugendbericht 1990, S. 166 ff.
393 Regierungsbegründung KJHG, S. 94.
394 Vgl. 8. Jugendbericht 1990, S. 166.

Fortbildungszusammenhängen zu stehen und zu arbeiten.

Hierzu kommen mehrere *Ebenen und Konzepte von beruflicher Fortbildung und Weiterbildung* in Betracht, die alle am Erfordernis des fachlichen Bedarfs auszurichten wären:

1) Regelmäßige Angebote zur Verfolgung der Fachdiskussion in den Fachorganen und Fachzeitschriften.
2) Regelmäßige kollegiale oder angeleitete Gruppenarbeit innerhalb der betreffenden Institution.
3) Regelmäßige kollegiale Gruppenarbeit in einem institutionenübergreifenden Rahmen.
4) Vorträge, Lehrgänge und Kurse in der Institution oder außerhalb bei anderen Trägern.

zu 1) Die wichtigsten Fachzeitschriften werden zwar fast von jedem Jugendamt bestellt, werden aber deshalb noch nicht von allen Fachkräften gelesen. Oft werden Laufmappen einmal flüchtig durchgeblättert und dann auf dem Laufzettel abgehakt. Dagegen sollte man ausdrücklich einmal wöchentlich Lesestunden einplanen, in denen kein Besucherverkehr ist und auch keine anderen Aufträge als vorrangig gelten. Den Einstieg könnte man durch gezielte Hinweise auf bestimmte Zeitschriftenbeiträge, Aufsätze, Modellprojekte oder Gerichtsentscheidungen erleichtern. In Leitungsfunktionen wird das immer schon so gehandhabt. Dahinter steht das hierarchische Interesse, daß dem Vorgesetzten nichts entgeht. Wieso sollte sich diese Übung nicht auch aus fachlichem Interesse einführen lassen? Offene Fragen oder kollegial erarbeitete Fragestellungen könnten dann übergeleitet werden in entsprechende fachliche Teamsitzungen, wo man sich auch wechselseitig über bestimmte Artikel informiert. Das schafft zugleich fachliche Synergieeffekte. Voraussetzung ist, daß die Behördenleitung dem zustimmt und diese Verfahrensweisen unterstützt. Dazu muß man sie bewegen und dazu kann man sich wiederum auf das KJHG berufen.

zu 2) Die Teamsitzung bietet sich als die konsequente Fortsetzung der Fortbildungsstufe 1) an und könnte diese umgekehrt auch mit neuen Fragestellungen und Suchaufträgen bereichern. Solche Teamsitzungen, die auf Fort- und Weiterbildung ausgerichtet sind, sind nicht zu verwechseln mit Supervision oder Gruppensupervision. Von Vorteil ist es, wenn gelegentlich externe Referenten zu bestimmten Themen referieren. Dabei können sich zugleich prinzipielle Grenzen zeigen, wenn Fortbildungen immer nur im hausinternen Rahmen stattfinden. Das kann dazu führen, hausinterne Treffen gezielt durch externe fachliche Gesprächskreise zu ergänzen.

zu 3) Institutionenübergreifende Teamsitzungen vergrößern und effektivieren den Erfahrungshorizont insbesondere bei innovativen Handlungskonzepten und verlassen den institutionentypischen Kontrollraum. Ein historisches Vorbild dieser fachlich-methodischen Arbeitsform war das SozialarbeiterInnen-Plenum in Berlin als Organisationsfolge der Heimbewegung. [395] Ein solches Gremium könnte auch heute fachpolitische Anliegen diskutieren. Es könnte auch Fach-Solidarität herstellen, wenn es um bestimmte inhaltliche oder berufliche Forderungen oder um die Koordination eines gemeinsamen Vorgehens geht. In dieser organisatorischen Verknüpfung von Weiterbildung und fachlicher Innovation auf überinstitutioneller oder kommunaler Ebene könnte man zugleich eine Verbindung zu den allgemeinen sozialpädagogischen Strukturmaximen von Querschnittspolitik und Einmischung sehen. [396]

zu 4) Vorträge oder Seminare sollten mindestens einmal oder zweimal jährlich ermöglicht werden. Ihre Themen könnten nach den Vorschlägen im 8. Jugendbericht [397] etwa folgende sein:

* Qualifikation im Arbeitsfeld (Adressatenprobleme, Umgangsformen, Aufarbeitung von Mitarbeiter- und Teamproblemen, Gesprächstherapie etc.),
* Qualifikation für Leitungsaufgaben (Management, Planung, Sozialplanung,)
* institutionenbezogene Fortbildung oder
* die Analyse arbeitsfeldübergreifender Problemlagen.

Auf allen diesen Ebenen müßte die Qualifikationsarbeit vor allem eines mitbeinhalten:

> "die reflexive Auseinandersetzung mit, die argumentative Befassung mit dem neuen Recht und die inhaltliche Durcharbeitung des neuen Rechts." (Münder) [398]

5.3 Das Beispiel Fremdplazierung mit Rückkehroption.

5.3.1 Der Hilfeplan - ein sozialpädagogisches Verfahrenskonzept in gesetzlicher Form.

In den §§ 36 und 37 KJHG hat der Gesetzgeber ein mehrstufiges und mehrdimensionales Handlungskonzept vorgegeben für Fälle, in denen eine Fremdplazierung von Kindern oder Jugendlichen ansteht, d.h. eine Unterbringung außerhalb ihrer Herkunftsfamilie. § 36 KJHG als die allgemeinere Regelung bezieht sich sogar auf alle Formen der "Hilfe zur Erziehung", die "voraussichtlich für

---

395 Vgl. oben Kapitel 3.1.3.2.
396 Vgl. oben Kapitel 3.1.6., vgl. Münder 1993, S. 392 f.
397 Vgl. 8. Jugendbericht 1990, S. 166.
398 Münder 1993, S. 391.

längere Zeit zu leisten sind". [399] Kernstück in beiden Fallkonstellationen ist der *Hilfeplan*. Dieser ist Ausdruck von mehreren zentralen Strukturmaximen einer sozialpädagogisch orientierten, modernen Jugendhilfe zugleich. Es sind dies: Partizipation, "Mitwirkung und Mitgestaltung erzieherischer Hilfen durch Kinder, Jugendliche, Eltern und Erziehungsberechtigte" [400], "Betonung des Subjektstatus der Adressaten der Hilfe" [401] : hier zeigt sich, daß der Bürger als Subjekt angesprochen wird. Das ist das Gegenteil von seiner Behandlung als Objekt einer "autoritativen Fürsorglichkeit", die davon ausgeht, daß die Professionellen wissen, was 'das Beste' für Kinder und Eltern ist. Daraus fühlten sie sich oft legitimiert, 'das Beste' "ggf. auch mit sanfter Gewalt - eben autoritativ - ohne die Betroffenen umzusetzen" (Münder). [402] Dies drückt sich im vorgegebenen Verfahren darin aus, daß Hilfeplanung nun als prozeßhaftes Geschehen die Aushandlung als zentrales Element enthält. Infolge dieser partizipatorischen Gestaltung entfällt die früher übliche "umfassende, auf die Persönlichkeit zielende diagnostische und anamnestische Beurteilung" *vor* jeder konkreten Arbeit an der Hilfeplanung. Durch dieses "Berichtswesen" und die allseitige Anforderung von "Entwicklungsberichten" wurden die Betroffenen automatisch zum Objekt behördlicher "Behandlung" durch "Experten". [403] Zur Absicherung dieses Perspektivenwechsels sind in § 36 KJHG weitere konkrete sozialpädagogische Vorgaben festgehalten. Hierunter fallen die nochmalige Benennung von Wunsch- und Wahlrecht, von der Beteiligung von Kindern und Jugendlichen, von der Beachtung der Grundrichtung der Erziehung sowie der Beachtung unterschiedlicher Lebenslagen von Mädchen und Jungen. Der Hilfeplan verstärkt darüber hinaus moderne Grundsätze methodischen Handelns wie Teamarbeit, fachliche Multidisziplinarität, Zusammenarbeit mehrerer Institutionen, Vernetzung von Ressourcen, Alltagsorientierung, Dokumentation des Hilfeverlaufs, Transparenz, reflektierte Prozeßhaftigkeit des pädagogischen Handelns und des Hilfeprozesses und nicht zuletzt Controling. [404]

Zugleich ist der Hilfeplan Ausdruck von grundgesetzlichen und familienrechtlichen Strukturmaximen. Er sorgt durch seine Struktur für Beachtung des Elternrechts. Der hohe Grad von rechtlicher Verbindlichkeit des Hilfeplans zeigt

---

399   Vgl. FLPK KJHG § 36 Rdn. 1.
400   Regierungsbegründung KJHG, S. 70.
401   Vgl. Empfehlungen des DV, 1994, S. 318 (Ziff. 1.2).
402   Münder 1993, S. 389, ferner ebenda, S. 396 f; ähnlich die Empfehlungen des DV 1994, S. 318 (Ziff. 1.1).
403   Vgl. Merchel 1994, S. 4 f. Auch Karl Späth 1992, Jugendhilfereferent des Diakonischen Werkes beklagte die mangelhafte Umsetzung des KJHG in Sachen des behördlichen Berichtswesen zu Lasten einer besseren Beteiligung der Betroffenen (S. 128 f). - Ziffer 3.2 der "Fachlichen Empfehlungen des hessischen Landesjugendamtes" vom November 1994 zu § 36 KJHG lautet ausdrücklich: "Entwicklung des Hilfeplans im Gespräch".
404   Vgl. Empfehlungen des DV 1994, S. 318 ff (Ziff. 1.3 und Ziff. 1.4).

sich auch darin, daß er "Teil des Leistungsbescheides (ist), den der Personensorgeberechtigte einschließlich einer Rechtsbehelfsbelehrung gemäß § 36 SGB X erhält".[405] Zusammen mit den Regelungen in § 37 KJHG verlangt der Gesetzgeber von der Jugendhilfe, das Dreiecksverhältnis Herkunftsfamilie, Kinder/Jugendliche und Fremdplazierung so zu beachten, daß die Rückkehrperspektive der Kinder eine reelle Perspektive behält oder erst erhält. Früher war es anscheinend oft eine autonome Entscheidung des Jugendamtes, ob es die Rückkehr des Kindes förderte oder aber die Herkunftseltern nur noch als Kostenträger auf einer Karteikarte zählten.[406] Demgegenüber lautet der Auftrag des Verfassungsgerichts, daß der Versuch unternommen werden muß,

> "durch helfende, unterstützende, auf Herstellung oder Wiederherstellung eines verantwortungsgerechten Verhaltens der leiblichen Eltern gerichtete Maßnahmen sein Ziel zu erreichen".[407]

Daß eine *reelle* Rückkehrchance eröffnet wird, verlangt besondere Rücksichtnahme auf die Perspektive der betroffenen Kinder, auf die *kindliche Zeitperspektive*. Dieser entwicklungspsychologische Gesichtspunkt wurde von Gisela ZENZ in den Blickpunkt der juristischen Diskussion gehoben[408] und lautet nun im Gesetz, daß die Unterstützung der Herkunftsfamilie "innerhalb eines auf die Entwicklung des Kindes oder Jugendlichen vertretbaren Zeitraums so weit verbessert werden (soll), daß ...." Daran soll sich entscheiden, ob das Ziel der Rückführung als erreichbar einzustufen ist oder ob sich der Auftrag der Jugendhilfe ändert. Dann soll nämlich eine "auf Dauer angelegte Lebensperspektive" *außerhalb* der Herkunftsfamilie angestrebt werden. Das können Formen sozialer Elternschaft oder familienanaloge Lebensformen sein: in einer Pflegefamilie, in einer Heimform oder (vom Gesetz her an sich vorrangig) durch Adoption, also durch Begründung der rechtlich definierten neuen sozialen Elternschaft ohne Pflegegeldleistung. Das KJHG sagt hier wiederum, wie dies zu geschehen hat: Die neue Lebensperspektive soll "mit den beteiligten Personen ... erarbeitet werden" (§ 37 Abs. 1 letzter Satz KJHG). Also gelten auch hier die oben genannten Maximen von modernem sozialpädagogischem Handeln.

Worin bestehen nun hier die mögliche Umsetzungsprobleme oder Umsetzungsdefizite?

Um mit dem zuletzt genannten Punkt anzufangen. Die juristisch einwandfreie sozialpädagogische Intervention hängt nach § 37 KJHG entscheidend davon ab,

---

405 Vgl. Empfehlungen des DV 1994, S. 318 ff (Ziff. 1.2).
406 Vgl. die sehr deutliche Kritik an der Praxis der Jugendämter in dieser Richtung in der Regierungsbegründung zum KJHG S. 70, 71, 72.
407 BVerfGE 60, S. 79 ff (93); ebenso die Entscheidung des BVerfG vom 11.11.1988. Beide sind in der Regierungsbegründung des KJHG ausdrücklich zitiert, vgl. dort S. 71.
408 Vgl. Zenz 1982, S. A 49, 50.

was die kindliche Zeitperspektive verlangt oder verträgt. Das ist eine entwicklungspsychologisch-pädagogische Fachfrage. Nur ist mir bisher keine Fachliteratur bekannt, die klare Auskünfte darüber geben würde, wie denn die vom Gesetz angesprochene kindliche Zeitperspektive *konkret* aussieht. Im Frankfurter Kommentar steht etwas von 3 Monaten. [409] Ludwig SALGO nennt unter Hinweis auf weitere Belegstellen verschiedene Zeitrahmen für den "Schwebezustand": Ein Jahr für Kinder bis drei Jahre und eineinhalb Jahre für Kinder ab drei Jahren, die bis dahin im Elternhaus gelebt haben. [410] Zugleich weist er darauf hin, daß die Regierungsbegründung selbst bezeichnenderweise keine konkrete Aussage dazu enthält. [411] Das KJHG stellt also umgekehrt *neue Fachfragen* und Anforderungen *an die Entwicklungspsychologie*.

Ein weiteres Umsetzungsproblem ist, das recht komplizierte, mit dem Hilfeplan umschiebene Verfahren überhaupt zu entwickeln. Ein Problem ist dabei sicherlich, erst einmal ein Raster für den Hilfeplan zu entwickeln, das die gesetzlichen Gesichtspunkte in Sinne einer Checkliste auflistet. Hierzu gibt es mittlerweile eine Reihe von Vorschlägen in der Fachliteratur [412], von Landesjugendämtern [413] und auch vom Deutschen Verein. [414] Diese Vorschläge hier im einzelnen vorzustellen und zu diskutieren, würde den Rahmen dieses Buches sprengen. Es wäre ein eigenes Spezialthema, aber sicher auch ein gutes Beispiel zur Darstellung von Umsetzungsproblemen. Einen kleinen Eindruck möchte ich dennoch davon vermitteln, daß nahezu alle im bisherigen Kontext angesprochenen Aspekte in die Problematik des Hilfeplans hineinspielen und sich in ihm widerspiegeln:

* Der sozialstrukturelle Kontext,
* der methodische Kontext,
* rechtlich abgesicherte Werthaltungen.

Ich gebe dazu die von Ludwig SALGO vorgeschlagene Checkliste bzw. *Gliederung eines Hilfeplanes* einfach wieder:

---

409 Vgl. FLPK KJHG § 36 Rdn. 6.
410 Vgl. Salgo 1991, S. 137.
411 Vgl. Salgo 1991, S. 137 unter Hinweis auf Regierungsbegründung KJHG, S. 71 f.
412 Vgl. Salgo 1991, S. 132, 133; Lakies 1990, S. 545 ff.
413 Vgl. die 10-seitige Broschüre "Fachlichen Empfehlungen des Landesjugendamtes Hessen zu § 36 KJHG" vom 9.11.1994.
414 Vgl. NDV 9/1994, S. 317 ff.

* Die Unterbringungsgründe, d.h. die Feststellung der jeweiligen Verletzung des Kindeswohls, die die Fremdplazierung notwendig macht;

* eine Begründung, weshalb Hilfen innerhalb der Familie nicht in Betracht zu ziehen sind;

* Begründung, warum das Kind nicht in der Verwandtschaft bzw. nicht in räumlicher Nähe zur Herkunftsfamilie untergebracht werden kann;

* die Beschreibung eines Zieles der Intervention;

* die Beschreibung eines Programms zur Veränderung der Situation der Eltern und des Kindes;

* Festlegung der Aufgaben zwischen Eltern, Sozialdiensten und anderen Trägern;

* Klärung der Kostenträgerschaft für die Maßnahme;

* Festlegung des verantwortlichen Sozialarbeiters bzw. Vertreters;

* Beschreibung der Erwartungen an Eltern und Kind als Rückkehrvoraussetzungen;

* Festlegung des voraussichtlichen Zeitpunkts der Beendigung der Maßnahme;

* Festlegung der Besuchshäufigkeit und Kommunikation der Eltern mit dem Minderjährigen und deren finanzielle Sicherstellung;

* Klärung der sorgerechtlichen Zuständigkeit;

* Belehrung über mögliche Folgen des Scheiterns;

* Benennung der zuständigen Beschwerdeinstanz bzw. des Gerichts, an welches sich Eltern wie der Minderjährige sich jederzeit wenden können;

* Zustimmung bzw. Widerspruch der Eltern zum Plan (Unterschrift);

* Einverständnis der Eltern zur Aushändigung des Planes oder einzelner Teile an die Pflegeeltern. [415]

---

[415] Salgo 1991, S. 132 f.

Zum Stand der Umsetzung derartiger Hilfeplankonzepte in die Jugendhilfepraxis meint Johannes MÜNDER [416], daß es sicherlich Jugendhilfeträger gibt, die ihre Energien darauf konzentrieren, die normierten Methoden und Verfahren zu erproben und die Beteiligungsformen zu beachten. Andererseits gäbe es auch solche, die die Betroffenen erst zu einem möglichst späten Zeitpunkt einbeziehen wollen. Die dritte Gruppe würde die im Hilfeplan genannten Aspekte in einer "ritualisierten Weise ... abhaken". [417] Diese widersprüchlichen Eindrücke wären Ausdruck eines langfristigen fachlichen Umorientierungsprozesses. "Kurz: Eine solche Umorientierung geht nicht von heute auf morgen". [418]

5.3.2 Werbung oder Druck gegenüber den Eltern?

Möglicherweise ist es aber nicht nur eine Zeitfrage, ob und inwieweit der Hilfeplan zu einem eingeführten und in der Bevölkerung akzeptierten neuen Instrumentarium der Jugendhilfe wird. An ihm entscheiden sich Grundsatzfragen, die das künftige Leitbild des Jugendamtes ausmachen. [419] Bisher hat es nach wie vor mit dem Negativ-Image von der "Kinderpolizei" und der "Kinderwegnahmebehörde" zu kämpfen. [420] Es ist aber auch ohne diese Image-Frage eine sozialpsychologisch nur sehr schwer erfüllbare Anforderung an Eltern, die ihrer Elternverantwortung zum Schaden ihrer Kinder in keiner Weise gerecht wurden, dies nun ausgerechnet unter den Augen außerfamilialer Instanzen zu versuchen. Daß die Maxime der Akzeptanz selbst ein zu erarbeitendes Produkt des Interventionsprozesses ist und nicht einfach so erwartet werden kann, wurde bereits ausgeführt und begründet. [421] Dieses Problem stellt sicher die größte sozialpädagogische Herausforderung des KJHG dar. Es ist damit die entscheidende Bewährungsprobe einer modernen Sozialpädagogik im Rahmen des KJHG.

Vor diesem Hintergrund finden sich in der Literatur Stimmen, die einen *repressiven Einsatz des Hilfeplanes* und damit im Ergebnis doch wieder eine autoritative Variante der Problemlösung befürworten.

Ein Beispiel berichtet Almuth TAUCHE [422] aus der ASD-Praxis der Landeshauptstadt München. Dort stellte sich in informellen Gesprächsrunden des ASD

---

416 Vgl. Münder 1993, S. 397.
417 Vgl. Münder 1993, S. 397; diesen routinemäßigen Umgang hat Salgo in seinem Beitrag in dem Buch "Das neue KJHG und seine Umsetzung in die Praxis" schon 1991 befürchtet, vgl. dort S. 133.
418 Münder 1993, S. 397.
419 Vgl. dazu oben Kapitel 4.2.3.
420 Vgl. dazu die einführende Werbebroschüre des BMJFFG zum KJHG, BMJFFG 1990, Einführung, S. 21.
421 Vgl. oben Kapitel 3.1.6.
422 Vgl. Tauche 1993, S. 69 ff.

mit Vormundschaftsrichtern die Frage, ob man nicht über die "Erziehungsfähigkeit" von Eltern psychologische Gutachten anfertigen könnte, wenn diese keinerlei Bereitschaft für eigene Verhaltsänderungen und zur notwendigen Zusammenarbeit im Interesse des Kindeswohles aufbringen. Die protokollierte Antwort lautete zwar, daß dies nicht möglich ist. Dann geht das Protokoll aber so weiter: Das Vormundschaftsgericht könnte

> "nur versuchen, Eltern zu motivieren (u.U. auch über Druck, daß möglicherweise ihr Kind nicht in der Familie bleiben kann)." [423]

Diese Auskunft aus der Praxis, wie man Eltern im Zweifel "Druck" machen kann, steht in einem Tagungsreader des "Institutes für Sozialarbeit und Sozialpädagogik" e.V. in Frankfurt am Main vom November 1993 mit dem dramatischen Titel "Rettet die Kinder jetzt. Zum Spanungsverhältnis: Elternrecht-Kindeswohl-staatliches Wächteramt".

Zum gleichen Fragenkreis gibt es im gleichen Tagungsreader ein offenes Wort über ähnliche Erwägungen in einem anderen Großstadt-Jugendamt. Nachdem der (damalige) Leiter des Jugendamtes der Stadt Frankfurt am Main, Matthias MANN, erst dargelegt hat, daß das sozialpolitische Vorverständnis von Elternverantwortung sich als "reine Fiktion" erweise [424] und ferner seine

> "Analyse von Rechtsprechung und Lehre ergeben hat, daß das Elternrecht derart dominierend ausgestaltet ist, daß für Rettungsphantasien staatlicher Institutionen keinerlei Realisierungschance besteht," [425]

trägt er gleichwohl "neue Lösungsüberlegungen" vor, die man in seinem Jugendamt entwickelt habe:

Wenn sich eine Familie den intensiven Hilfebemühungen seines Amtes "nachhaltig verweigert" oder "Verabredungen" bezüglich bestimmter Hilfsangebote nicht einhält, entwickelt das Jugendamt den Entwurf eines detaillierten Hilfeplanes gemäß § 36 KJHG. Dieser enthält schwarz auf weiß Erwartungen an "Beiträge von allen Beteiligten". Eine "Hilfe zur Erziehung" dürfe den Eltern zwar nicht gegen ihren Willen aufgedrängt werden.

> "Stimmen die Eltern nun aber dem vom Jugendamt intendierten Hilfeplan nicht zu oder aber ist aufgrund ihres bisherigen Verhaltens zu erwarten, daß sie die Durchführung der Hilfe durch ihr Verhalten stören oder konterkarieren, so legt das Jugendamt den Sachverhalt nebst Hilfeplan dem Vormundschaftsgericht vor und begründet die latente Kindeswohlgefährdung sowie die Notwendigkeit der Hilfeleistung entsprechend dem Hilfeplan. Teilt das Gericht die Auffassung des Jugendamtes, so genehmigt es den Hilfeplan gemäß § 1666 Abs. 2 BGB und macht den

---

423 Protokollauszug zitiert von Tauche 1993, S. 80.
424 Vgl. Mann 1993, S. 63.
425 Mann 1993, S. 64.

Eltern die Auflage, ihren in dem Hilfeplan definierten Pflichten nachzukommen."
426

Abschließend empfiehlt MANN seine eigene "staatliche Rettungsphantasie" unter Einsatz fortschrittlicher sozialpädagogischer Rhetorik. Damit würde der Umfang staatlicher Intervention für die Eltern "transparenter" und "kalkulierbarer" werden. Der von Amts wegen vorgesehene Hilfe-Eingriff wäre nämlich aus dem Hilfeplan ablesbar wie die "Konsequenzen", die für die Eltern bei "weiterer Verweigerung bzw. mangelnder Mitarbeit zu gewärtigen sind". Kommt es zu den "transparenten" "Konsequenzen": dem "vollständigen oder teilweisen Sorgerechtsentzug", würde sich für den Richter sogar noch der "Vorteil" ergeben, daß er "nicht 'gegen' die Eltern entscheidet, sondern anstelle von ihnen". Dies alles nennt MANN zum Schluß ein "partnerschaftliches Verhältnis zueinander", das "von der Intention des Gesetzes voll gedeckt" sei. 427

Es fällt mir schwer, darin nicht eine völlige Umkehrung der "Intention des Gesetzes" zu sehen. Es ist sicherlich eine Gegenposition zu den hier entwickelten sozialpädagogischen Intentionen der Gesetzesanwendung. Nach den zitierten Vorstellungen wird der Hilfeplan über die gezielte Einschaltung des Gerichts zu einem reinen Druckmittel in den Händen des Jugendamtes. Das Verhältnis Eltern-Kind wird unter dem Deckmantel der "Partnerschaftlichkeit" ausgetauscht gegen ein bevormundendes Verhältnis von oben nach unten, von Jugendamt contra Eltern. Das Merkmal der Kindeswohlgefährdung wird durch das Merkmal einer "mangelnden Mitarbeit" bestimmter Eltern bei den vom Jugendamt im Hilfeplanentwurf vorgeschriebenen "staatlichen Rettungsphantasien" ausgetauscht und ersetzt. Außerdem werden Tatsachen durch Verdachtsmomente ersetzt: Siehe die vermutete "latente" Gefährdung. Das Ergebnis dieser Sichtweise besteht also in folgenden Schritten:

* *Mangelnde freiwillige* Kooperation der Eltern mit Jugendamt.

==> Hilfeplanentwurf wird von JA *einseitig* angefertigt und Eltern vorgelegt.

==> Bei Nichterfüllung des aufgedrängten Hilfeplans erlaubt sich JA die *Vermutung* einer Kindeswohlgefährdung.

==> Wechsel von angebotsorientierter Hilfe zu *Wächteramt*.

---

426 Mann 1993, S. 66.
427 Alle Zitate von Mann 1993, S. 66 f. An seiner entscheidenden Stelle enthalten aber auch die Empfehlungen des *Deutschen Vereins* 1994 Andeutungen in die Richtung, in die man im Frankfurter Stadtjugendamt offensiv denkt: "Ob die Verweigerung der Mitarbeit in der Hilfeplanung durch die sorgeberechtigten Eltern zu einer Beendigung der Aushandlung im Hilfeplanungsprozeß führt oder ob eine vormundschaftsrichterliche Entscheidung angestrebt werden soll, muß im Einzelfall von der fallzuständigen Fachkraft im Zusammenwirken mit anderen Fachkräften entschieden werden." (DV 1994, S. 323, Ziff. 3.1).

==> Das Jugendamt beantragt obrigkeitlichen *Eingriff* bei Gericht.
==> Der *Hilfeplan* wird umgewandelt in gerichtliche *Auflage* mit Sanktionsandrohung: (Teil-)Sorgerechtsverlust (§§ 1666, 1666a BGB).

Daß dieses einseitige und repressive Verständnis von Partnerschaftlichkeit vom KJHG "voll" gedeckt wäre, glaube ich nicht. Daß unter diesen Vorzeichen tatsächlich versucht wird, die Hilfeplan-Idee in der Praxis "fruchtbar" zu machen, muß ich schon eher glauben. Zu dieser Art von repressiver Implementation des KJHG hätte eine "autoritativen Fürsorgepraxis" sogar nicht einmal eine "grundlegende Umorientierung" nötig ...

5.4 Das Modellprojekt "Stationäre Familienbetreuung" als innovative Kombination von Erziehungshilfen.

In Frankfurt am Main startete 1995 das Modellprojekt "Stationäre Familienbetreuung" unter der Trägerschaft der CARITAS in Zusammenarbeit mit dem Stadtjugendamt. Ende 1995 waren in der Großstadt rund 700 Kinder und Jugendliche in Heimen untergebracht und weitere 100 in betreuten Wohngruppen. 127 dieser fremdplazierten Jugendliche und Kinder hatten mehr als drei Geschwister, die ebenfalls in Heimunterbringung lebten. Für die Herkunftsfamilien hieß dies, daß sie oft auf Dauer auseinandergerissen waren, und zwar oft sogar in mehr als zwei Teile: Die Kinder in - verschiedenen - Heimformen, die Eltern alleingelassen. Das Ziel des Modellprojektes ist es nun, diese Familien unter sozialpädagogischer Betreuung und Begleitung in einer ausreichend großen Wohnung wieder zusammenzuführen und dazu alltagspraktische und fachliche Anschubhilfen bei der Haushaltsführung, der Familienerziehung und innerfamilialen Konfliktbewältigungen zu leisten.

Ausgangspunkt war dabei aber nicht die Linderung Notlagen von kinderreichen Familien in dem überteuerten Ballungsgebiet als solche oder das Interesse, den Auftrag und normativen Möglichkeiten des KJHG kreativ auszuschöpfen. Der Ausgangspunkt des Projekts war ein anderer. Während die Bankenstadt 1994 etwa 40 Millionen Mark für die Betreuung hilfsbedürftiger Kinder und Jugendlicher ausgab, rechnet sie für 1996 bereits mit Ausgaben über 60 Millionen. So führte der kommunale *Kassenstandpunkt*, die "Kostenexplosion", dazu, nach neuen Konzepten für die notwendigen Jugendhilfeangebote, die man auch nicht aufgeben will und darf, zu suchen.

Angefangen hat das Projekt mit einer Vorlaufphase, in der das Jugendamt selbst einige der Geschwistergruppen zusammen mit ihren Eltern in einer dafür geeigneten großen Wohnung unterbrachte und sozialpädgogisch betreute. Hier wurden die ersten guten Erfahrungen gemacht, und zwar in sozialpädagogischer und in finanzieller Hinsicht. Nach Auskunft des "Heim-Koordinators" Manfred BRÄTZ spart die Stadtkasse gegenüber den täglichen Heimplatzkosten von DM 250,-- pro Tag in der neuen Wohnform pro Kind und Tag DM 100,--. [428] Nun kommt in einer zweiten Projektphase die CARITAS als freier Träger mit fünf weiteren Großwohnungen hinzu. Für jede Familie sind zwei SozialpädagogInnen oder PsychologInnen im Einsatz. Diese BetreuerInnen haben in der Wohnung ein eigenes Zimmer.

Der Projektleiter Ferdinand REIFF kommentiert das familienorientierte Konzept mit den bekannten Defiziten der Heimunterbringung, übrigens nicht mit deren mangelhafter finanzieller Ausstattung, sondern mit den stattdessen immer wieder zitierten pädagogischen Effekten davon: "Wir müssen auf die Eltern setzen. Sie sind das einzige, was die Kinder dauerhaft haben." Kinder, die im Heim aufwachsen, müßten dagegen mit 50 bis 100 verschiedenen Bezugspersonen auskommen. [429]

Auf die Frage, weshalb die Eltern es nicht schafften, ihre Kinder selbst zu erziehen, meinte der Projektleiter, dies habe "unterschiedliche Gründe". Dann benennt er neben mangelnden Konfliktverarbeitungskompetenzen der Familien die schlechte finanzielle Situation, Arbeitslosigkeit, die zu kleine Wohnung und: "Kinder verstärken diese Schwierigkeiten". Bei Lichte betrachtet, sind dies also die ganz "normalen" objektiven Belastungen von kinderreichen Familien in Ballungsgebieten, die sich im übrigen ohne Mühe auf den Faktor "*moderne Armut*" zusammenkürzen lassen. Im übrigen haben auch Untersuchungen über Kindesmißhandlungen ergeben, daß in fast allen Fällen von streßbedingten Überreaktionen genervter Eltern gegenüber ihren Kindern die *beengten Wohnverhältnisse* ein wesentlicher Auslösefaktor dafür waren, daß zur Gewalt als - untauglichem - Konfliktlösungsmuster gegriffen wurde. [430] Zu enge Wohnverhältnisse und mangelnde Ausweichmöglichkeiten hält eben kein Familienleben und auch keine Frustrationstoleranz auf Dauer aus. Insofern setzt das Projekt mit der Bereitstellung von angemessenem Wohnraum an einem lebenspraktischen Punkt an, der für die betreffenden Familien aus eigener Kraft in ihrer Lage schier unerreichbar ist. So schlicht und doch ergreifend kommentiert es auch die 36-jährige Mutter dreier Kinder aus einer der Projektfamilien: "Es ist die einzige Möglichkeit, wieder mit unseren Kindern zusammenzuleben". Und dann sagt sie optimistisch, weil die neuen Wohnung zugleich einen Neubeginn für die Familie signalisiert: "Wir müssen lernen, das Leben zu organisieren."

Das geschilderte Projekt zeigt einerseits, daß erfolgversprechende Jugendhilfeangebote auch solche lebensweltlichen Faktoren wie angemessene Wohnver-

---

428 Vgl. FR v. 15.2.1996, Stadtrundschau, S. 23, unter der Überschrift: "Betreutes Wohnen: Heimkinder leben wieder mit ihren Eltern".
429 FR 15.2.1996, S. 23.
430 Vgl. Stumpf 1995, S. 149 f.

hältnisse und das Wohnumfeld in ihren Ansatz einbeziehen können und dies generell müßten, auf die Jugendhilfe angeblich keinen Einfluß hat. Das Projekt zeigt andererseits, inwiefern das KJHG als rechtlicher Rahmen solcher Projekte eine innovative Kombinationen seiner Hilfsangebote erlaubt. Das vorgestellte Projekt setzt sich eigentlich aus zwei typisierten intensiven "Hilfen zur Erziehung" zusammen und kreuzt sie miteinander:

(1) Sonstige betreute Wohnform, die das Gesetz aber zunächst als Fremdplazierung regelt, § 34 KJHG.
(2) Sozialpädagogische Familienhilfe, die grundsätzlich innerhalb der bestehenden Herkunftsfamilie geleistet wird, § 31 KJHG.
(3) Erziehungsberatung und Erziehungsunterstützung durch Fachkräfte verschiedener Fachrichtungen, die hier durch die hochqualifizierten BetreuerInnen nicht in einer Beratungsstelle, sondern vor Ort und innerhalb der Lebenswelt der Klienten geleistet wird, § 28 KJHG.

5.5 Praxisbeispiel zur Umsetzung der Maximen des KJHG bei Krisenintervention und Fremdplazierung: Sandras Ausweglosigkeit.

Um die komplexe Einwirkung der handlungsleitenden Rechtsnormen des Kinder- und Jugendhilferechts in die sozialpädagogische Alltagspraxis zu veranschaulichen, stelle ich die Problematik einer "Jugendhilfe nach Vorschrift" nun anhand eines Beispielsfalles vor. Es ist ein konstruierter Fall, dessen einzelne Elemente aber auf meine fachlichen Praxiserfahrungen zurückgehen. Wichtig ist mir dabei, die sozialpädagogisch möglichen Alternativen des Vorgehens *innerhalb* der Strukturmaximen des Kinder- und Jugendhilferechts und *außerhalb* dieser Regeln gegenüberzustellen.

Der Fall ist angesiedelt im Arbeitsfeld eines Jugendamtes, im dortigen allgemeinen sozialen Dienst (ASD). Die professionell handelnde Person ist eine angestellte SozialpädagogIn beziehungsweise SozialarbeiterIn (SP/SA). Ich beschreibe die fachliche Intervention in folgenden Arbeitsschritten sozialer Arbeit [431], nämlich

* Anamnese (Personalien, Vorgeschichte, psychosozialer Befund),
* Sofortdiagnose/erste Krisenintervention,
* aus der Anamnese abgeleitete fachliche Diagnose,

---

431 Vgl. ähnliche Arbeitsschritte mit Nachweisen im Leitfaden von Arndt/Oberloskamp/Balloff: Gutachtliche Stellungnahmen in der sozialen Arbeit, 1993, S. 65 ff.

* Erarbeitung einer Problemlösung durch:
  - Bewertung von Ressourcen und Defiziten (Prognose),
  - Auswahl naheliegender Problemlösungen,
  - Entwicklung einer einzelfallgerechten Lösung:
    sozialpädagogisch, rechtlich und verfahrensmäßig,
* Daten zur Umsetzung, Überprüfung und ggf. Anpassung der Lösung,
* Merkposten und Perspektiven,
* Evaluation.

5.5.1 Anamnese.

Erstgespräch mit Sandra im allgemeinen sozialen Dienst des Jugendamt durch eine SozialpädagogIn/SozialarbeiterIn (SP/SA):

Sandra kommt nachmittags von einer Frauenärztin auf deren Rat ins Jugendamt. Die Ärztin hat ihr gerade mitgeteilt, daß sie im 4. Monat schwanger ist. Sandra berichtet von sich aus: Ihre Eltern schlagen sie bei jeder Gelegenheit grün und blau - zuletzt gestern. Meist sei der Grund, daß sie angeblich nicht genug für die Schule lerne, manchmal, daß sie nicht rechtzeitig nach Hause komme. Wenn ihre Eltern jetzt erfahren würden, daß sie schwanger ist, würde sie fürchterlich geschlagen. Sie will deshalb nicht mehr nach Hause, weiß aber auch nicht, wohin sonst. Notfalls schlafe sie unter Brücken oder reiße aus ins Ausland, vielleicht nach Holland.

Methodische Überlegung dazu:
Sandras Erscheinen ist als *akuter Notfall* einzustufen. Damit Sandra ihre Problemlage zusammenhängend aus ihrer Perspektive erzählen kann, hört die SP/SA ihr erst einmal *ohne* Unterbrechung zu. Nach der ersten Darstellungsphase geht die SP/SA *beruhigend* und *tröstend* auf sie ein. Dabei baut die SP/SA behutsam ein *Vertrauensverhältnis* auf, etwa mit Worten wie: "Es ist schlimm, was Dir passiert ist. Ich kann Deine Lage gut verstehen. Ich habe Zeit, Dir jetzt erst mal in Ruhe zuzuhören." Die SP/SA bietet Sandra ein Glas Mineralwasser an. Die SP/SA *stabilisiert und unterstützt* Sandra in ihrem Ansatz, auf die Hilfe des Jugendamtes zu setzen: "Gut, daß Du hierher in's Jugendamt gekommen bist. Andere in Deiner Lage verlieren manchmal einfach die Nerven. Du zeigst, daß Du Dich nicht so leicht unterkriegen läßt. Wir werden jetzt *gemeinsam überlegen*, wie Dir geholfen werden kann. Dafür sind wir hier schließlich da. Wir kennen uns auch mit schwierigen Fällen aus. Wir haben damit Erfahrung." Im weiteren Gespräch stellt die SP/SA *gezieltere Nachfragen* über die Personalien, die innerfamilialen Beziehungen und die Vorgeschichte und *notiert* diese Sozialdaten.

Sandra berichtet später auf einzelne Fragen der SP/SA:
Ihr Vater schlage sie mit den Händen und Fäusten am ganzen Körper und schimpfe dabei pausenlos. Von der Mutter werde sie lediglich geohrfeigt. Der Vater sperre sie zudem in ihr Zimmer oder in den Keller ein, einige Male sogar schon über Nacht. Die Mutter wisse davon und dulde das. Sandra zeigt der SA/SP an Rücken und Armen Blutergüsse.

Sandras jüngere Schwester Tina sei immer die "Gute", der "Liebling", das "Glück", der "Sonnenschein". Sie selbst sei immer die "Böse", das "Biest". Auch für Tinas Fehler werde sie verantwortlich gemacht. Ein Beispiel dafür: Wenn Tina schlechte Schulnoten bekommt, dann läge das daran, daß sie ihre Schwester Tina angeblich vom Lernen abgehalten hätte. Die Eltern werfen Sandra offen vor, daß sie damals ihretwegen hätten heiraten müssen und daß sie noch einmal der Grund ihrer Ehescheidung sein werde. Tina dagegen war und ist immer das Wunschkind.

Sandra habe keine andere Person (Oma, Verwandte, Nachbarfamilie, gute Freundin), zu der sie Vertrauen hat und zu der sie in ihrer jetzigen Lage erst einmal hingehen könne.

Ausweichend und unpräzise sind Sandras Antworten auf vorsichtige Fragen nach dem Vater des Kindes und den Hintergründen der Schwangerschaft. Sie hätte damals auf einem irren Fest einen "black-out" gehabt; dann blockieren Weinkrämpfe sie am weiteren Reden.

Die SP/SA notiert die von Sandra erfahrenen Sozialdaten.

1. Personelle Daten:
   Sandra G..., 15 Jahre, Schülerin, 10. Klasse des Gymnasiums, im 4. Monat schwanger; Kindsvater: (noch?) nicht bekannt.
   Tina G..., 12 Jahre, 7. Klasse des Gymnasiums.
   Claudia G... (34), Mutter von Sandra und Tina, Hausfrau, verheiratet mit
   Michael G... (44), Vater, Beruf: Bauingenieur; ehrenamtlicher Pfarrgemeinderat.
2. Wohnverhältnisse:
   Einfamilienhaus; Sandra und Tina haben je ein eigenes Zimmer.
3. Einkommensverhältnisse:
   Michael G.: monatliches Netto-Einkommen ca. DM 6.000,--
   Schulden: Abzahlung des Einfamilienhauses.
   Kindergeld: 2 x DM 200,--
   Sandra trägt Prospekte aus, monatlich DM 165,--.

Die SP/SA entscheidet sich, Sandra momentan nicht weiter zu befragen, denn es ist eine sofortige *Krisenintervention* fällig. Es ist 17.15 Uhr.

5.5.2 Vorbereitung der Krisenintervention:
Rechtliche Reflexion über Handlungspflichten und Verfahrensfragen.

Hier ist eine erste *Entscheidungssituation* gegeben. Fachlich begründbar wären als erste Krisenintervention etwa folgende Konsequenzen:

a) Die SP/SA will die Inobhutnahme nur bei Einverständnis der sorgeberechtigten Eltern durchführen. *Konsequenz*: Falls die Eltern nicht auf der Stelle ihr Einverständnis mit der Inobhutnahme erteilen, erfolgt die sofortige Rückführung Sandras zu den Eltern durch das Jugendamt.

b) Die SP/SA mißtraut Sandras Darstellung, weil sie z.B. Antworten zur Frage des möglichen Kindesvaters verweigert. Sie hält ihre negative Darstellung der Eltern für überzeichnet. SP/SA stuft also Sandras Wunsch um Inobhutnahme als nicht ausreichend dringlich ein. Sie möchte sich am folgenden Tag im persönlichen Gespräche erst einmal die Position ihrer Eltern anhören. *Konsequenz*: Vorläufige Rückführung Sandras zu ihren Eltern bis zur weiteren Klärung.

c) Die SP/SA strebt unter allen Umständen eine einvernehmliche Lösung an und muß deshalb im Interesse Sandras noch an diesem Abend so lange mit den Eltern verhandeln und ihnen äußerstenfalls mit dem Vormundschaftsgericht drohen, bis diese einer vorläufigen Inobhutnahme zustimmen. *Konsequenz*: Die Inobhutnahme wird vom Verhandlungsergebnis mit den Eltern abhängig gemacht.

d) Die SP/SA glaubt Sandra, weil sie bereits ihre Bitte um Inobhutnahme als absolut ausreichendes Notsignal bewertet. Da Sandra bald 16 Jahre alt und zudem bald Mutter sein werde, komme es auf die Position ihrer Eltern ohnehin fast nicht mehr an. *Konsequenz*: Eine endgültige Inobhutnahme bzw. außerfamiliale Plazierung Sandras durch das Jugendamt unabhängig davon, was ihre Eltern dazu sagen werden.

Um nun diesen sozialpädagogisch möglichen Interventionsmöglichkeiten gegenüber den *rechtlichen Rahmen* abzustecken, den das KJHG dem sozialpädagogischen Handeln vorgibt, muß man sich in der Praxis als sozialpädagogische Fachkraft die rechtlichen Möglichkeiten und Grenzen der Inobhutnahme vor Augen führen. In dem Maße, in dem man sich diesen Überblick nicht selbst bzw. im Team erarbeitet hat, macht man sein Vorgehen unkritisch von fachlich-rechtlichen Vorgaben anderer (der Verwaltung, der wirtschaftlichen Jugendhilfe, der Jugendamtsleitung) abhängig - und sich als Fachkraft damit unselbständiger, als es von der beruflichen Hierarchie her nötig wäre. Ich möchte daher zunächst darstellen und reflektieren, welchen Kreis von Regelungen und welchen rechtlich vorstrukturierten Ablauf man sich dazu in einer Kriseninterventionsstelle erarbeitet haben sollte.

Die Rechtsgrundlage für die *Inobhutnahme* von Kindern und Jugendlichen im öffentlichen Jugendhilferecht sind die bereits erörterten Regelungen im § 42 KJHG. Die Aufgabe Inobhutnahme ist früher wie heute ein Teil des *staatlichen Wächteramtes* über die elterliche Erziehung. Diese Aufgabe hat Verfassungsrang. Die staatliche Gemeinschaft - hier das Jugendamt der öffentlichen Kommunalverwaltung - darf bei "Versagen der Eltern" und bei Vorliegen einer "Kindeswohlgefährdung" in das Elternrecht *eingreifen*, aber nur *dosiert*. Hierbei sind auch die *familienrechtlichen* Eingriffsnormen der §§ 1666, 1666a BGB zu beachten. Es kommt immer nur der mildeste von mehreren möglichen Eingriffen in Betracht. Insbesondere bei Trennungseingriffen definiert das Familienrecht, daß solche Eingriffe erst dann "zulässig" sind, wenn zuvor erfolglos versucht wurde, das Familienproblem unter Einsatz *öffentlicher* Hilfen, sprich mit Hilfe des KJHG, zu lösen.

Die in dem Fall zunächst anstehenden Handlungsvoraussetzungen und rechtlichen Möglichkeiten der Inobhutnahme sollen nun schrittweise aus dem § 42 KJHG herausgeholt werden. Dazu erscheint es sinnvoll, an dieser Stelle den vollständigen Wortlaut wiederzugeben:

§ 42 KJHG - Inobhutnahme von Kindern und Jugendlichen

(1) Inobhutnahme eines Kindes oder eines Jugendlichen ist die vorläufige Unterbringung des Kindes oder des Jugendlichen bei
 1. einer geeigneten Person oder
 2. in einer Einrichtung oder
 3. in einer sonstigen betreuten Wohnform.

Während der Inobhutnahme sind der notwendige Unterhalt des Kindes oder Jugendlichen und die Krankenhilfe sicherzustellen. Mit der Inobhutnahme ist dem Kind oder dem Jugendlichen unverzüglich Gelegenheit zu geben, eine Person seines Vertrauens zu benachrichtigen. Während der Inobhutnahme übt das Jugendamt das Recht der Beaufsichtigung, Erziehung und Aufenthaltsbestimmung aus; der mutmaßliche Wille des Personensorgeberechtigten oder des Erziehungsberechtigten ist dabei angemessen zu berücksichtigen. Es hat für das Wohl des Kindes oder des Jugendlichen zu sorgen, das Kind oder den Jugendlichen in seiner gegenwärtigen Lage zu beraten und Möglichkeiten der Hilfe und Unterstützung aufzuzeigen.

(2) Das Jugendamt ist verpflichtet, ein Kind oder einen Jugendlichen in seine Obhut zu nehmen, wenn das Kind oder der Jugendliche um Obhut bittet. Das Jugendamt hat den Personensorge- oder Erziehungsberechtigten unverzüglich von der Inobhutnahme zu unterrichten. Widerspricht der Personensorge- oder Erziehungsberechtigte der Inobhutnahme, so hat das Jugendamt unverzüglich
 1. das Kind oder den Jugendlichen dem Personensorge- oder Erziehungsberechtigten zu übergeben oder
 2. eine Entscheidung des Vormundschaftsgerichts über die erforderlichen Maßnahmen zum Wohl des Kindes oder Jugendlichen herbeizuführen.

Ist der Personensorge- oder Erziehungsberechtigte nicht erreichbar, so gilt Satz 3 Nr. 2 entsprechend.
(3) Das Jugendamt ist verpflichtet, ein Kind oder einen Jugendlichen in seine Obhut zu nehmen, wenn eine dringende Gefahr für das Wohl des Kindes oder Jugendlichen die Inobhutnahme erfordert. ...

Zum einen enthält die Vorschrift also einen kleinen Katalog von gesetzlich akzeptierten Formen der Inobhutnahme, also Formen der pädagogisch betreuten Unterbringung. Welche Form der Unterbringung im vorliegenden Fall in Betracht kommt, hängt einmal von einer pädagogischen Einschätzung ab, aber auch schlicht davon, welche Formen in der Region vorhanden sind. Der zitierte Katalog zeigt, daß das Gesetz von der Formulierung her für Neuentwicklungen und auch für Mischformen durchaus offen ist.

Unter Inobhutnahme versteht das Gesetz nur eine "*vorläufige*" Unterbringung. Es fragt sich, welche Zeitspanne hier unter "vorläufig" zu verstehen ist. Es wurde oben ausgeführt, inwiefern die konkrete Auslegung im Einzelfall letztlich eine sozialpädagogische Fachfrage ist. [432] Je nach Diagnose umfaßt der Ausdruck "vorläufig" einige Stunden, einen Tag oder sogar ein bis zwei Monate. Die im Gesetz beschriebene Unterbringung soll eine vorübergehende Basis schaffen zur Suche oder Entwicklung einer anderweitigen, tragfähigen Perspektive. Man spricht deshalb von auch von einer *Drehscheiben-Funktion* der Inobhutnahme.

Der zitierte § 42 KJHG kennt zwei Typen von Inobhutnahme: Typ 1 ist die Inobhutnahme der sogenannten *Selbstmelder*, siehe oben Absatz 2. SelbstmelderInnen sehen das moderne Jugendamt als Behörde an, die für sie da ist. Es wird als Einrichtung der Nothilfe akzeptiert. Typ 2 ist Inobhutnahme *aufgegriffener Kinder oder Jugendlicher*, geregelt in Absatz 3. In diesem Fällen besteht meist eine für außenstehende Personen, egal ob Verwandte, Nachbarn, Lehrer oder Passanten, wahrnehmbare objektive Gefahr für das körperliche, geistige oder seelische Wohl des betreffenden Kindes oder Jugendlichen, weshalb das Jugendamt eingeschaltet wird. Oft wird auch einfach die Polizei gerufen. Dann werden die Betroffenen durch Beamte der Polizei dem Jugendamt "angeliefert" (Fachjargon). Daß diese Form des Beginns der Krisenintervention bereits pädagogischen Bedenken ausgesetzt ist, habe ich oben ausgeführt. Also ist durch entsprechende organisatorische und personelle Vorkehrungen zu jeder Zeit dafür zu sorgen, daß die Kinder und Jugendlichen in dieser Situation möglichst von sozialpädagogischen Fachkräften *abgeholt* werden können. [433]

---

432 Siehe dazu oben Kapitel 4.2.5. und Kapitel 5.2.1
433 Für die angemessene finanzielle Ausstattung dieser wichtigen Jugendhilfeaufgabe muß im Wege einer bedarfsorientierten *Jugendhilfeplanung* gemäß § 80 KJHG gemäß fachlichen Vorgaben vorgesorgt werden; von Gesetzes wegen darf die Ausgestaltung, wenn sie *fachlich* abgesichert ist, an finanziellen Mitteln *nicht* mehr scheitern.

Sandra ist eine Selbstmelderin im Sinne des zweiten Absatzes. Zugleich besteht bei ihr eine objektive Gefährdung ihres körperlichen und seelischen Wohls im Sinne von Absatz 3, weil bei ihr zunächst anzunehmen ist, daß sie zu Hause geschlagen, eingesperrt und drangsaliert wird. Hinzu kommt drittens ihre besondere körperliche Schutzbedürftigkeit und seelische Schonungsbedürftigkeit wegen ihrer Schwangerschaft.

Mit diesen Feststellungen sind die im Gesetz beschriebenen Voraussetzungen für ein Tätigwerden des Jugendamtes als Obhutsstelle erfüllt. Damit treten im Verhältnis von Jugendamt und Sandra eine Reihe von Verbindlichkeiten in Kraft, die die SP/SA für ihr weiteres Handeln kennen und beachten muß. Es wird sozusagen ernst.

Das Jugendamt hat nun die Aufgabe, Sandra zu betreuen, zu beraten und ihr Hilfe und praktische Unterstützung anzubieten.

Es ist zur Inobhutnahme, also zur vorläufigen Unterbringung Sandras, allein deshalb *verpflichtet*, *weil* sie als Jugendliche darum gebeten hat. Allein die *Bitte* wird von Gesetzes wegen zur *Pflicht* zur Inobhutnahme fürs Jugendamt und zugleich zum *Rechtsanspruch* von Sandra.

Das Jugendamt übt damit auch *kraft Gesetzes* vorübergehend Teile des elterlichen Sorgerechtes aus, die in der oben zitierten Vorschrift genannt sind, nämlich die Aufsicht, Erziehung und Aufenthaltsbestimmung, und zwar *soweit* dies für die Intervention erforderlich ist.

Diese gesetzlich zugeschriebene Sorgeberechtigung des Jugendamtes schließt auch ein zweckgebundenes Datenerhebungsrecht ein, etwa bei der Ärztin, bei Lehrern etc. Das ergibt sich aus einer anderen Bestimmung des KJHG, aus § 62 Abs. 3 Ziff. 2c KJHG.

Weiterhin ist das Jugendamt ab der Inobhutnahme verpflichtet, Sandra unverzüglich Gelegenheit zu geben zur Benachrichtigung einer "Person ihres Vertrauens". Auch hier stellen sich in der Praxis sofort die oben behandelten Definitionsfragen. Was heißt "unverzüglich"? Juristen übersetzen diesen Ausdruck mit der Formulierung "ohne schuldhaftes Zögern". Damit ist rechtlich ein bestimmter Spielraum umschrieben, der fachlich in jedem Einzelfall nach den besonderen Umständen konkret auszufüllen ist. [434] Auch der gesetzliche Ausdruck "Vertrauensperson" ist absichtsvoll weit gefaßt. Darunter können statt der Eltern auch Geschwister, Nachbarn, nichteheliche Väter, Lehrer, Pfarrer verstanden werden. Bestehen im Einzelfall Bedenken gegen die Eignung einer vom Jugendlichen gewählten Vertrauensperson (z.B. ein Zuhälter oder Dealer), sollte dem Betreffenden im Rahmen des sozialpädagogischen Ermessens die Benachrichtigung einer anderen Vertrauensperson ermöglicht werden.

Die Eltern bzw. Sorgeberechtigten sind insbesondere bei Selbstmeldern

---

434 Vgl. oben Kapitel 4.5.1 und 5.2.1.

umgekehrt vom Jugendamt aus "unverzüglich", d.h. wieder "ohne schuldhaftes Zögern", von der Inobhutnahme zu unterrichten. So steht es in § 42 Abs. 2 KJHG. Aber Vorsicht: Mit dem Benachrichtigungsrecht haben die Eltern nicht zugleich und automatisch auch das Recht, ihr Kind auf der Stelle gegen dessen Willen aus dem Jugendamtsbereich abzuholen. Sie können auch nicht seine sofortige "Rückführung" verlangen. Sie können unter Umständen nicht einmal verlangen, daß ihnen sofort der genaue Aufenthaltsort mitgeteilt wird!

Wenn Eltern mit der Inobhutnahme nicht einverstanden sind, sieht § 42 Abs. 2 und 3 KJHG zwei verschiedene Verfahrensweisen vor, die beide erneut unter dem Zeitbegriff "unverzüglich" anstehen. Entweder ist den Eltern das Kind unverzüglich "zu übergeben". *Oder* es besteht die Möglichkeit eine vormundschaftsgerichtliche Entscheidung "herbeizuführen". Solange seitens des Jugendamtes fachliche Bedenken gegen die Rückführung des Kindes oder Jugendlichen zu den sorgeberechtigten Eltern bestehen, muß es das Vormundschaftsgericht einschalten.

Nächste Frage: Müßte diese Einschaltung des Vormundschaftsgerichtes hier noch am gleichen Tag, am späten Nachmittag oder auch noch am Abend, erfolgen? Könnte man der diensttuenden SP/SA ein "schuldhaftes Verzögern" vorwerfen, wenn sie das Gericht an diesem oder auch am folgenden Tag nicht von Sandras Verbleiben beim Jugendamt informiert? Was hier "schuldhaftes Verzögern" bedeutet, ist unter Berücksichtigung der Gesamtumstände, der aktuellen objektiven Gefährdungslage, dem psychischen Zustand der Hilfesuchenden, der Tages- oder Nachtzeit etc. fachlich zu bewerten. Eine wichtige Unterstützung gibt hier die Spezialregelung des § 8 Abs. 3 KJHG. Nach dieser Regelung hat die geschützte *Notberatung Vorrang* vor dem Rückkehrwunsch der Eltern, wenn durch übereilte Rückführung eine fachlich nötige Krisenintervention "vereitelt" würde, wie es der Gesetzestext formuliert! Die gesetzlich geschützte Erstberatung und Unterstützung aber kann je nach Lage des Einzelfalles einmal eine gewisse Zeitdauer benötigen, nämlich einige Stunden, eventuell auch einige Tage, also über Nacht oder übers Wochenende.

Nach diesen aus dem Gesetzeswortlaut des § 42 KJHG rekonstruierbaren Vorgaben stehen also bei Sandra folgende konkreten Schritte an:
- Sandra hat als Selbstmelderin und wegen ihrer objektiven Gefährdungslage ein *Recht* auf vorläufige Inobhutnahme und das Jugendamt die *Pflicht*, ihr bis zur weiteren Klärung, d.h. zumindest für die erste Nacht, einen geeigneten betreuten Platz in einer Notaufnahmestelle anzubieten. Das ist hier die situationsgerechte Auslegung von "unverzüglich" im Sinne der Vorschriften des § 42 Abs. 2 Satz 2 KJHG *und* des § 8 Abs. 3 KJHG.
- Sandra ist es zu ermöglichen, (telefonisch, notfalls per Boten) eine *Vertrauensperson* zu benachrichtigen.
- Es ist um 17.15 Uhr noch möglich, die Eltern telefonisch zu benachrichtigen,

daß Sandra beim Jugendamt um Obhut gebeten hat.

- Die *Eltern* sind zunächst nur über das Faktum zu informieren, daß Sandra beim Jugendamt um Obhut gebeten hat und sich subjektiv in einer verzweifelten Lage sieht, nicht aber über die Schwangerschaft oder die elterliche Gewaltanwendung.

- Den Eltern ist dabei nahezulegen, daß sie diese Inobhutnahme zunächst über Nacht im Rahmen ihrer Elternverantwortung hinnehmen sollten, bis die Lage "unverzüglich" in gemeinsamen Gesprächen weiter geklärt werden kann. Dazu ist ihnen ein konkreter Gesprächstermin - am folgenden Werktag - im Jugendamt anzubieten.

- Falls die Eltern der Inobhutnahme über diese eine Nacht weiterhin widersprechen, hat das Jugendamt gleichwohl das Recht und die Pflicht, Sandra über Nacht aufzunehmen. Erforderlichenfalls muß es dann am Folgetag das Vormundschaftsgericht einschalten. Auch dies ist den Eltern mitzuteilen, und zwar mit der Klarstellung, daß man sich damit im Rahmen des gesetzlichen Auftrages und einer gesetzlichen Absicherung bewegt und daß die Kooperation des Jugendamtes mit den Eltern keineswegs aufgekündigt ist.

Wegen der rechtlichen Bedeutung der Intervention ist hier auch die *Beweislage* vorzuklären. Hierbei zählt im Falle Sandras eine Reihe von Tatsachen, die man erforderlichenfalls der RichterIn vortragen und belegen müßte:

* Das *Faktum*, daß Sandra selbst um Inobhutnahme bat, ist für die Inob hutnahmepflicht bereits ausreichend.
* Eine schriftliche *Schwangerschaftsbestätigung* der Frauenärztin vom gleichen Tag liegt ebenfalls vor.
* Sandra trägt *sichtbare Hämatome*.
* Sandra hat verbal *Autoaggressionen angedroht* (Bereitschaft zum "Reißaus-nehmen", "unter Brücken schlafen").
* Sie macht auf die SP/SA aktuell einen völlig überforderten und verzwei elten *persönlichen Eindruck*.

Zwischenergebnis dieser Einbeziehung von Rechtsnormen in den Ablauf der sozialpädagogischen Krisenintervention ist die Aufschlüsselung, wie weitgehend und bis ins Detail die oben aufgeführten, sozialpädagogisch allesamt vertretbaren Interventionsmöglichkeiten eine rechtlich-normative Strukturierung erfahren. Einige auf den ersten Blick sozialpädagogisch mögliche Vorgehensweisen erscheinen jetzt sogar als mehr oder weniger gesetzeswidrig. Das betrifft namentlich diejenigen Vorgehensweisen, die die Wahrung des Kindeswohles in der akuten Notlage allein von dem Elternwillen abhängig machen. Das waren die oben genannten Varianten a) und b). Aber auch die zähe und nervenaufreibende

Verhandlungsvariante c) ist nach den Standards des KJHG nicht nötig. Variante d) dagegen nimmt eine konfrontative und endgültige Stellung zu den Eltern ein. Diese Konfrontation ist aber mit dem gesetzlichen Kooperationsgebot mit den Eltern unvereinbar, zumal hier noch überhaupt nicht geklärt wurde, wie die Krise von Sandra bewältigt werden könnte und sollte. Das Jugendamt ist und bleibt daher verpflichtet, die Eltern gerade in einer Krisenintervention möglichst weitgehenden und konstruktiv einzubeziehen, um ihre Mitwirkung bei der Problemlösung nicht leichtfertig zu verspielen.

5.5.3 Einleitung der Krisenintervention.

Bereits in der Einleitung der Krisenintervention zugunsten von Sandra hat die SP/SA den gesetzlich vorgeschriebenen Balanceakt zwischen Wächteramt und Elternrecht zu meistern. Sie muß dazu die notwendige Bestimmtheit im Handeln, aber auch die erforderliche Offenheit für eine konstruktive weitere Intervention wahren. Zugleich wird sie auf die erforderliche Informiertheit, Akzeptanz und Subjektrolle der am Interventionsprozeß Beteiligten achten. Diese teilweise widersprüchlichen Anforderungen aus dem Gesetz und dem methodischen Handlungsarsenal sind im professionellen Handeln zielorientiert umzusetzen.

Die Intervention beginnt damit, daß die SP/SA ihre Überlegungen *mit Sandra erörtert*. Sie stellt ihr die möglichen Hilfsangebote einer Notaufnahme vor und bespricht mit ihr konkret die Übernachtungsfrage, aber auch die gesetzliche Pflicht, die Eltern zu benachrichtigen. Dabei achtet die SP/SA auf Sandras Erwartungen und Hoffnungen, auf ihr Mißtrauen und ihre Ängste und geht behutsam darauf ein. Sie weiß, daß eine Lösung ohne die Einsicht und das Einverständnis Sandras keine Lösung ist. Also gehört es auch zu ihre Aufgabe, mit Sandra dieses Einverständnis zu erarbeiten. Schließlich steht der Vorschlag: Sandra bleibt in jedem Falle über Nacht in der Obhut des Jugendamtes. Ihre Eltern werden telefonisch davon informiert, daß Sandra heute in der sicheren Obhut des Jugendamtes ist, erfahren aber Sandras konkreten Aufenthaltsort nicht. Die SP/SA wird im Telefongespräch versuchen, das Einverständnis der Eltern mit der vorläufigen Unterbringung zu erhalten und für den folgenden Nachmittag ein Gespräch mit den Eltern im Jugendamt vorzuschlagen, an dem beide Elternteile und die SP/SA teilnehmen. Sandra kann sich bis morgen überlegen, ob sie auch daran teilnehmen will.

Als erstes erfolgt ein Anruf in der *Jugendschutzstelle*, ob ein Übernachtungsplatz für Sandra frei ist. Die Jugendschutzstelle des Jugendamtes ist eine von einer SP betreute Wohnung mit sechs Einzelzimmern, einer großen Wohnküche mit TV, ein Bad, 2 WC in einem Altbau in der Innenstadt mit neuer, einfacher, netter Inneneinrichtung. In dieser Wohnung sind aktuell vier weibliche Jugendliche und junge Volljährige im Alter 16, 17, 17, 19 untergebracht. Für Sandra ist ein Einzelzimmer frei.

Dann erfolgt das *Telefonat mit Sandras Eltern*. Der Vater ist am Apparat. Die SP/SA teilt dem Vater die verabredeten Informationen mit. Der Vater erwidert: "Nichts wie Ärger mit diesem Biest! Ich muß sie wohl etwas härter herannehmen!" Er droht mit einer Beschwerde bei der Amtsleitung, dann mit der Einschaltung eines Anwaltes. Nach energischen Hinweisen der SP/SA auf die verzweifelte Lage von Sandra und auf seine elterliche Verantwortung für seine Tochter gerade in solch einer Notlage läßt er sich umstimmen und sagt sein Erscheinen für den nächsten Tag um 16.00 Uhr mit Ehefrau zu.

Die SP/SA *begleitet* Sandra gegen 19.00 Uhr zur betreuten Wohnung, zeigt ihr dort die Räume, stellt ihr die Bewohnerinnen vor und bleibt noch eine Stunde mit ihr dort. Sie bespricht mit ihr und der dortigen SP zusammen nochmals die Lage. Bevor sie geht, befragt SP/SA Sandra ausdrücklich, ob es ihr hier gefällt und ob sie einverstanden ist, hier zu bleiben. Sandra sagt schließlich offensichtlich ehrlich, daß es ihr hier gefällt und daß sie sich erst einmal erleichtert fühlt.

Die SP/SA kehrt ins Büro zurück und fertigt ergänzende *Aktennotizen* aus den Gesprächen an. Sie reflektiert nochmals den bisherigen Ablauf und fertig über offene Schritte und Fragen ein *Memo* an. - Dienstschluß nach Krisenintervention: 21.00 Uhr.

Das *Zweitgespräch* mit Sandra erfolgt noch vor dem ersten Elterngespräch. Nach Fragen zum Befinden stellt die SP/SA ihr zur Vergewisserung Nachfragen zum gestrigen Erstgespräch. Dabei bestätigt sich, daß Sandra ihr Kind zur Welt bringen und es selbst erziehen will. Zugleich will Sandra die Schule mit dem Abitur abschließen. Fragen nach dem Erzeuger des Kindes blockt Sandra ab. Nach Hause will sie auf keinen Fall. Sie hat Angst vor Schlägen und vor Einsperrung durch ihren Vater. Am Gespräch mit ihren Eltern will Sandra teilnehmen. Sie will ihnen selbst sagen, daß sie nicht mehr zu Hause wohnen will. Danach erarbeitet die SP/SA mit Sandra das Gesprächsziel mit den Eltern: Es geht darum, ihnen die Schwangerschaft mitzuteilen. Erst danach wird das heikle Thema der körperlichen Mißhandlung Sandras angesprochen. Zum Schluß dann die Frage: Wie sehen die Eltern sich, Sandra, ihre Zukunft mit Kind und die Lage ihrer ganzen Familie nach alledem?

Methodische Überlegung zum Elterngespräch:
Möglicherweise wird das Gespräch emotional gespannt oder unter Affektausbrüchen ablaufen. Wut oder Empörung der Eltern sind kontrolliert zuzulassen, aber letztlich nur so weit, daß es noch zu einer sachlich-fragenden Konfrontation mit den Behauptungen Sandras bezüglich der elterlicher Gewalt kommen kann. Die Eltern sollen dazu Stellung nehmen können. Es geht auch hier um eine möglichst *unvoreingenommene* Anhörung der

Eltern. Der Eindruck einer *moralischen* Abrechnung ist deshalb in der Gesprächsführung tunlichst zu vermeiden. Gerade in diesem Gespräch muß sich zeigen, ob die Fachkraft im Interesse einer *fachlichen Parteilichkeit* praktisch zu dem geforderten schwierigen *Balanceakt* in der Lage ist: Klientin ist hier in der Krisenintervention rechtlich und faktisch vorrangig Sandra. Andererseits soll und muß mit den Eltern im Interesse von Sandra und auch im Interesse ihrer jüngeren Schwester Tina noch gearbeitet werden (können). Diese Perspektive muß bei der Erarbeitung einer allseits tragfähigen Lösung ständig präsent bleiben. Jede Frontenbildung, die diese Optionen verbaut, ist daher zu vermeiden oder eventuell wieder abzubauen.

Beide Eltern:
Beide streiten ab, Sandra geschlagen zu haben. Die auffälligen blauen Flecke seien "unerklärlich". Sandra gehe es nur darum, die Eltern ins Zwielicht zu bringen. Beide Eltern bestehen darauf, ihre Tochter mit nach Hause zu nehmen.
Der Vater:
Sandra sei ein aggressives Kind. "Wer nicht hören will, muß fühlen". Sandra lerne nur mit "Nachdruck". Daß sie gut ist in der Schule, verdanke sie allein seinem "kompromißlosen Erziehungsstil". Sandra sei trotzdem undankbar und böse. In ihrer aufsässigen Art mit frechen Widerworten und abendlichem Herumstreunen sei sie auch eine Schande für ihn als Pfarrgemeinderat. Er räumt ein, daß Sandra der damalige Heiratsgrund war, was aber heute nichts mehr besage. Jedes Kind sei auch ein Geschenk Gottes.
Die Mutter:
Sie behauptet, von Schlägen oder Einsperren zu Hause nie etwas bemerkt zu haben. Ihren aufbrausenden Mann beschwichtigt sie im Gespräch mehrfach. Andererseits bestätigt sie, daß Sandra auch für sie die "Sünde in Person" sei und deshalb jetzt schwanger geworden wäre. Sandra sei einfach das Gegenteil von ihrer zweiten Tochter Tina, die "gottseidank immer lieb" sei.
Sandra:
Sie ist zwar eingeschüchtert, sagt aber, was sie sagen wollte: Daß sie nicht mehr nach Hause will, daß sie das Kind austragen, selbst behalten und großziehen möchte und gleichzeitig die Schule mit Abitur abschließen möchte.
Zusammenfassende Erörterung:
Die Eltern bestehen zunächst weiterhin darauf, daß Sandra nach Hause zurückkehrt. Nachdem die SP/SA den Eltern die Gefahren für Sandras Entwicklung aufgezeigt hat und nach energischen Appellen der SP/SA an ihre Elternverantwortung und schließlich unter Hinweis darauf, daß Sandra sich angesichts ihrer fortgeschrittenen Schwangerschaft unter allen Umständen erst einmal in einem abgeschirmten Rahmen beruhigen muß, erklärt sich zunächst die Mutter und dann auch der Vater mit einem vorläufigen weiteren Verbleiben Sandras in der Obhutsstelle des Jugendamtes einverstanden. Dies wird auf Veranlassung der SP/SA schriftlich festgehalten. Neben praktischen Fragen der Überbringung von

persönlichen Sachen wie Kleidern, Walkman, Kassetten etc. wird mit den Eltern für kommende Woche ein weiteres Gespräch im Jugendamt vereinbart.
Die SP/SA fertigt ein Aktennotiz über Gesprächsverlauf und -ergebnis an.
Nach dem Elterngespräch hält die SP/SA ein weiteres *Gespräch mit Sandras Klassenlehrerin* für wichtig, und zwar aus zwei Gründen. Es geht um die Sicherstellung, daß Sandra den Unterricht während ihrer Schwangerschaft weiterhin besuchen kann. Außerdem erhofft sich die SP/SA von einer familienunabhängigen Person nähere Informationen über das Verhalten und die Kontakte von Sandra. Nach anfänglichem Sträuben ist Sandra mit dem Gespräch einverstanden. Gesprächsergebnis: Sandra kann den Unterricht auch schwanger besuchen. Sie ist eine interessierte Schülerin mit guten und durchschnittlichen Leistungen. Im letzten Schuljahr zeigten sich gelegentliche Ausfälle bei den Hausaufgaben, unkonzentriertes Verhalten und Leistungsabfälle in den Hauptfächern. Sie sei früher aufgeweckter gewesen und stiller geworden. Nach dem bisherigen Leistungsstand könne sie das Abitur wohl schaffen. Auf die Frage nach einer besonderen Klassenfreundin oder Clique Sandras hat die Klassenlehrerin keine Antwort.

Rechtliche Erwägung dazu:
Es besteht kein Datenschutzproblem, weil das Jugendamt aus § 42 KJHG ein beschränktes *Erziehungsrecht* hat und auch eine *Datenerhebungsbefugnis ohne* Einwilligung der sorgeberechtigten Eltern (oder Sandras) bei der Lehrerin, siehe § 62 III Ziff. 2c KJHG.

5.5.4 Fachliche Diagnosen.

Zur Vorbereitung des Zweitgesprächs mit den Eltern, in dem auch erste Lösungsschritte erarbeitet werden sollen, bereitet die SP/SA aus ihren Unterlagen, den bisherigen Befunden und Eindrücken eine erste fachliche Diagnose vor.
Sicherlich liegt hier ein Fall von *Gewaltanwendung* beider Eltern gegenüber ihrer ältesten Tochter Sandra vor. Damit schädigen die Eltern Sandras psychische und physische Entwicklung. Sandras "Kindeswohl" ist damit verletzt, aber auch ihre weitere *Persönlichkeitsentwicklung* ist dadurch *akut gefährdet*, zumal unter den Bedingungen ihrer Teenie-Schwangerschaft. Insofern ist auch das werdende Leben nicht ungefährdet. Noch näher aufzuklären ist, inwieweit Sandra darüber hinausgehende *Entwicklungsdefizite* aufweist. Nachzugehen wäre dazu ihrer möglicherweise bestehenden Beziehungslosigkeit zu außerfamilialen Kontaktpersonen, insbesondere zu Gleichaltrigen. Es fehlen bisher Anhaltspunkte dafür, daß Sandra eine Freundin, einen Freund, einen Freundeskreis oder eine Clique hätte. Damit kontrastiert einmal die Behauptung ihrer Eltern, sie "streune" herum und komme zu spät nach Hause, aber auch die von Sandra selbst behauptete Blackout-Situation auf einer "irren Fete", in deren Zusammenhang das Kind gezeugt

worden sein soll. Positiv festzuhalten ist bei ihr, daß sie bisher die hohen schulischen Anforderungen des Gymnasiums offenbar bewältigt hat. Auffällig ist ihre Entschlossenheit, von Heute auf Morgen ihr Abitur, die Führung eines eigenen Haushalts und das Aufziehen ihres Kindes ganz alleine bewältigen zu wollen. Dieser Verselbständigungswille läßt sich einerseits als *Selbsthilfepotential* einschätzen, das Sandra aber im Hinblick auf ihr Alter, ihren Entwicklungsstand und die auf sie zukommenden Belastungen als junge Mutter offenkundig überschätzt. Sie wäre mit diesen Vorhaben alleine völlig überlastet. Dadurch würde sie ihre *Perspektive* des Schulabschlusses und einer qualifizierten Berufsausbildung praktisch wieder infrage stellen.

Die familiale Situation ist vermutlich nicht nur durch einen Eltern-Kind-Konflikt mit Sandra gekennzeichnet, sondern durch einen familiensystemischen Konflikt, hinter dem sich wiederum ein unaufgearbeiteter *Paarkonflikt der Eltern* selbst verbergen könnte. Das näher aufzuklären, wäre aber einer fachlichen Paartherapie vorbehalten und nicht Aufgabe einer sozialpädagogischen Diagnose des Jugendamtes. Jedenfalls erscheinen die familialen Interaktionen mit einem festgefahrenen Konfliktmuster beladen zu sein: Sandra ist für beide Eltern das "schwarze" Schaf mit Sündenbockfunktion, Tina ist spiegelbildlich dazu das "weiße" Schaf. Beides sind vermutlich überzeichnende Auf- und Abwertungen ihrer Töchter. Der Vater wiederum rechtfertigt seine Schläge anscheinend mit Sandras störrischer Natur und dann paradoxerweise mit ihren Schulerfolgen: In seinen Augen sind die verabreichten Prügel erfolgreiche Erziehungsmittel und keine negativen Gewaltakte. Insofern praktizieren hier beide Eltern einen aus fachlicher Perspektive fragwürdigen Erziehungsstil gegenüber Sandra. Andererseits teilen sie aber auch für Sandra das Erziehungsziel einer guten Schulbildung.

Die für Sandra *grundsätzlich in Betracht zu ziehenden Hilfen* sind aus diesen diagnostischen Überlegungen:

1) Primär sofortiger Schutz vor Gewalt und Unterstützung bei der aktuellen Krisenbewältigung. Dies ist nach Lage der Dinge *nur außerhalb* des Elternhauses zu verantworten, also im Rahmen einer geeigneten externen Unterbringung.
2) Begleitung und Unterstützung Sandras bei ihrer Schwangerschaft.
3) Längerfristig eine Unterstützung bei einer altersgemäßen Lebensbewältigung unter den Umständen ihrer Schwangerschaft und im Leben mit ihrem Kleinkind in einem geeigneten sozialen Umfeld.

Unter diesen Voraussetzungen stellt sich für die Lösungsfindung die entscheidende Frage, ob die mit Ziffer 2) und 3) umrissenen Hilfen für Sandra sich nach der ersten Krisenintervention mittelfristig *familienintern* anbieten und fachlich verantworten lassen oder ob dazu eine Form der *Fremdplazierung* erforderlich und notwendig erscheint und wie hier die anstehende Krisenintervention und die anschließend nötige Entwicklung einer tragfähigen Perspektive verknüpft sollten.

5.5.5 Lösungsfindung.

Die Fallbearbeitung befindet sich noch immer im Stadium der Krisenintervention. Da aber in der Krisenintervention so oder so bereits Weichen für eine spätere mittel- oder langfristige Entwicklungsperspektive gestellt werden, muß man diese weiterführenden Überlegungen bewußt in die Ausgestaltung der Krisenintervention einbeziehen. Nur dann erhält die Krisenintervention auch den Charakter einer produktiven Drehscheibe für die Überwindung der Krise und den Anschub einer günstigeren Entwicklung, während sie sonst nur eine schützende Verwahrung mit ungewissem Ausgang wäre.

In der innerhalb der nächsten Wochen anstehenden Entscheidungssituation gibt es hinsichtlich der Methode der Entscheidungsfindung und hinsichtlich der fachlichen Entscheidungsalternativen verschiedene sozialpädagogisch vertretbare Möglichkeiten, die folgendermaßen aussehen könnten:

Sozialpädagogische Alternativen zur *Methode* der Entscheidungsfindung:

a) Die sachbearbeitende SP/SA entwickelt alleine eine Lösung.
b) Die sachbearbeitende SP/SA legt ihre Lösung zur Absicherung der Amtsleitung vor.
c) Die sachbearbeitende SP/SA schaltet zur Lösungsfindung von sich aus eine KollegIn aus dem ASD ein.
d) Die Lösung soll auf einer Teamsitzung im ASD gefunden werden, an der obligatorisch alle SP/SA, eine Sachbearbeiterin wirtschaftliche Jugendhilfe, die AmtsleiterIn und eine PsychologIn teilnehmen.
e) Der von der SP/SA vorzubereitende Fall soll auf einer Erziehungskonferenz mit verschiedenen Fachkräften vorgestellt und diskutiert werden, die einmal wöchentlich im Jugendamt stattfindet; es werden dort nicht alle, sondern nur besonders schwierige oder besonders interessante Fälle vorgestellt.
f) Die sachbearbeitende SP/SA bespricht im Team mit mehreren Fachkräften eine Lösung vor, die dann im kleineren Kreis von drei Fachkräften mit den Eltern und Sandra in mehreren Sitzungen besprochen, gemeinsam verhandelt und schrittweise umsetzt wird.

Sozialpädagogische *Entscheidungsalternativen*:

Geht man fachlich davon aus, daß Sandras Eltern mit ihrem bisherigen Verhalten ihre Erziehungsverantwortung mißbraucht und sich damit als verantwortlich handelnde Eltern disqualifiziert haben, wird man grundsätzlich für eine Fremdplazierung votieren, wobei dann nur noch zwischen verschiedenen Möglichkeiten einer Fremdplazierung auszuwählen ist:

- aa) Fremdplazierung von Sandra in einer Pflegefamilie,
- bb) Fremdplazierung in einer fachlich betreuten Wohngemeinschaft für junge Mütter,
- cc) Fremdplazierung in einem Mutter-Kind-Heim,
- dd) Selbständiges Wohnen mit Kind unter Begleitung einer sozialpädagogischen Einzelbetreuerin.

Geht man demgegenüber von der fachlichen Annahme aus, daß die Eltern und speziell der Vater zwar einen harten, aber immer noch rechtlich möglichen Erziehungsstil praktizieren, aber infolge der von den Eltern letztlich akzeptierten Intervention des Jugendamtes weitere gewalttägige Übergriffe und ein Einsperren der schwangeren Sandra spätestens nach weiterer Elternarbeit nicht mehr ernsthaft zu befürchten sind, wird man perspektivisch für einen Verbleib Sandras bei ihren Eltern votieren, was dann bedeuten könnte:

- ee) Baldmögliche Rückführung Sandras zu ihren Eltern,
- ff) Rückführung Sandras zu ihren Eltern, aber zur Absicherung unter der Androhung des Entzugs von Teilen der elterlichen Sorge, wenn sich die Mißhandlungen wiederholen sollten,
- gg) Rückführung Sandras und zugleich Erstattung einer Strafanzeige gegen die Eltern wegen des Verdachts einer Kindesmißhandlung.

Um auch diese sozialpädagogischen Interventionsmöglichkeiten ins Verhältnis zu den normativen Handlungsmustern des KJHG zu setzen, sollen zunächst wieder die gesetzlichen Voraussetzungen dargestellt werden. Sämtliche "Hilfen zur Erziehung" für Sandra hängen nämlich davon ab, daß man in diesem Falle die gesetzlichen Erfordernisse der Generalklausel des § 27 Abs. 1 KJHG bejahen kann. Diese müssen daher zunächst aus dem Gesetzeswortlaut herausgefiltert werden. Also beginnt auch hier die Umsetzung des gesetzlichen Programms mit einem unvermeidlichen Blick auf den Gesetzeswortlaut:

> § 27 *(Hilfe zur Erziehung)*
>
> (1) Ein Personensorgeberechtigter hat bei der Erziehung eines Kindes oder eines Jugendlichen Anspruch auf Hilfe (Hilfe zur Erziehung), wenn eine dem Wohl des Kindes oder des Jugendlichen entsprechende Erziehung nicht gewährleistet ist und die Hilfe für seine Entwicklung geeignet und notwendig ist.
>
> (2) Hilfe zur Erziehung wird insbesondere nach Maßgabe der §§ 28 bis 35 gewährt; Art und Umfang der Hilfe richten sich nach dem erzieherischen Bedarf im Einzelfall; dabei soll das engere soziale Umfeld des Kindes oder Jugendlichen einbezogen werden.

(3) Hilfe zur Erziehung umfaßt insbesondere die Gewährung pädagogischer und damit verbundener therapeuthischer Leistungen. ...

Die Regelung beginnt damit, daß *nicht Sandra* hier etwas für sich verlangen kann, sondern ihre *Eltern* für ihr Kind Sandra. Das ist oben als *elternzentrierter* Interventionsansatz des KJHG charakterisiert worden [435] und taucht nun in der Praxis so auf, daß Sandra sich beschwert, daß schon wieder alles auf ihre Eltern bezogen ist und nicht auf sie. Hier zeigt sich auch rechtlich ein markanter Unterschied zum bisher erörterten Recht der Krisenintervention: *Dort* korrespondiert ein *eigenes Recht* Sandras auf Aufnahme mit der staatlichen Schutzpflicht (Wächteramt), das bei den hier zu bedenkenden *freiwilligen* Leistungen *nicht* existiert. Rein pragmatisch könnte man dazu sagen, daß Sandra das Fehlen eines eigenen Rechtes auf "Hilfe zur Erziehung" gleichgültig sein könnte, wenn ihr die Leistungen im Ergebnis so zu gute kommen, als sei sie die Hauptperson.

Theoretisch und praktisch schwieriger zu bewältigen ist die weitere Anforderung des Gesetzeswortlautes in § 27 Absatz 1, daß die vom Gesetz hauptsächlich in den folgenden Paragraphen bereitgehaltene "Hilfen zur Erziehung" nicht sozusagen auf Bestellung gewährt werden, sondern nur dann, wenn vorher fachlich festgestellt worden ist, daß im konkreten Fall eine *kindeswohlgemäße Erziehung nicht gewährleistet* ist. Die Schwierigkeit besteht darin, daß es in der Lehre oder in der Praxis niemanden gibt, der sagen könnte, welches die "richtige" Erziehung ist. Unsere Gesellschaft ist bis hart an die Grenzen des bei Strafe Verbotenen oder der "entwürdigenden Erziehungs(!)maßnahmen" (§ 1631 BGB) durch plurale Erziehungsstile gekennzeichnet. Ungünstige Erziehungsstile sind nicht verboten, sondern von den Kindern zu erdulden. Also kann man hier nur eine erhebliche *negative Abweichung* der konkreten Entwicklung von einem angenommenen Standard der *normalen* Entwicklung diagnostizieren. Nur dann sind die Hilfen zur Erziehung des KJHG überhaupt eröffnet. Also geht es im Einzelfall um die Suche nach den Grenzen noch erträglicher "normaler" Erziehung, die im betreffenden Fall *unter*schritten sein müssen. Hieran läßt sich ermessen, wie sehr die Gewährung der Hilfen zur Erziehung in der Praxis von den "anspruchsbegründenden Fachberichten" abhängen ...

Bei Sandra kann jedenfalls im Hinblick auf ihre Enwicklungsperspektive - im Unterschied zur Krisenintervention! - die Argumentation nicht darauf zugespitzt werden, daß sie das Leben im Hause ihrer Eltern nicht mehr erträgt; ihr *Wille* zählt also nicht. Vielmehr muß die objektivierbare *Erziehungssituation* beziehungsweise das elterliche Erziehungsverhalten - schuldhaft oder nicht - bestimmte Grenzen überschritten haben, so daß daraus unvermeidlich negative Einflüsse auf die weitere Entwicklung von Sandra ausgehen.

---

435   Siehe dazu oben Kapitel 4.2.1 und 4.2.2.

So herum zählt dann die massive physische und psychische Gewaltausübung des Vaters, für die dem Jugendamt Beweise vorliegen: Hämatome, Arztattest, persönlicher Eindruck der Fachkraft. Ebenso zählt das Einsperren im Keller über Nacht unter Duldung der Mutter, das Sandra glaubhaft berichtet hat. Beides stellt für Sandra zugleich eine erhebliche Schwangerschaftsgefährdung dar. Es besteht demnach kein Zweifel, daß Sandras Eltern einen Anspruch auf eine "Hilfe zur Erziehung" haben.

Damit ist aber eine entscheidende Frage noch nicht beantwortet: Auf *welche* Hilfe erstreckt sich denn dieser Anspruch konkret? Auf die *fachlich "geeignete"* und *"notwendige" Hilfe* für ihre Persönlichkeitsentwicklung, lautet die Antwort des Gesetzes. Beide genannten Schlüsselworte sind wieder "unbestimmte Rechtsbegriffe", deren Ausfüllung Aufgabe einer fachlichen, sozialpädagogischen Bewertung ist. Von ihrer Ausfüllung hängt es ab, welcher Rechtsanspruch auf "Hilfe zur Erziehung" im Ergebnis entsteht. Das ist ein weiterer Grund, weshalb Johannes MÜNDER die sozialpädgogischen Berichte zu derartigen Fragen als "anspruchsbegründende Berichte" bezeichnet, von denen letztlich ein guter Teil der *Rechtsqualität des KJHG abhängt*.[436] Hieran knüpft ein praktischer Hinweis zur Erstellung von Berichten an: Je präziser das *Defizitprofil* der "nicht gewährleisteten Erziehung" beschrieben wird, desto unanfechtbarer ist die daraus hergeleitete "geeignete und notwendige" Hilfe, weil sie in den Profillinien "paßgenau" übereinstimmen.

Das für die Bestimmung der Hilfeart vorgesehene *Entscheidungsverfahren* wiederum ist in den §§ 36, 37 KJHG für voraussichtlich längerfristig zu gewährende "Hilfen zur Erziehung" und für Fremdplazierung zwingend vorgeschrieben.

Danach ist die Entscheidung über die angezeigte Hilfeart "im Zusammenwirken mehrerer Fachkräfte" zu treffen, siehe § 36 Abs. 2 Satz 1 KJHG. Als Grundlage der Ausgestaltung der Hilfe sollen sie - also die Fachkräfte im Team - "mit den Personensorgeberechtigten und dem Kind oder Jugendlichen zusammen einen Hilfeplan aufstellen", § 36 Abs. 2 Satz 2 KJHG. Die Personensorgeberechtigten und das Kind oder der Jugendliche haben einen diesbezüglichen Beratungsanspruch. Wenn die Hilfen außerhalb der Familie angeboten werden, haben sie auch ein Recht auf Beteiligung an der Auswahl von verschiedenen Einrichtungen und innerhalb gewisser Kostengrenzen auch ein Wahl- und Wunschrecht (§ 36 Abs. 1 KJHG). Bei der Fremdplazierung greift schließlich das Gebot ein, mit der Herkunfts- und mit der Pflegefamilie so zu arbeiten und Kontakte herzustellen, daß die Rückkehrchancen der Kinder zu den Eltern möglichst gewahrt bleiben, § 37 KJHG.

In diesem Kernbereich von Jugendhilfeleistungen ist es also seit Inkrafttreten

---

436 Vgl. Münder 1990b, S. 488 ff; FLPK § 27 Rdn. 1 ff.

des KJHG nicht mehr beliebige fachliche Ansichtssache, ob man Teamarbeit (oben Varianten c), d), e) und f)) oder Einzelkämpfertum (oben Varianten a) und b)) für die bessere Herangehensweise hält. Ebensowenig ist es dem fachlichen Ansatz freigestellt, ob man lieber stellvertretend oder "besserwissend" für die Betroffenen Lösungen ausarbeitet (Varianten a), b), c) d), e)) statt auf der Basis von Akzeptanz und Partizipation mit ihnen zusammenzuarbeiten und ihnen damit die Chance einer Subjektrolle im Hilfeprozeß zukommen zu lassen (Variante f)). Daraus ergibt sich, daß einzig die Variante f) die gesetzlichen Erfordernisse an eine Entscheidungsfindung erfüllt. Nur die Variante f) kann somit als sozialpädagogisch-fachliches Handeln *innerhalb* des gesetzlichen Rahmens eingestuft werden.

Die *Auswahl der Hilfeart* unterliegt den durch das KJHG gesetzlich vorgegebenen *Werthaltungen und Arbeitsrichtungen*. Danach spielen die Positionen der Betroffenen zwar eine wichtige Rolle. Sie ersetzen aber die fachliche Umsetzung der gesetzlichen Vorgaben in sozialpädagogisches Handeln nicht. Sandra will weg von ihren Eltern. Die Eltern wollen, daß sie nach Hause zurückkommt. Hieran zeigt sich in der Praxis, was der Primat des Elternrechts bedeutet. Nicht, daß Sandras Auffassung nichts zählt, aber ohne den breit angelegten und intensiven Versuch, ihre Eltern wieder in eine mißbrauchsfreie, positive Wahrnehmung ihrer Erziehungsverantwortung einzubinden, wird eine Fremdplazierung vor den Maßstäben des KJHG rechtlich kaum Bestand haben. Es muß also vorrangig durch eine Kombination von Elternarbeit einerseits und durch ausreichende externe Unterstützung und Hilfe für Sandra gerade in der Situation ihrer Schwangerschaft andererseits der ernsthafte Versuch einer Korrektur des elterlichen Erziehungsverhaltens unternommen werden. Wie lange dazu ein vorübergehendes Verweilen Sandras in der Obhutstelle erforderlich ist, hängt letztlich vom Erfolg der gesetzlich gebotenen Elternarbeit ab.

Ein wichtiges *Kriterium* dafür, ab wann man ein verbessertes Elternverhalten annehmen kann, ergibt sich aus der besonderen Schutzbedürftigkeit Sandras infolge ihrer *Schwangerschaft*. Eine Rückführung kommt danach nicht in Betracht, solange noch Anhaltspunkte erkennbar sind, daß die Eltern Sandra wieder unter Druck setzen und schlecht behandeln könnten. Eine Rückführung kommt aber auch nicht in Betracht, solange Sandra nicht davon überzeugt ist, daß ihre Eltern sie gut und fair behandeln werden. Auch Sandras Angstgefühle vor einer schlechten Behandlung im Elternhaus würden nämlich eine entwicklungsrelevante und damit beachtenswerte Beeinträchtigung darstellen.

Eine sozialpädagogisch begleitete Wahrung der Rückkehrchancen erfordert daher auch bei *Sandra* innerhalb der Inobhutnahme und danach ein nicht zu unterschätzendes Stück *Motivationsarbeit*. Die sozialpädagogische Begleitung fungiert im Falle der Rückführung zugleich eine Stütze und Absicherung für Sandra, daß sie ihren Eltern zu Hause nicht schutzlos ausgeliefert ist. Da schließlich die Hintergründe der Entstehung der Schwangerschaft noch ungeklärt sind, wird die Arbeit mit Sandra auch darauf ein besonderes Augenmerk haben müssen. Sollten sich dabei beispielsweise ernsthafte Anhaltspunkte für das Vorliegen eines sexuellen Mißbrauchs im Elternhaus auftun, würden damit die intensiven Bemühungen um eine Rückkehr in die Herkunftsfamilie entfallen.

Sandras *Eltern* wäre demnach als "geeignete und notwendige Hilfe zur Erziehung" dringend nahezulegen, am Hilfeplan mitzuarbeiten. In dem Rahmen wäre ihnen zu empfehlen, ein Angebot von gezielter Erziehungsberatung wahrzunehmen und daraus sich ergebende weitere Hilfen anzunehmen; denkbar wäre dabei eventuell, den latenten Paarkonflikt therapeutisch aufzuarbeiten (§ 28 KJHG). Erst nach einem erkennbaren Wandel im elterlichen Erziehungsverhalten kann man eine begleitete Rückführung Sandras vorbereiten. Hierzu käme eine Erziehungsbeistandschaft oder eine sozialpädagogische Einzelbetreuung für Sandra in Betracht (§ 30 KJHG). Eventuell wäre für Sandra zusätzlich ein Angebot zur Mitwirkung an ausgewählter sozialer Gruppenarbeit anzuregen, um darüber ihre Sozialkontakte zu Gleichaltrigen oder zu jungen Müttern zu fördern.

Mag sein, daß je nach regionaler Angebotsstruktur andere oder kombinierte Angebote in Betracht zu ziehen sind. Entscheidend ist an dieser Stelle der Fallbesprechung, daß die *Richtung* der Intervention einer gesetzlichen Wertpräferenz unterliegt. Erst wenn die auf Rückkehr in die Herkunftsfamilie gerichteten Hilfsangebote an den Eltern scheitern oder erkennbar endgültig abgelehnt werden sollten und wenn dadurch oder aus anderen Gründen erneut eine Gefährdung für Sandra und ihre Schwangerschaft zu befürchten wäre, ist ein diametraler Wechsel der Interventionsrichtung in Richtung Fremdplazierung und eventuell Teilentzug des Sorgerechts vertretbar, siehe §§ 36, 37 KJHG, §§ 1666, 1666 a BGB.

Der auf Einstellungs- und Verhaltensänderung der Eltern gegenüber ihrer Tochter Sandra gerichtete intensive Beratungsprozeß wird nun erfahrungsgemäß früher oder später an *Schranken der Mitwirkungsbereitschaft* der Eltern stoßen. Die Frage ist, wie man mit dieser absehbaren Situation umgehen soll. Daß den Eltern auch die Möglichkeit einer dauerhaften Fremdplazierung Sandras und der Einschaltung des Vormundschaftsgerichtes vor Augen zu führen sind, scheint auch dann unumgänglich zu sein, wenn man gar nicht beabsichtigt, das KJHG *repressiv* anzuwenden. Aus dem vom Gesetz vorgegebenen Arbeitsprogramm selbst entsteht immer wieder die Versuchung, vom engagierten und auch energischen Auftreten in eine drohende Haltung überzugehen - damit das 'Unmögliche' endlich eintritt. Nicht zuletzt deshalb (und wohl kaum wegen der Strafgerechtigkeit als solcher) stellt sich dann in der Praxis die Frage, ob man nicht leichter oder überhaupt nur dann noch vorankommt, wenn man den Eltern mit dem Gang zum Richter droht oder mit der Erstattung einer *Strafanzeige* gegen die Eltern wegen Kindesmißhandlung "argumentiert".

Vergleicht man nun abschließend das hier entwickelte Ergebnis mit den eingangs aufgestellten Lösungsmöglichkeiten, zeigt sich, daß sämtliche Varianten in Richtung Fremdplazierung unter Beachtung der gesetzlichen Vorgaben kaum vertretbar erscheinen, also die Varianten aa), bb), cc) und dd). Die oben skizzierten Rückführungsvarianten in die Herkunftsfamilie wiederum lassen das unverzichtbare Element einer motivierenden und "refunktionalisierenden" Elternarbeit vermissen. Variante (ee) enthält keinerlei Elternarbeit. Die Variante (ff) enthält nur einen repressiven Bezug auf die Eltern und die Variante (gg) sogar einen in abstrafender Form. Selbst wenn die Bestrafung in (gg) nur als Anzeigenerstattung angedroht wäre, würde der in beiden Varianten auf die Eltern ausgeübte Druck vielleicht gewisse "Erfolge" zeitigen. Den Aufbau eines partnerschaftliches Kooperationsverhältnisses von Jugendamt und Eltern verbauen diese Varianten aber mindestens ebenso sicher. Die hier letztlich entwickelte Interventionsvariante ist unter den eingangs genannten Möglichkeiten so gar nicht aufgeführt.

Zu einem vollständigen Beratungsprozeß über "Hilfen zur Erziehung" gehören auch die entsprechenden *Kostenfragen*. Das Jugendamt ist als örtlich zuständiger Träger der Jugendhilfe Träger der Kosten der vorläufigen Schutzmaßnahme, §§ 86, 86 b KJHG. Eine Heranziehung der Eltern von Sandra zu diesen Kosten, die normalerweise gemäß §§ 91 Abs. 1 Ziff. 6 KJHG stets durchzuführen wäre, entfällt hier ausnahmsweise und sogar unabhängig von der Höhe des elterlichen Einkommens gemäß § 93 Abs. 6 KJHG, weil Sandra schwanger ist. Zu den Kosten einer späteren sozialpädagogischen Einzelbetreuung sind die Eltern grundsätzlich heranzuziehen. Die Kosten würden nur dann ohne Heranziehung der Eltern allein vom Jugendamt getragen, wenn die schwangere Minderjährige *außerhalb* der Familie betreut würde. Auch die Kosten einer Fremdplazierung schwangerer Jugendlicher wären ausschließlich vom Jugendamt zu tragen. Diese Kostenfolge ergibt sich aus den komplizierten Regelungen der §§ 91 Abs. 1 Ziff. 4 d) und Ziff 5 b) in Verbindung mit § 93 Abs. 1 und Abs. 6 KJHG. Nach der zuletzt genannten Bestimmung "soll" aber auch dann davon abgesehen werden, die Eltern zu den Kosten der "Hilfe zur Erziehung" für Sandra heranzuziehen, wenn dadurch "Ziel und Zweck der Leistung gefährdet würden". Diese Klausel verdankt sich dem bereits oben erwähnten Schwangeren- und Familienhilfegesetz. Würde also die Kostenfrage sich als Hindernis für die Rückführung Sandras ins Elternhaus erweisen, dann ist von dieser Bestimmung Gebrauch zu machen; weil Sandra schwanger ist, aber nur deshalb, soll es an den Kosten nicht scheitern. Im Regelfall tragen also die Eltern erhebliche Teile der Kosten einer Fremdplazierung und können sich diese zusätzlichen Ausgabe nur ersparen, wenn sie ihre Kinder wieder bei sich aufnehmen... Auch diese Kostenfolgen und ihre Botschaften zu verstehen, gehört zumindest neuerdings zu den Rechtsanwendungskompetenzen von sozialpädagogischen Fachkräften, da sie ein Teil ihres Beratungspaketes sind.

5.5.6 Kritische Anmerkung.

In der alltagspraktischen Umsetzung einzelner Bestimmungen des KJHG in sozialpädagogisches Handeln läßt sich zeigen, inwiefern der gesetzliche Auftrag, ein bestimmtes *Eltern- und Familienbild* auch ansatzweise über die Köpfe der Beteiligten hinweg wahrzumachen, letztlich ohne repressive Maßnahmen kaum auskommt. Wohlgemerkt: Die hier beschriebene Alltagspraxis der Krisenintervention setzt typischerweise an Entwicklungspunkten ein, in denen ein wünschenswertes positives Eltern-Kind-Verhältnis schon längst nicht mehr besteht. So attraktiv kann dann aber eine Beratung oder Methode gar nicht sein, daß die Beteiligten nicht merken würden, daß sie gegen ihren Willen zu etwas motiviert, gedrängt und genötigt werden. Daß Eltern die "natürlichen" und selbst "geborenen" Erzieher ihrer Kinder seien, nur weil sie sie biologisch in die Welt gesetzt haben, gehört zu der Legitimation, die ein solches Handeln benötigt.

Hart gesagt, zählt die Position von Sandras Prügeleltern bei der Entwicklung einer tragfähigen Perspektive für ihre weitere Entwicklung im Stadium *nach* der Krisenintervention aus prinzipiellen Gründen erst einmal mehr als der Wille der "unmündigen" Sandra, ihr Leben außerhalb des Elternhauses zu verbringen. Diese elternzentrierte Wertungspräferenz überlagert Sandras Willen, bis eine so massive Gefährdung durch die Eltern, daß sie für Außenstehende erkennbar ist, die Entscheidung in ihrem Sinne wendet und eine Fremdplazierung in Betracht kommt. Aber auch dies geschieht dann wieder nicht *wegen* ihrer Willenshaltung. Also erlebt Sandra das, was mit ihr geschieht, letztlich als *Schicksal*.

Der *Wille* der Beteiligten wird anscheinend eher Repression oder Ignoranz ausgesetzt, als daß er ernstgenommen wird. Dabei müßte das Ernstnehmen des Willens der Beteiligten ja keineswegs ausschließen, ihn mit einer sachliche Kritik zu konfrontieren. Diese müßte den Nachweis führen, inwieweit sich die bisherigen Verhaltensweisen schädlich auswirken. Um das zu vermitteln, kommen mit fachlicher Phantasie alle Methoden moderner Sozialarbeit in Betracht, von Einzelgesprächen über Gruppengespräche, Rollenspiele, soziale Gruppenarbeit, exemplarisches Lernen, Formen der symbolischen Interaktion oder der paradoxen Intervention bis zu Erlebnisszenarien oder fachlich begleiteter Familienerholung etc. Wenn die Kritik Veranlassung gibt, die alte Position zu überdenken und zu verlassen, müßte man natürlich Hilfen und Begleitung anbieten, die diesen Standpunkt auch alltagspraktisch und gefühlmäßig zu überwinden und neue Verhaltensweisen einzuüben. Gibt die angebotene Kritik keine Veranlassung zu einer Einsicht, dann ist der Versuch einer Umstimmung zumindest als vorläufig gescheitert anzusehen.

Wieso sollte eigentlich eine *altersgemäße, gut ausgestattete* und fachlich begleitete Fremdplazierung von Sandra beispielsweise nicht dazu führen, daß sie sich wieder fängt und dann ein selbstbestimmtes Leben beginnt? Wieso sollte darin nicht unter anderem eine *zwanglose Chance* zum Aufbau eines neuen - nämlich partnerschaftlichen - Verhältnisses zu ihren Eltern liegen? Vielleicht hätten dann auch ihre Eltern ganz neue Gründe, sich erstmals werbend um ihre Tochter - und ihr Enkelkind - zu bemühen ...

5.6 Das Beispiel Trennungs- und Scheidungsberatung.

Auch in der Umsetzung der im KJHG vorgesehenen Trennungs- und Scheidungsberatung treffen die in den ersten Kapiteln entwickelten sozialstrukturellen, methodischen und normativen Komponenten sozialpädagogischen Handelns zusammen. In Fachliteratur und Fachpraxis sind die Konsequenzen in besonderem Maße umstritten. Umstritten sind Fragen auf allen Ebenen:

Auf der *normativen* Ebene mit den §§ 17, 18, 28 und 50 KJHG sowie dem KJHG-Datenschutz - Stichwort: Doppelrolle als Helfer der KlientIn und als Gerichtshilfe,

auf der *institutionellen* Ebene im Spannungsverhältnis von öffentlichen und freien Trägern,

auf der *methodisch-handlungsorientierten* Ebene im Hinblick auf geeignete Verfahrensweisen - Stichwort: Mediation,

auf der *gesellschaftsstrukturellen* Ebene im Hinblick auf die künftigen Familienformen und die Kinderbetreuung angesichts hoher Scheidungsraten, nichtehelicher Elternschaften und die emanzipatorischen Ansprüche von Frauen.

5.6.1 Normative Rollenkonflikte und Kompromißlösungen.

Johannes MÜNDER weist darauf hin, wie häufig das Jugendamt 1990 in familiengerichtlichen Verfahren gefordert war [437]:

- Elterliche Sorge nach Scheidung   129.688
- Elterliche Sorge bei Getrenntleben der Eltern   35.821
- Persönlicher Umgang mit dem Kind   29.236
- Persönlicher Umgang des Vaters mit dem Kind   4.759

Statistischer Hintergrund sind mittlerweile noch weiter gestiegene Scheidungszahlen, nämlich in den alten und neuen Bundesländern zusammen im Jahre 1990 insgesamt ca. 180.000 Ehescheidungen mit etwa 150.000 betroffenen Scheidungskindern. [438]

---

437 Münder 1993c, S. 146, unter Bezug auf Erhebungen des Statistischen Bundesamtes, Fachserie 13, Reihe 6.1. von 1990.
438 Münder 1993, S. 148.

Normativer Hintergrund der im KJHG neu geregelten Scheidungs- und Trennungsberatung ist der durch das Bundesverfassungsgericht in der Ermöglichung des gemeinsamen elterlichen Sorgerechts nach der Ehescheidung bereits 1982 aufgezeigte "revolutionäre Umschwung im staatlichen Interventionsansatz", wie COESTER es nennt. [439] Der Beratungsansatz trete damit neben den "justiziellen Entscheidungsansatz", und zwar "nur um der Kinder willen". "Vom Kind her gedacht, kommt es folgerichtig auf die eheliche Verbundenheit der Eltern nicht an." Der Kerngedanke lautet: Geschieden wird die *Ehe*, nicht aber die *Elternschaft*. Präventive, schadensvermeidende Jugendhilfe habe also die Aufgabe,

> "den Fortbestand der Elternfunktion in diesem Auseinandersetzungsprozeß zu sichern, die Partnerscheidung also nach Möglichkeit nicht zu einer völligen Familienscheidung werden zu lassen." [440]

Der Weg, dieses Ergebnis anzustreben, ist der Appell an die im Grunde lebenslang fortbestehende Elternverantwortung, und das heißt methodisch der Appell an die elterliche Selbstregelung, die eigenverantwortliche Erarbeitung einer kindgerechten Neuordnung der nachehelichen Beziehungen. [441] Die sozialpädagogische Interventionsaufgabe und die Aufgabe für die Scheidungseltern besteht demgemäß darin, "die problembelastete Paarbeziehung von der Elternrolle zu trennen" (Menne). [442]

Auf Grundlage dieser normativen Wertentscheidungen weisen die Regelungen des KJHG in zwei Richtungen.

Die Angebote von Beratung gemäß §§ 17, 18 und 28 KJHG unterstellen alle Freiwilligkeit, Vertrauen und Kooperationsbereitschaft der Eltern im geschützten Beratungsraum. Dabei spielt der spezielle Datenschutz der §§ 61 ff KJHG eine grundlegende Rolle für den unverzichtbaren Vertrauensschutz. [443] Innerhalb der gesetzlichen Regelungen scheint es dagegen Ungereimtheiten zu geben, auf die Klaus MENNE hingewiesen hat. [444] Während § 17 KJHG mit Konflikt-, Trennungs- und Scheidungsberatung sich lediglich an kindererziehende Mütter und Väter wendet, spricht § 28 KJHG Kinder und Jugendliche ausdrücklich und direkt als Adressaten an. Auch ist die Ausstattung von § 28 KJHG mit einem vorgeschriebenen multidisziplinären Team und Methodenvielfalt fachlich anspruchsvoller als § 17 KJHG. § 28 KJHG verlangt aber andererseits ein

---

439 Vgl. Coester 1992, S. 618; vgl. oben Kapitel 4.2.1.
440 Coester 1992, S. 618; fast wörtlich ebenso Mann 1994, S. 216.
441 So äußern sich völlig übereinstimmend Coester 1992, 619; Menne 1992, S. 74; Balloff/Walter 1993, S. 68; Münder 1993c, S. 149; Oberloskamp 1992, S. 1242.
442 Menne 1992, S. 68.
443 Darauf verweisen speziell Münder 1993c, S. 148; derselbe 1993b, S. 396; ferner Mörsberger 1993, S. 166.
444 Vgl. Menne 1992, S. 67 ff.

Erziehungsdefizit als Voraussetzung, während § 17 KJHG auch auf erzieherisch unauffällige Minderjährige anwendbar ist.

Der springende Punkt liegt jedoch an der Stelle, an der die beschworene Freiwilligkeit der elterlichen Kooperation, egal aus welchen Gründen, nicht besteht. An sich wäre der Hilfeprozeß damit beendet, da zu Freiwilligkeit und Angebotscharakter auch die Möglichkeit gehören muß, ein Angebot dankend abzulehnen. Dem steht jedoch die zweite, eher traditionelle Aufgabe der Jugendhilfe als Gerichtshilfe im familiengerichtlichen Verfahren im Sinne des § 50 KJHG entgegen. Es liegt auf der Hand, daß diese Mitwirkungspflicht in einem Spannungsverhältnis zu der Beratungsaufgabe steht. Die Beratung beruht auf Öffnung und Offenheit, die Stellung zu der behördlichen Ermittlung der Familiengerichtshilfe ist dagegen oft distanziert bis mißtrauisch. [445] Wo hier aufgrund dieser Doppelrolle die Grenzen des Datenschutzes verlaufen und wann Daten weitergegeben werden dürfen, ist offenbar auch unter Juristen sehr umstritten.

Eine Lösung dieses Konflikts wird darin gesehen, daß man den Datenschutz innerhalb des Jugendamtes streng handhabt, indem man die Arbeitsbereiche auf beratende und nachforschende Mitarbeiter aufteilt (interne Lösung). [446] Wenn Eltern sich nicht mehr beraten lassen wollen, soll ihnen geschrieben werden, daß sie gesetzlich verpflichtet sind, das Gericht zu unterstützen und deshalb mit der Jugendgerichtshilfe zusammenzuarbeiten. "Mauern" die Eltern trotzdem, sollen andere Mitarbeiter des Jugendamtes an ihnen vorbei die nötigen Informationen bei Dritten erforschen dürfen, aber erzwingbar sei eine Mitwirkung der Eltern nicht.

Andere Autoren sagen, daß das Jugendamt ohne Zustimmung der Eltern nichts machen kann, als das Familiengericht nur ganz allgemein über mögliche Hilfe und Angebote zu unterrichten [447], was andere wieder für eine Verletzung der Mitwirkungspflicht halten. [448]

Die härteste Lösung vertritt hier unter dem Titel "Sehnsucht nach zu Hause" bezeichnenderweise ein Psychologe, U. J. JOPT:

> "Mit einer von Balloff & Walter vehement abgelehnten 'Zwangsberatung' hätte dies nicht das geringste zu tun. Denn um die existentiellen Bedürfnisse von Kindern, die sie selbst weder reklamieren noch einklagen können, zu schützen und damit ihr Wohl ganz herausragend zu sichern, kann es überhaupt keinen unzulässigen Zwang geben." [449]

---

445 Das schreibt speziell Oberloskamp 1992, S. 1244.
446 Das schlägt zum Beispiel Helga *Oberloskamp* vor (1992, S. 1248) und ähnlich auch der Vorsitzende des Deutschen Familiengerichtstages, Amtsgerichts-Direktor Siegfried *Willutzki* (1994, S. 203) oder Kaufmann 1991, S. 331 f.
447 Das vertritt zum Beispiel Mörsberger 1993, S. 167, ähnlich Coester 1991, S. 73.
448 Vgl. Willutzki 1994, S. 203.
449 Jopt 1992, S. 61.

Am klarsten erscheint mir demgegenüber eine von MENNE, MÜNDER und COESTER vorgeschlagene Lösung [450], nämlich die Übertragung der Beratungstätigkeit auf einen freien Träger, der zugleich als Erziehungsberatungsstelle ausgelegt ist. Die "Aufgabe" der Familiengerichtshilfe verbleibt dann im Jugendamt, das den Eltern nur in einer einzigen und eindeutigen Funktion als sozialpädagogische Fachbehörde gegenübertritt. Sieht das Gericht im Scheidungsverfahren dann eine Chance für die Wiederherstellung der Ehe oder eine einvernehmliche Lösung der Scheidungsprobleme, könnte es das Verfahren aussetzen und eine gütliche Bearbeitung der Problemlösung in einer Beratungsstelle anraten. [451] So war auch bisher die Praxis in Ulm, wo das elterliche Umgangsrecht im Rahmen eines gut ausgestatten Pilotprojektes vom örtlichen Kinderschutzbund e.V. unterstützt und begleitet wurde und die Familiengerichtshilfe im Jugendamt plaziert war. Es gibt aber anscheinend nicht nur in Ulm Kräfte in den Jugendämtern, die die Beratung vorsichtshalber ganz an sich ziehen wollen, weil sie nämlich der Beratungstendenz freier Träger wie PRO FAMILIA mißtrauisch gegenüberstehen.

5.6.2 Leistung und Parteilichkeit von Mediation in einem "elternlastigen" Interventionsmodell.

Ähnliche Hintergründe hat auch der an der Trennungs- und Scheidungsberatung und ihrem fast ideologischen Auftrag entbrannte *Methodenstreit*. An ihm läßt sich noch einmal aufzeigen, daß Sach- und Fachfragen in sozialpädagogischen Handlungsbezügen oft auch fachpolitische Bezüge haben. Hierin liegen Berührungspunkte mit der fachlichen Methodenentwicklung, die ich eingangs aufgezeigt habe. [452]

Die Psychologen Rainer BALLOFF und Eginhard WALTER vom Psychologischen Institut der FU Berlin [453] verweisen darauf, daß das KJHG bei der Partnerschaftskonflikt- und Scheidungsberatung mehrere Methoden zuläßt (vgl. § 28 KJHG): Systemtheorie, systemische Familientherapie, Gruppendynamik oder tiefenpsychologische Orientierungen. Sie ordnen diese dann verschiedenen Ausgangslagen zu, etwa die Psychotherapie eher der Verhaltensstörung oder die Beratung dem problembelasteten, normalen Klientel. Zugleich grenzen sie sich von einem Vorschlag von Ferdinand KAUFMANN [454] ab, der die systemische Familienberatung als quasi gesetzlich vorgegeben darstellt. Ein systemisches

---

450 Vgl. Menne 1992, S. 74; Coester 1992, S. 623, Münder FLPK KJHG 1991 § 17 Rdn. 6.
451 Vgl. Menne 1992, S. 71.
452 Vgl. oben Kapitel 3.
453 Vgl. Balloff und Walter 1993, S. 66 ff.
454 Vgl. Kaufmann 1991, S. 337.

Beratungsmodell empfiehlt auch der Landeswohlfahrtsverband Württemberg-Hohenzollern seinen Jugendämtern. Auffällig daran ist der vorgegebene Gesichtskreis einer "irreversiblen und unauflösbaren Familie", als ob im Scheidungsverlangen gar kein grundlegender zwischenmenschlicher Konflikt vorliegen würde:

> "Eine Scheidung löst zwar die Ehe als Institution auf, nicht jedoch die Familie. Die Familie ist urwüchsiger als die Ehe und stellt eine irreversible und unauflösbare Beziehung zwischen Generationen dar. Mit der Scheidung verändert sich allerdings ihre Gestalt. ... Die Scheidung betrifft also die Paarebene und nicht die Elternebene." [455]

BALLOFF und WALTER wenden gegen derartige Konstruktionen ein, daß diese ein "konservatives Reorganisationsmodell" darstellen, die die Scheidung nur "als prozeßhaften Übergang in der familialen Entwicklung" deuteten und dabei durch idealisierte Zuspitzungen die tatsächlichen Konflikte weitgehend ignorieren. Als Theoretiker nennen sie dazu Wassilios E. FTHENAKIS vom Münchner Staatsinstitut für Frühpädagogik und Familienforschung, der bei Abwesenheit der Vaterfigur insbesondere negative Auswirkungen auf die kognitive, moralische und Geschlechtsrollenentwicklung des Kindes erforscht haben will [456], was ja bei Kindern alleinerziehender Frauen durchweg zutreffen müßte.

Der Familienpsychologe BALLOFF [457] bevorzugt demgegenüber wie der Familienrechtler COESTER [458] das im anglo-amerikanischen Raum im Sorgerechtsbereich schon erprobte [459] und hier relativ neue Modell der *Mediation*, zu deutsch: Scheidungsvermittlung. Inwiefern das einem weniger konservativen Familienleitbild verhaftet ist, wird sich gleich aufklären. Mediation vermittelt im Idealfall eine Scheidungs- und Sorgerechtsregelung, die die Betroffenen selbst erarbeitet haben. Neutrale, unparteiliche Mediatoren können auch PädagogInnen, SozialpädagogInnen oder SozialarbeiterInnen sein mit ausreichenden Kenntnissen im Familienrecht, wobei der Psychologe BALLOFF eher an Psychologen denkt. [460] Weil sie ihre Lösung also selbst erarbeitet haben, stehen die Eltern auch dahinter und setzen sie als "echt nacheheliche Kooperation" in ihr Leben um. [461]

---

455 Landeswohlfahrtsverband Württemberg-Hohenzollern 1991, S. 7.
456 Vgl. *Fthenakis* 1982 und 1991 und offenbar ihm folgend die Ausführungen im Leitfaden des Landeswohlfahrtsverband Württemberg-Hohenzollern 1991, S. 7 f. Auch der frühere Frankfurter Jugendamtsleiter und spätere Offenbacher Sozialdezernent Matthias *Mann* teilt diesen wertkonservativen Standpunkt in seinen Thesen: "Die Ehescheidung ist der Übergang einer Familienform in eine andere (prozeßhaftes Reorganisationsgeschehen)" (1994, S. 216).
457 Vgl. Balloff und Walter 1993, S. 66 ff.
458 Vgl. Coester 1992, S. 620 ff.
459 Vgl. FAZ v. 21.3.1994: Vor der Scheidung zur Schlichtung.
460 Vgl. Balloff und Walter 1993, S. 73.
461 Vgl. Coester 1992, S. 621.

Das Familiengericht fungiert nur noch als Notariat, nicht mehr als Entscheidungsstelle. Zugleich wird aber gesagt, wo die Grenzen der Mediation liegen: Wenn es an Kooperationswilligkeit oder -fähigkeit fehlt, wenn es an Offenheit oder Fairneß fehlt oder wenn institutionell die notwendige Offenheit nicht möglich ist wegen mangelnder Aufgabentrennung im Jugendamt. Mediation sei weder ein Verhandeln noch ein Behandeln, sondern ein mehrphasiges Konfliktmanagement. [462] Eine "Zwangsmediation" sei ausgeschlossen. Mediation verursache keinen Schaden, produziere aber auch keine kooperationsbereiten Paare. Kurz und ehrlich, wäre meine Schlußfolgerung daraus, müßte es heißen: Mediation scheint für die Fälle am besten geeignet zu sein, wo sie streng genommen überflüssig ist. [463]

Dabei ist der neutrale "Trialog" nicht so harmlos, wie ihn seine Vertreter darstellen. Das Verfahren Mediation dient nämlich der Erzeugung von Einverständnis mit einem Familienleitbild, das dem Gesetzgeber angesichts des modernen Partnerverhaltens vor allem von Frauen vorschwebt, und daß heißt: Elternschaft muß sein, notfalls auch ohne besondere Rücksicht auf die Partnerschaftsfrage. In der Mediation sitzen sich aber durchweg ungleiche Partner gegenüber. Die Frau ist meist der schwächere Teil und typischerweise auf den "schwarzen Peter" in der Mediation programmiert. [464] Die Frau, die in den Jahren zuvor um der Kindererziehung willen auf berufliche Qualifikation und Aufstiegschancen verzichtet hat, fordert nun etwas: Unterhalt. Gleichzeitig sieht es plötzlich so aus, als ob der Mann nur draufzahle: Er muß Geld zahlen und verliert noch das einzige, was ihn stolz macht, sein Vaterrecht, dessen Nichtwahrnehmung im Ehealltag seine Frau erst in ihre einseitig schlechte Lage gebracht hat! Daher heißt der "faire Deal" nach Erfahrungen von Rechtsanwältinnen oft: Unterhalt gegen Sorgerecht, will die Frau nicht als unfair und egoistisch dastehen. [465] Wer sich bei derartig ungleichen Lebenspositionen den Frauen gegenüber "neutral" verhält, nimmt aber automatisch Partei für den Stärkeren. Wenn sich Väter aber außer um Grundsatzentscheidungen wirklich um Alltagssorgen der Kinder mitkümmern, zeigt sich, daß die Umsetzung des gemeinsamen Sorgerechts nach der Scheidung, der neue Stein der Weisen, der hinter alledem steht, nichts ist als der alte Ehestreit der Eltern:

---

462 Vgl. Balloff und Walter 1993, S. 70 f.
463 Vgl. Dazu ein Zitat einer Mediatorin, Frau Kaslow, über ihre Erfolgsquote:" 'Wenn ich gut wähle, liegt meine Erfolgsrate bei 98 Prozent' - wobei 'gut wählen' sich auf die sensible Vorauswahl von wirklich kooperativen und nicht allzu schwierigen Klienten bezieht. Nehme man hingegen 'einfach jeden', so Kaslow, dann liege die Erfolgsquote zwischen 60 und 70 Prozent" (Berentzen, Psychologie Heute 12/89, S. 38).
464 Vgl. Werner-Schneider 1992, S. 21.
465 Vgl. Häsig-Levend 1992, S. 16 f.

"Eine Scheidung ohne Ende ist gleichsam in dem gemeinsamen Sorgerecht mit vorprogrammiert. Und die geht natürlich auch an den Kindern nicht spurlos vorüber." [466]

Das auffällige Engagement in der Fachliteratur gilt dem entrechteten *Vater*, auch wenn er während der Ehe in erzieherischer Hinsicht noch so wenig in Erscheinung getreten ist und seine Ehefrau insofern immer schon "alleinerziehend" war. Kaum artikuliert die Frau im Scheidungskonflikt ihre Interessen, wird ihr vorgehalten, sie bestrafe ihr Kind mit Vaterlosigkeit. Inwiefern eigentlich? Nur weil ein Mann ohne Vater*rechte* keine Vater*liebe* mehr empfinden und leben kann? Auf einen rechthaberischen Vater, einen Knallbonbon am Sonntag, einen Überraschungsonkel am Wochende und einen Repräsentanten alltagsferner väterlicher Autorität können Frauen und Kinder oft ohne Schaden verzichten. Die vornehme Neutralität der Mediation verschont die Väter vor einer ehrlichen Bestandsaufnahme ihrer väterlichen Leistungen im Alltag und in den kleinen Dingen des Sorgerechts während der zu Bruch gegangenen Ehe. [467] Die Mediation lebt von einer lebensfremden Konstruktion, nämlich dem *Neutrum 'Elternpaar'*. Tatsächlich sind es Mann und Frau mit ihren nach wie vor oft *ungleich* verteilten Rollen, aus denen auch ein Großteil des Konfliktstoffes der Scheidung selbst entstanden ist. Die Elternbeziehung kann aber nicht besser sein als die Paarbeziehung der beiden Eltern. Wer daran vorbeiredet, vermittelt eine Lebenslüge, aber keinen lebensweltbezogenen, alltagsorientierten und tragfähigen Sorgerechtskompromiß zugunsten der Kinder.

---

466 Vgl. Häsig-Levend 1992, S. 17.
467 Vgl. Werner-Schneider 1992, S. 21.

6 Fazit und Schlußwort:
Moderne, normativ geleitete Jugendhilfe ist zunehmend auch handlungsorientierte Erwachsenenbildung

Es fragt sich am Ende, inwiefern sich die Ausgangsfragen beantwortet oder modifiziert haben.

Ein Ausgangspunkt war die für sozialpädagogische Fachleute provokante Anfrage, ob es so etwas gibt wie eine *"Jugendhilfe nach Vorschrift"*. Natürlich nicht, muß da eigentlich als spontane erste Antwort kommen. Dagegen wurde in den Kapiteln 3 und 4 am neuen Kinder- und Jugendhilferecht (KJHG) nachgewiesen, wie weitgehend Sozialpädagogik spätestens durch dieses neue Sozialgesetz normiert wird, wenn sie nicht schon vorher viel weitgehender normiert war, als sich die Fachpraxis eingestehen mochte.

In einer Tour d'horizon durch sozialstrukturelle Grundlagen von Jugendhilfe (Kapitel 2) und einer kritischen Sichtung ihres jüngeren, in Jahrzehnten gewachsenen Methodenbestandes (Kapitel 3) konnte umgekehrt, gewissermaßen zur fachlichen Beruhigung, nachgewiesen werden, daß die neuen gesetzlichen Normierungen vieles von dem aufgegriffen haben und gewissermaßen nur in Gesetzesform wiedergeben, was die Praxis in den letzten Jahrzehnten aus ihrer Fachkompetenz heraus entwickelt - und auch erkämpft - hat.

Die skizzierten neuen familialen Lebensformen, die sich im wesentlichen auf eine veränderte Rolle und ein verändertes Selbstverständnis der Frau in Arbeitswelt und Familie zurückführen lassen, werden von den neuen Angebotsstrukturen des Jugenhilferechts durchaus anvisiert. Jugendsozialarbeit ermöglicht eine Vernetzung von verschiedenen Sozialisationsbereichen wie Schule und Berufsausbildung. Sie hat wie auch die Jugendarbeit Intrumentarien zur fachlichen Begleitung und Anregung der Jugendlichen in ihrer jeweiligen - auch subkulturellen - Lebenswelt. Erfaßt werden von den gesetzlich typisierten Interventionsformen ebenso vielfältige sozialisatorische Problemfälle, in denen familiale Selbsthilfekräfte, Erziehungspotentiale und Entwicklungschancen junger Menschen ohne fachliche Unterstützung in noch höherem Maße in Benachteiligung, Ausgrenzung und Gefährungslagen umschlagen würden. Daß die mit der neueren wirtschaftlichen Entwicklung einhergehende neue Armut breiter Bevölkerungsschichten diese Gefährdungslage erhöht, gehört ebenso zum sozialstrukturellen Kontext des neuen KJHG. Als Fazit aus der Betrachtung der inneren Dynamik der postmodernen Gesellschaft ergab sich, daß sie insgesamt sehr hohe

Sozialisationsanforderungen an ihre Mitglieder stellt, die dafür benötigte Strategien zur Problemlösung aber keineswegs mehr ausreichend und allen vermittelt. Aus diesem strukturellen Dilemma wächst der Sozialpädagogik eine bleibende und sogar zunehmend wichtige Aufgabe zu, für die das KJHG einen zentralen Handlungsrahmen darstellt.

Im Kapitel 4.1 konnte gezeigt werden, daß sich auch hinsichtlich des methodischen Vorgehens im Jugendhilferecht nahezu alle Strukturmaximen modernen sozialpädagogischen Handelns, die in Kapitel 3 vorgestellt wurden, wiederfinden ließen. Das neue Recht fordert die Fachpraxis sogar teilweise so nachdrücklich zur Beachtung ihres eigenen Methodenkanons auf, daß die Nichtbeachtung bestimmter methodischer Anforderungen sogar zum rechtlichen Formfehler werden kann: Beispiele waren Partizipationsgebote, Wunsch- und Wahlrechte, Freiwilligkeit, Kooperationsformen, Multidisziplinarität, Fachlichkeitsstandards und Parteilichkeitspflichten, Hilfeplanung, Evaluation und anderes mehr.

Nur erschöpft sich der gesetzliche Rahmen der Jugendhilfe nicht in dieser fachdienlichen Nachzeichnung der Praxis. Er sichert die Praxis stärker ab, als dies vorher der Fall war. Das betrifft den Leistungscharakter der Jugendhilfeangebote, die fachlichen Standards in puncto Fachkräfte und Verfahrensweisen, die Vertraulichkeit durch Datenschutz und die untersuchten Strukturmaximen moderner Jugendhilfe insgesamt, kurz: ihren reflektierten fachlichen Lebensweltbezug. Durch diese *Garantiefunktion* ist die Normierung sicher eine große Hilfe für die Jugendhilfepraxis.

Die Analyse deckte allerdings auch eine *wertkonservative Formierung* der Jugendhilfepraxis durch das neue Jugendhilfegesetz auf (Kapitel 4.2). Diesbezügliche Grundsatznormen und Einzelregelungen verlangen von der Fachpraxis die Umsetzung ganz bestimmter Werthaltungen, etwa die rigide Beachtung eines überragenden Primats des Elternrechts oder den weitgehenden Verzicht auf die Anerkennung eigenständiger Positionen der primären Adressaten der Jugendhilfe, der Kids.

Eine genauere Betrachtung (insbesondere in Kapitel 5.2, 5.3, 5.4 und 5.5) ergab hier ein geteiltes Bild. Im Falle von Gefährdungen des Kindeswohles, wenn es um Krisenintervention für Kinder und Jugendliche geht, gesteht das KJHG den betroffenen jungen Menschen eigenständige Schutzansprüche und Rechtspositionen zu. Das KJHG ermöglicht und fordert von der Jugendhilfe umgekehrt eigenständiges fachlich-parteiliches Handeln, Inobhutnahme und Notberatungen von jungen Menschen, falls erforderlich auch ohne die Eltern und notfalls auch gegen die Eltern. Im weiten Vorfeld davon aber, wo es um fachliche Prävention geht, damit ein weitergehender Eingriff des "staatlichen Wächteramtes" gerade nicht nötig wird, fehlen den Jugendlichen eigene Rechtspositionen und der Jugendhilfe die erforderlichen fachlichen Handlungsfreiheiten. Hier macht das Gesetz den sozialpädagogischen Handlungsabläufen vielmehr ganz bestimmte Auflagen.

Darüber wird der hochtrabende Respekt vor dem Elternrecht in der Alltagspraxis zu einem zermürbenden Ringen um Zugeständnisse und Mitwirkung kooperationsunwilliger Eltern zugunsten ihrer Kinder. Statt diese dann aber mit attraktiven Angeboten zu überzeugen, verführt die gesetzliche vorgegebene Handlungsstruktur und - verstärkend - eine allzu sparsame Ausstattung der Angebote letztlich zum Einsatz repressiver Motivationsmethoden. Damit konnten im KJHG verborgene Mechanismen nachgewiesen werden, die dazu führen können, daß der Dienstleistungscharakter der modernen Jugendhilfe in bestimmten Praxisfeldern wieder zu altbekanntem Fürsorgegehabe verkommt. Das neue Jugendhilferecht setzt der Praxis schließlich bestimmte Grenzen, die von den einzelnen Fachkräften beim besten Willen nicht überwindbar sind, nämlich durch die scheinbaren Sachzwänge einer gesetzlich genauestens geregelten finanziellen Nichtabsicherung. Die Auswirkungen solcher Seiten des KJHG werden von den betroffenen Teilen der Fachpraxis sicher weiterhin als "Jugendhilfe nach Vorschrift" empfunden werden und insofern einen bitteren Nachgeschmack behalten.

Eine andere Fragestellung, die aus der ersten hervorgegangen ist, war auf die Spezifik von *sozialpädagogischer Rechtsanwendungskompetenzen* gerichtet. Diese fachspezifischen Rechts*anwendungs*kompetenzen sollten daraufhin untersucht werden, inwieweit sie eine besondere Art der Rechts*umsetzung* beinhalten und wie diese aussehen und variiert werden könnte. Ich denke, daß auch unter diesem Aspekt die kritische Sichtung der sozialstrukturellen Voraussetzungen sozialpädagogischen Handelns und seines methodischen Instrumentariums der anschließenden Auseinandersetzung mit dem normativen Regelwerk der Jugendhilfe zu einigen fachlich *neuen* Akzentuierungen verholfen hat. Im Zentrum stand dabei meine Frage, was sich unter einer Rechtsauslegung im Sinne offensiver sozialpädagogischer Fachlichkeit verstehen läßt und was diese Rechtsauslegung dann zu leisten vermag. Auch aus dieser Perspektive konnte gezeigt werden, daß dieser fachliche Ansatz mit den handlungsleitenden Normen des Jugendhilferechts großenteils in Einklang steht. Zu bestimmten normativen - wertkonservativen - Leitbildern des modernen Jugendhilferechts im KJHG tritt ein offensiver Jugendhilfeansatz jedoch fast unvermeidlich in ein Spannungsverhältnis. Das betrifft im Kern wiederum den Primat des Elternrechts und als Gegenstück dazu die realitätsferne Zurückweisung eigenständiger Positionen Jugendlicher.

Die Konsequenz daraus war die Idee, daß die spezifisch sozialpädagogische Rechtsanwendungskompetenz einen *Balanceakt* versuchen kann und aus fachlichen Gründen auch versuchen muß (Kapitel 4.2.3 bis 4.2.5, 4.3 und 5.2 bis 5.5). Dieser Balanceakt kann nur gelingen, wenn er die normativen Wertvorgaben des Gesetzes erkennt, sie mit fachlicher Phantasie auswertet und sie dann im Rahmen des rechtlich Nötigen beachtet und im Rahmen des fachlich Möglichen variiert und im Einzelfall zugunsten von Jugendlichen modifiziert.

Dazu konnte an einzelnen "unbestimmten Rechtsbegriffen" aufgezeigt werden, daß diese ohne pädagogisch-fachlichen Hintergrund, also aus rein juristischer Perspektive, inhaltlich gar nicht sinnvoll zu füllen oder anzuwenden sind. Konkret ging es in Kapitel 5 um die beispielhafte, fachlich fundierte Beantwortung von Fragen wie diesen: Was kann die Wahrung von "Beteiligungsrechten" von Kindern und Jugendlichen unter Einsatz fachlicher Phantasie alles bedeuten und umfassen? Wie lange dauert eine "vorläufige" Unterbringung? Inwiefern kann ein Jugendamt ohne Wissen oder gegen den Willen der Eltern in Notfällen Krisenintervention betreiben? Ist Teamarbeit im Jugendamt eine Stilfrage oder verbindlich? Inwiefern wird ein "Hilfeplan" zu einem Druckmittel? Wie läßt sich ein gesetzlich vorgezeichneter Rollenkonflikt zwischen Hilfe und Kontrolle auflösen oder entschärfen? Welche Rolle fällt der sozialpädagogischen Intervention in der Trennungs- und Scheidungsberatung zu? Ist Mediation als fachliche Unterstützung bei Scheidungskonflikten so neutral, wie sie sich definiert?

Dabei konnte an konkreten Fragestellungen verdeutlicht werden, wie sehr sozialpädagogische Rechtsanwendung zugleich normativ reflektierte Arbeit mit Klienten ist oder sein sollte. Speziell dieses Fachverständnis setzt zunehmend voraus, daß SozialpädagogInnen den jeweiligen gesetzlichen Auftrag entschlüsseln, ohne ihren spezifischen fachlichen Hintergrund dabei auszublenden.

Folgen die in der Jugendhilfe engagierten Fachkräfte den Aufträgen aus dem Jugendhilfegesetz in diesem Sinne, zeigt sich ein vielleicht überraschender *Schwerpunktwechsel* im sozialpädagogischen Arbeitsansatz. Es zeigt sich nämlich, daß emanzipatorische Hilfe zur Bewältigung von persönlichen oder familialen Problemen nicht mehr so ausschließlich die klassischen sozialpädagogischen Kompetenzen aus dem engeren Bereich von "Erziehung" erfordert. Vielmehr ist in der modernen Jugendhilfe zunehmend der Einsatz von Methoden der Erwachsenenbildung verlangt: Allseits begleitende Elternarbeit ist nichts anderes als Erwachsenenbildungsarbeit, ebenso Familienbildungsarbeit, Erziehungsberatung einschließlich Rollenspiel und Weckung von Therapiebereitschaft, sozialpädagogisches Krisenmanagement innerhalb von Familien, soziale Gruppenarbeitsangebote für Eltern, reflexiver Jugendschutz mit integrierter Elternarbeit. Aber auch die bereits in den Leitsätzen des KJHG postulierte persönlichkeitsstabilisiernde Arbeit mit jungen Volljährigen ist methodisch eher als Erwachsenenbildungsarbeit zu qualifizieren denn als "Erziehung" im tradierten Sinne. Die sozialpädagogische Umsetzung der Leistungen des KJHG wird demzufolge zunehmend zur Aufgabe einer normgeleiteten, lebensweltorientierten und handlungsorientierten *Erwachsenenbildung* mit fachwissenschaftlichen, agogischen und motivatorischen Anteilen - im Rahmen eines gesellschaftspolitischen Auftrages.

Dieser Handlungsansatz verlangt konsequenterweise eine Einbettung in entsprechende *institutionelle Rahmenbedingungen.* Die Reflexion solcher Rahmenbedingungen war bisher nicht Thema. Sie wäre aber nun um so mehr anzuregen. Gemeint ist damit beispielsweise prozeßhafte *und partizipatorische Jugendhilfeplanung* sowie *Sozialmanagement* als praktische Konsequenz daraus. Auch auf dieser Ebene ließe sich eventuell zeigen, daß sozialpädagogisches Handeln ohne sozialpädagogische Rechtsumsetzungskompetenzen nicht mehr auskommt. Umgekehrt können mit diesen fachgebundenen Rechtskompetenzen die institutionellen und strukturellen Grundlagen einer nach Innovation strebenden Fachpraxis besser abgesichert werden, was dem Prozeß der Professionalisierung der Sozialpädagogik sicher nützlich sein könnte.

* * *

Literaturverzeichnis

Achinger, Hans 1966: Soziologie und Sozialreform. In: Soziologie und moderne Gesellschaft. Verhandlungen des 14. Deutschen Soziologentages vom 20.-24.5.1959 in Berlin. 2. Aufl. Stuttgart.
Alinsky, Saul D. 1973: Leidenschaft für den Nächsten. Strategien und Methoden der Gemeinwesenarbeit. Gelnhausen-Berlin.
Althaus, Herrmann 1935: Nationalsozialistische Volkswohlfahrt. Wesen, Aufgaben und Aufbau. Berlin.
Arbeiterwohlfahrt 1980: Kinder- und Jugendanwalt "Till Eulenspiegel" - Konzeption. Hg. AWO-Kreisverband Düsseldorf.
Arndt, Joachim/ Oberloskamp, Helga/ Balloff, Rainer 1993: Gutachtliche Stellungnahmen in der sozialen Arbeit, Eine Anleitung mit Beispielen für die Mitwirkung in Vormundschafts- und familiengerichtlichen Verfahren, 5. neubearbeitete Auflage, Luchterhand-Verlag, Neuwied, Kriftel, Berlin.
Baacke, Dieter 1993: Jugend und Jugendkulturen. Darstellung und Deutung. 2. überarbeitete Aufl., Juventa-Verlag, Weinheim und München.
Balloff, Rainer/ Walter, Eginhard 1993: Möglichkeiten und Grenzen beratender Interventionen am Beispiel der Mediation nach §§ 17, 28, 18 Abs. 4 KJHG. In: ZfJ, S. 65-75.
Balloff, Rainer 1995: Einige rechtspsychologische Aspekte der Mitwirkung von Minderjährigen in vormundschafts- und familiengerichtlichen sowie kinder- und jugendbehördlichen Verfahren. In: Salgo, Ludwig (Hg.): Vom Umgang der Justiz mit Minderjährigen. Auf dem Weg zum Anwalt des Kindes, Luchterhand-Verlag. Neuwied, Kriftel, Berlin, S. 255-266.
Barabas, Friedrich/ Erler, Michael 1994: Die Familie. Einführung in Soziologie und Recht. Grundlagentexte Soziale Berufe. Juventa-Verlag. Weinheim, München.
Baron, Rüdeger 1989: Eine Profession wird gleichgeschaltet. Fürsorgeausbildung unter dem Nationalsozialismus. In: Otto, Hans-Uwe/Sünker, Heinz (Hg.) 1989: Soziale Arbeit und Faschismus. Suhrkamp-Verlag, Frankfurt am Main, S. 81-108.
Bauer, Axel 1993: Spannungsverhältnis Kindeswohl, Elternrecht, staatliches Wächteramt. In: Proksch, Roland (Hg.) 1993: Rettet die Kinder jetzt. Zum Spannungsverhältnis: Elternrecht - Kindeswohl - staatliches Wächteramt. ISS-Eigenverlag PONTIFEX, Frankfurt am Main, S. 83 ff.
Beck, Ulrich 1986: Risikogesellschaft. Auf dem Weg in eine andere Moderne. Suhrkamp-Verlag, Frankfurt am Main.
Beck-Gernsheim, Elisabeth. 1986: Geburtenrückgang und Kinderwunsch. Zur Sozialgeschichte der Mutterschaft im 19. und 20. Jahrhundert. München.
Benner, Dietrich 1991: Allgemeine Pädagogik. Eine systematisch-problemgeschichtliche Einführung in die Grundstruktur pädagogischen Denkens und Handelns. Grundlagentexte Pädagogik. Juventa-Verlag, Weinheim, München.
Berentzen, Detlef 1989: Selbstbestimmte Scheidung. In: Psychologie Heute, Dezember, S. 34-38.
Bergmann, Werner/ Erb, Rainer 1994: Ausdruck einer tiefgreifenden Veränderung der politischen Kultur. Wie sich eine soziale Bewegung von rechts in den neuen Bundesländern etabliert. In: FR v. 13.8.1994, S. 14 (Dokumentation), sowie in: Forschungsjournal Neue Soziale Bewegungen, Heft 2/1994, Westdeutscher Verlag, Wiesbaden.

Berk, Hermann-Josef 1992: Die Mitwirkung der Psychologie bei der Verwirklichung des KJHG. In: JugHi, Heft 1, S. 7-16.
Bertram, Hans 1987: Jugend heute. München.
Bertram, Hans (Hg.) 1991: Die Familie in Westdeutschland. Opladen.
Bittner, G. 1980: Gruppendynamik - ein Weg, sich selbst zu verfehlen. In: Psychosozial, Heft 1.
Böhm, Winfried 1988: Wörterbuch der Pädagogik. 13. Aufl., Kröner-Verlag, Stuttgart.
Bolte, K. M. 1983: Subjektorientierte Soziologie - Plädoyer für eine Forschungsperspektive. In: Bolte, K. M. / Treutner, E. (Hg.): Subjektorientierte Arbeits- und Berufssoziologie. Campus-Verlag. Frankfurt am Main, New York.
Borsche, Sven 1993: Elternverantwortung und Kinderrechte. Eine rechtliche Bestandsaufnahme unter Einbeziehung der UN-Kinderkonvention. In: Proksch, Roland (Hg.) 1993: Rettet die Kinder jetzt. Zum Spannungsverhältnis: Elternrecht - Kindeswohl - staatliches Wächteramt. ISS-Eigenverlag PONTIFEX, Frankfurt am Main, S. 21-38.
Bretz, M./ Niemeyer, F. 1992: Private Haushalte gestern und heute. In: Wirtschaft und Statistik, Heft 2. S. 73 - 81.
Brumlik, Micha 1984: Verstehen oder Kolonialisieren. Überlegungen zu einem aktuellen Thema. In: Müller, Siegfried/Otto, Hans-Uwe 1984: Verstehen oder Kolonialisieren? Grundprobleme sozialpädagogischen Handelns und Forschens. Kleine-Verlag. Bielefeld, S. 31-62.
Buber, Martin 1962: Zur Geschichte des dialogischen Prinzips. In: Werke, 1. Band: Schriften zur Philosophie. München und Heidelberg.
Bundesministerium für Jugend, Familie und Gesundheit (Hg.) 1972: Dritter Jugendbericht. Bericht über Bestrebungen und Leistungen der Jugendhilfe. Bonn.
<3. Jugendbericht>
Bundesministerium für Jugend, Familie, Frauen und Gesundheit (Hg.) 1980: Fünfter Jugendbericht. Bericht über Bestrebungen und Leistungen der Jugendhilfe. Bonn.
<5. Jugendbericht>
Bundesministerium für Jugend, Familie, Frauen und Gesundheit (Hg.) 1986: Siebter Jugendbericht. Jugendhilfe und Familie - die Entwicklung familienunterstützender Leistungen der Jugendhilfe und ihre Perspektive. Bonn
<7. Jugendbericht>
Bundesministerium für Jugend, Familie, Frauen und Gesundheit (Hg.) 1990: Achter Jugendbericht. Bericht über Bestrebungen und Leistungen der Jugendhilfe. Bonn.
<8. Jugendbericht>
Bundesministerium für Familie, Senioren, Frauen und Jugend (Hg.) 1995: Neunter Jugendbericht. Bericht über die Situation der Kinder und Jugendlichen und die Entwicklung der Jugendhilfe in den neuen Bundesländern - mit der Stellungnahme der Bundesregierung zum Neunten Jugendbericht (713 S.), zugleich: Bundestags-Drucksache 13/70 8.12.1994, Bonn.
<9. Jugendbericht>
Bundesministerium für Jugend, Familie, Frauen und Gesundheit (Hg.) 1990: Das neue Kinder- und Jugendhilfegesetz. Einführung und Gesetzestext. 2. Aufl., Bonn.
Bundesministerium für Frauen und Jugend - (Hg.) 1993: Zur Lage der Jugend in Ost- und Westdeutschland. Materialien zur Jugendpolitik. Ergebnisse einer IPOS-Umfage zur Vorbereitung des 9. Jugendberichtes, Bonn.

Bundesministerium für Frauen und Jugend - (Hg.) 1994: Bericht der Bundesrepublik Deutschland an die Vereinten Nationen gemäß Artikel 44 Abs. 1 Buchstabe a des Übereinkommens über die Rechte des Kindes. Dokumentation. Bonn.

Bundesrats-Drucksache: Entwurf eines Gesetzes zur Neuordnung des Kinder- und Jugendhilferechts (KJHG) mit Regierungsbegründung, BR-Ds 503/89 vom 28.9.1989.
<Regierungsbegründung KJHG>

Busch, Manfred 1993: Begriff, Inhalt und Umfang der Inobhutnahme nach § 42 KJHG. In: ZfJ, S. 129-135.

Coester, Michael 1991: Die Bedeutung des Kinder- und Jugendhilfegesetzes (KJHG) für
das Familienrecht. In: FamRZ, S. 253-263.

Coester, Michael 1992: Sorgerecht bei Elternscheidung und KJHG. In: FamRZ, S. 617-625.

Cohn, Ruth 1975: Von der Psychoanalyse zur themenzentrierten Interaktion. Klett-Cotta-Verlag, Stuttgart.

Colberg-Schrader, Hedi 1991: Tageseinrichtungen für Kinder - Teil der regionalen sozialen Infrastruktur. In: Wiesner/Zarbock: Das neue KJHG, Köln, S. 151-172.

Deutscher Verein für öffentliche und private Fürsorge, (Hg.) 1986: Fachlexikon der sozialen Arbeit. Eigenverlag, Frankfurt am Main.

Deutscher Verein für öffentliche und private Fürsorge 1994: Empfehlungen des Deutschen Vereins zur Hilfeplanung nach § 36 KJHG. Vorbereitung und Erstellung des Hilfeplans. In: NDV 9/1994, S. 317-326.

Dönhoff, Marion Gräfin von/ Meinhard Miegel/ Edzard Reuter/ Helmut Schmidt/ Wolfgang Thierse u.a. 1992: Ein Manifest. Weil das Land sich ändern muß. In: Die Zeit Nr. 47, 13.11.1992, S. 3 und Rowohlt-Verlag, Reinbek, S. 1 ff.

Erben, Rafaela/ Schade, Burkhard 1994: Position und Einfluß des Jugendamtes in familiengerichtlichen Verfahren. Eine empirische Untersuchung. In: ZfJ, Heft 5, S. 209 - 214.

Erikson, Erik H. 1995: Identität und Lebenszyklus, Erstauflage 1973, 15. Aufl., Frankfurt am Main.

Erler, Michael 1993: Soziale Arbeit. Ein Lehr- und Arbeitsbuch zu Geschichte, Aufgaben und Theorie. Grundlagentexte Soziale Berufe. Juventa-Verlag, Weinheim, München.

Eulenspiegel, Till 1986: Jahresbericht nebst Pressespiegel, Hg. Arbeiterwohlfahrt Kreisverband Düsseldorf.

Eyferth, H./ Otto, Hans-Uwe/ Thiersch, Hans - Hg. 1987: Handbuch zur Sozialarbeit/ Sozialpädagogik. Neuwied und Darmstadt.

Fuchs, W. 1983: Jugendliche Statuspassage oder individualisierte Jugendbiographie? In: Soziale Welt, Heft 3, S. 341-358.

Frankfurter Allgemeine Zeitung 1994: Vor der Scheidung zur Schlichtung. Ein Versuch in England. 21.3., S. 9.

Frankfurter Lehr- und Praxiskommentar zum KJHG 1990/1993. Hg.: Johannes Münder u.a., Votum-Verlag, 1. Aufl./2. Aufl. Münster.
<FLPK-KJHG>

Frankfurter Kommentar zum Jugendwohlfahrtsgesetz - JWG 1988. Hg.: Johannes Münder, u.a., 4. Auflage, Beltz-Verlag. Weinheim, Basel.
<FK-JWG>

Freire, Paolo 1980: Dialog als Prinzip. Erwachsenenalphabetisierung in Guinea Bissau. Wuppertal.

Friesenhahn, Günter J. 1993: Lebensweltorientierung als Leitmotiv Sozialer Arbeit? In: JugHi, Heft 5, S. 208-212.

Fthenakis, Wassilios E. 1982: Ehescheidung. Konsequenzen für Eltern und Kinder, Urban-Verlag.

Fthenakis, Wassilios E. (Hg.) 1991: Mehr Zeit für Kinder - Auch nach Trennung und Scheidung. Nichtsorgeberechtigte Väter und Mütter und die Beziehung zu ihren Kindern. Bamberg.

Geißler, Karlheinz A./ Hege, Marianne 1992: Konzepte sozialpädagogischen Handelns. Ein Leitfaden für soziale Berufe. 6. Aufl. Edition Sozial, Beltz-Verlag, Weinheim, Basel.

Gehrmann, Gerd/ Müller, Klaus 1993: Environment-Aktivierungs-Methode. Eine sozialökologische Methode der sozialen Arbeit. In: Sozialmagazin, Heft 4, S. 34-48.

Gleichauf, Jürgen 1991: Reaktionen auf das neue Kinder- und Jugendhilfegesetz. In: Der Amtsvormund, S. 277-286.

Habermas, Jürgen 1981: Theorie des Kommunikativen Handelns. Band 2, Frankfurt am Main.

Hansen, Brigitte 1994: Egalität und Androzentrismus. Zur Kritik der politischen Anthropologie von Hobbes und Locke. In: Elke Biester, Barbara Holland-Cunz, Birgit Sauer (Hg.): Demokratie oder Androkratie? Theorie und Praxis demokratischer Herrschaft in der feministischen Diskussion. Campus-Verlag, Frankfurt am Main, New York, S. 131-156.

Häsig-Levend, Helga 1992: Jeder will Opfer, keiner Täter sein. Kritische Anmerkungen zur Mediation und zum gemeinsamen Sorgerecht. In: Sozialmagazin 11/1992, S. 14-18.

Harenberg, Bodo (Hg.) 1995: Aktuell '96. Lexikon der Gegenwart, Harenberg Lexikon Verlag, Dortmund.

Hege, Marianne 1974: Engagierter Dialog, München.

Heitmeyer, Wilhelm 1992a: Rechtsextremistische Orientierungen bei Jugendlichen. Empirische Ergebnisse und Erklärungsmuster einer Untersuchung zur politischen Sozialisation. 4. ergänzte Aufl., Juventa-Verlag, Jugendforschung, Weinheim und München.

Heitmeyer, Wilhelm/ Peter, Jörg-Ingo 1992b: Jugendliche Fußballfans. Soziale und politische Orientierungen, Gesellungsformen, Gewalt. 2. Aufl., Juventa-Verlag, Jugendforschung, Weinheim und München.

Herdegen, M. 1993: Die Aufnahme besonderer Rechte des Kindes in die Verfassung. In: FamRZ, S. 374 ff.

Hess, D./ Hartenstein, W./ Smid, P. 1991: Auswirkungen von Arbeitslosigkeit auf die Familie. In: Mitteilungen aus der Arbeitsmarkt- und Berufsforschung. Heft 1., S. 178-192.

Hinte, W. 1985: Von der Gemeinwesenarbeit zur stadtteilbezogenen sozialen Arbeit - oder: Die Entpädagogisierung einer Methode. In: Mühlfeld, D. u.a. (Hg.) 1985: Brennpunkte Sozialer Arbeit: Gemeinwesenarbeit. Frankfurt am Main.

Hurrelmann, Klaus 1994: Jugend von lebenswichtigen Entscheidungen nicht ausschließen. Wissenschaftler fordert Senkung des Wahlalters. In: FR v. 10.10.1994, S. 1.

Jopt, U.-J. 1992: Sehnsucht nach zu Hause. In: Psychologie in Erziehung und Unterricht, Jg. 39, S. 57-61.

Jugendwerk der Deutschen Shell 1985: Jugendliche und Erwachsene '85. Hamburg.

Kaufmann, Ferdinand 1991: Beratung in Fragen der Partnerschaft, Trennung und Scheidung als Aufgabe der Jugendhilfe - Juristische und sozialpädagogische Aspekte der praktischen Umsetzung von § 17 KJHG. In: Wiesner/Zarbock: Das neue KJHG, Köln, S. 319-342.

Kiehl, Walter H. 1990: Die Rechtsstellung Minderjähriger und Sorgeberechtigter im neuen Kinder- und Jugendhilfegesetz. In: ZRP, S. 94-99.

Kiehl, Walter H. 1993: Das Erste KJHG-Änderungsgesetz: Verbesserungen und Verschlimmbesserungen. In: ZfJ, S. 226-231.

Kiehl, Walter H./ Salgo, Ludwig 1995: Zum Bericht der Bundesrepublik Deutschland vom August 1994 an die Vereinten Nationen gemäß Artikel 44 des Übereinkommens über die Rechte des Kindes. In: Recht der Jugend und des Bildungswesens, Heft 2, 43. Jg. Luchterhand-Verlag, Neuwied, S. 196-203.

Koeppel, Peter 1991: Die Stellungnahme von 'Defence for Children International', Genf, zu der von der Bundesregierung geplanten Vorbehaltserklärung zur UN-Kinderrechtskonvention. In: ZfJ, S. 355-358.

Krafeld, Franz Josef (Hg.) 1992a: Akzeptierende Jugendarbeit mit rechten Jugendcliquen. Bremen.

Krafeld, Franz Josef 1992b: Grundsätze einer akzeptierenden Jugendarbeit mit rechten Jugendcliquen. In: Albert Scherr (Hg.): Jugendarbeit mit rechten Jugendlichen, Karin-Böllert-Verlag, Bielefeld, S. 37-45.

Krause, Fred 1992: Streetwork in Cliquen, Szenen und Jugend(sub)kulturen. Teil 1 und Teil 2. In: JugHi 3/1992, S. 98-107 und 4/1992, S. 146-158.

Kreft, Dieter, Lukas, Helmut. u.a. 1993: Perspektivenwandel in der Jugendhilfe 2. Bände. 2. Auflage. Verlag: Institut für soziale und kulturelle Arbeit e.V., Nürnberg/ISS, Frankfurt am Main.

Kreft, Dieter 1993a: Erziehungshilfe auf der Grundlage des KJHG. In: JugHi Heft 7, S. 321-329.

Kreft, Dieter (Hg.) 1993b: Jugendhilfe und KJHG. Zwischenbewertungen, aktuelle Rahmenbedingungen und Handlungsperspektiven. ISS-Eigenverlag PONTIFEX. Frankfurt am Main.

Kunkel, Peter Christian 1991a: "Die zusätzlichen Regelungen des Sozialdatenschutzes im KJHG". In: ZfJ, S. 111-114.

Kunkel, Peter Christian 1991b: Leistungsverpflichtungen und Rechtsansprüche im Kinder- und Jugendhilfegesetz, insbesondere die Hilfe zur Erziehung. In: ZfJ, S. 145-164.

Kunkel, Peter Christian 1991c: Datenschutz 'pervers'? Anmerkung zu Thomas Mörsberger in ZfJ, S. 114. In: ZfJ, S. 459 ff.

Kunkel, Peter Christian 1993: Der Datenschutz in der Jugendhilfe - ein Zwischenbericht. In: RdJB, S. 399-410.

Lakies, Thomas 1990: Tagespflege und Vollzeitpflege im Kinder- und Jugendhilfegesetz (KJHG). In: ZfJ, S. 545-554.

Lakies, Thomas 1992: Vorläufige Maßnahmen zum Schutz von Kindern und Jugendlichen nach den §§ 42,43 KJHG. In: ZfJ, S.49 ff.

Landesjugendamt Hessen (Hg.) 1994: Fachliche Empfehlungen zu § 36 KJHG "Mitwirkung/Hilfeplan" und § 37 Abs. 1 KJHG". Verabschiedet von der 16. Vollversammlung des Landesjugendhilfeausschusses Hessen am 09.11.1994, Selbstverlag (Broschüre 12 S.), Kassel.

Landeswohlfahrtsverband Württemberg-Hohenzollern (Hg.) 1991: Regelung der elterlichen Sorge - Ein systemisches Beratungsmodell. Redaktion: Landesjugendamt. Selbstverlag, Stuttgart.

Maas, Udo 1985: Grundlinien eines konflikttheoretischen Ansatzes sozialer Arbeit. In: Udo Maas (Hg.): Sozialarbeit und Sozialverwaltung. Handeln im Konfliktbereich Sozialbürokratie. Ein Arbeitsbuch. Beltz-Verlag, Weinheim und Basel, S. 46-64.
Maas, Udo 1991: Datenschutz kaputt? Anmerkung zu Kunkels Anmerkung zu Mörsbergers Anmerkung. In: ZfJ, S. 577 ff.
Maas, Udo 1992: Der Hilfeplan nach § 36 KJHG. In: ZfJ, S. 60 ff.
Mann, Matthias 1993: Spannungsverhältnis Elternrecht, Kindeswohl, staatliches Wächteramt. In: Proksch, Roland (Hg.) 1993: Rettet die Kinder jetzt. Zum Spannungsverhältnis: Elternrecht - Kindeswohl - staatliches Wächteramt. ISS-Eigenverlag PONTIFEX, Frankfurt am Main, S. 55-68.
Mann, Matthias 1994: Aufgaben und Pflichten der Jugendämter im familiengerichtlichen Verfahren. Versuch einer Kompetenzabgrenzung auf Grund der rechtspolitischen Entwicklung des Familien- und Sozialrechts in den vergangenen beiden Jahrzehnten. in: ZfJ, Heft 5, S. 214-218.
Mehl, 1990: Was Jugendämter tun müssen - altes Amt in neuen Kleidern? In: Blätter der Wohlfahrtspflege, S. 329 ff.
Menne, Klaus 1992: Zwischen Beratung und Gericht. In: ZfJ, S.71 ff.
Merchel, Joachim 1994: Drei Jahre Kinder- und Jugendhilfegesetz (KJHG) - Probleme der Umsetzung in Politik und Praxis der Jugendhilfe. In: ZfJ, S. 1-8.
Metz-Göckel, S./ Müller, U. 1986: Der Mann. Die BRIGITTE-Studie. Weinheim/Basel.
Metzler-Müller, Karin 1993: Das Betreuungsgesetz in der Praxis. Die Implementation des § 1896 BGB durch die hessischen Vormundschaftsrichter. Europäische Hochschulschriften Reihe 2, Band 1448. Peter Lang-Verlag Berlin, Bern, New York u.a.
Mielenz, Ingrid 1993: Jugendhilfe als Querschnittspolitik. Jugendhilfe im Widerstreit von Abgrenzung und Einmischung. In: Kreft, Dieter (Hg.): Jugendhilfe und KJHG. Zwischenbewertungen, aktuelle Rahmenbedingungen und Handlungsperspekiven. ISS-Eigenverlag PONTIFEX. Frankfurt am Main, S. 77-91.
Mörsberger, Thomas 1990: Perspektive 'Neues Jugendamt'. Zur Bedeutung der Datenschutzbestimmungen im neuen Kinder- und Jugendhilfegesetz. In: ZfJ, S. 365-372.
Mörsberger, Thomas 1991a: Die Datenschutzbestimmungen des Kinder- und Jugendhilfegesetzes - Folgerungen für die Aufgabenstellung des Jugendamtes in familiengerichtlichen Verfahren. In: Wiesner/Zarbock: Das neue KJHG. Köln, S. 343-370.
Mörsberger, Thomas 1991b: Datenschutz kontrovers - Anmerkungen zum Beitrag Kunkel über den Sozialdatenschutz im KJHG. In: ZfJ, S. 114-116.
Mörsberger, Thomas 1993: Trennungs- und Scheidungsberatung für Eltern ist Hilfe für deren Kinder ist Mitwirkung im familiengerichtlichen Verfahren. Grundsätzliches zu § 50 KJHG. In: JugHi, Heft 4, S. 164-168.
Mörsberger, Thomas/ Tries, Christine 1991: Das neue KJHG. Ein erster Überblick. 6. Teil. In: NDV, S. 144 ff.
Müller, C. Wolfgang 1991: Wie Helfen zum Beruf wurde. Eine Methodengeschichte der Sozialarbeit 1883-1945. Band 1, 3. Aufl. Edition Sozial, Beltz-Verlag, Weinheim, Basel.
Müller, C. Wolfgang 1992: Wie Helfen zum Beruf wurde. Eine Methodengeschichte der Sozialarbeit 1945-1990. Band 2, 2. Aufl., Edition Sozial, Beltz-Verlag, Weinheim, Basel.
Müller, C. Wolfgang (Hg.) 1993: Einführung in die soziale Arbeit. 3. aktualisierte Aufl., Edition Sozial, Beltz-Verlag, Weinheim, Basel.

Müller, Siegfried/ Otto, Hans-Uwe 1984: Verstehen oder Kolonialisieren? Grundprobleme sozialpädagogischen Handelns und Forschens. Kleine-Verlag. Bielefeld.

Müller-Alten, Lutz 1991: Familiengerichtshilfe und Datenschutz. In: ZfJ, S. 454-459.

Münder, Johannes 1990a: Beratung, Betreuung, Erziehung und Recht. Handbuch für Lehre und Praxis. Hg.: Sozialpädagogisches Institut des SOS-Kinderdorf e.V., Votum-Verlag, Münster.

Münder, Johannes 1990b: Das Verhältnis Minderjähriger - Eltern - Jugendhilfe. In: ZfJ, S. 488-493.

Münder, Johannes 1990c: Das neue Kinder und Jugendhilfegesetz. In: Jugendhilfe, S. 177-191.

Münder, Johannes 1991: Ansprüche auf Leistungen im Jugendhilferecht. In: ZfJ, S. 285-292.

Münder, Johannes 1993a: Familien- und Jugendrecht. Band 3: Jugendhilferecht, 3. Aufl. Weinheim/Basel.

Münder, Johannes 1993b: Umsetzungsprobleme des neuen Kinder- und Jugendhilfegesetzes. In: RdJB S. 388-399.

Münder, Johannes 1993c: Jugendhilfe und Justiz: Die Notwendigkeit neuer Perspektiven. In: JugHi, Heft 4, S. 146-157.

Nüberlin, Gerda 1990: Fürsorge im Nationalsozialismus. Diplomarbeit am Fachbereich Sozialwesen der Fachhochschule Ravensburg-Weingarten (unveröffentlicht).

Oberloskamp, Helga 1990: Die rechtliche Stellung von Kindern und Jugendlichen nach dem Regierungsentwurf eines Gesetzes zur Neuordnung des Kinder- und Jugendhilferechts. In: ZfJ, S. 260-269.

Oberloskamp, Helga 1992: Die Zusammenarbeit von Vormundschafts-/Familiengericht und Jugendamt. In: FamRZ, S. 1241-1249.

Ollmann, Rainer 1992: Eltern, Kind und Staat in der Jugendhilfe. In: FamRZ, S. 388-394.

Otto, Hans-Uwe/ Sünker, Heinz (Hg.) 1989: Soziale Arbeit und Faschismus. Surkampverlag, stw 762, Frankfurt am Main.

Peters, H./Cremer-Schäfer, H. 1975: Die sanften Kontrolleure, Stuttgart.

Pohl, W. 1943: In: Soziale Praxis, Heft 3, S. 1 ff.

Preis, Ulrich 1990: Eine notwendige Reform ohne sozialpolitischen Fortschritt - Die Neuordnung des Kinder- und Jugendhilferechts. In: ZRP, S. 90-94.

Proksch, Roland (Hg.) 1993a: Rettet die Kinder jetzt. Zum Spannungsverhältnis: Elternrecht - Kindeswohl - staatliches Wächteramt. ISS-Eigenverlag PONTIFEX, Frankfurt am Main.

Proksch, Roland 1993b: Einführung in das Tagungsthema "Rettet die Kinder jetzt". In: Proksch, Roland (Hg.) 1993: Rettet die Kinder jetzt. Zum Spannungsverhältnis: Elternrecht - Kindeswohl - staatliches Wächteramt. ISS-Eigenverlag PONTIFEX, Frankfurt am Main, S. 7-19.

Proksch, Roland 1993c: Elternrecht vor Kindeswohl? Möglichkeiten und Grenzen der Jugendhilfe zur präventiven Ausfüllung des Wächteramtes. In: Proksch, Roland (Hg.) 1993: Rettet die Kinder jetzt. Zum Spannungsverhältnis: Elternrecht - Kindeswohl - staatliches Wächteramt. ISS-Eigenverlag PONTIFEX, Frankfurt am Main, S. 39-53.

Proksch, Roland 1994: Verfahrensbestimmungen der Inobhutnahme. Normative Vorgaben des KJHG und rechtliche Rahmenbedingungen. In: JugHi, S. 26-36.

Reichserziehungsministerium 1934: Übergangsbestimmungen für die Gestaltung des Unterrichts an den sozialen Frauenschulen vom 27. Januar 1934. In: Zentralblatt für die gesamte Unterrichtsverwaltung in Preußen, S. 46 ff.

Rerrich, Maria R. 1990: Balanceakt Familie. Zwischen alten Leitbildern und neuen Lebensformen. 2. aktualisierte Aufl., Lambertus-Verlag, Freiburg i.Br.

Riede, T. 1989: Problemgruppen. In: Statistisches Bundesamt (Hg.) 1989: Datenreport 1989, Bonn.

Ronge, Volker 1991: Thema Jugendhilfeplanung. In: ZfJ, S. 517 ff.

Roscher, Falk 1985: Arbeits- und Dienstrecht der Sozialarbeiter und Sozialpädagogen. In: Udo Maas (Hg.): Sozialarbeit und Sozialverwaltung. Handeln im Konfliktbereich Sozialbürokratie. Ein Arbeitsbuch. Beltz-Verlag, Weinheim und Basel, S. 46-64.

Rüfner, Wolfgang 1991: Zum neuen Kinder- und Jugendhilfegesetz. In: NJW, S. 1-6.

Rummel, Carsten 1989: Der § 8 SGB I des Regierungsentwurfs zur Jugendhilfereform oder wie man die Jugendhilfe hinter dem Elternrecht versteckt. In: Forum Jugendhilfe - AGJ-Mitteilungen, Heft 4, S. 25-29.

Rummel, Carsten 1990: Bescheidenheit statt Eigenständigkeit. In: ZfJ, S. 294-298.

Sachße, Christian/ Tennstedt, Florian 1980: Geschichte der Armenfürssorge in Deutschland. Band I. Vom Spätmittelalter bis zum 1. Weltkrieg. Stuttgart.

Salgo, Ludwig 1991: Die Regelung der Familienpflege im KJHG. In: Wiesner/Zarbock, Das neue KJHG, Köln, S. 115-150.

Salgo, Ludwig 1993: Der Anwalt des Kindes. Die Vertretung von Kindern in zivilrechtlichen Kindesschutzverfahren. Reihe Rechtstatsachenforschung des Bundesministeriums der Justiz (Hg.). Bundesanzeiger-Verlag, Köln.

Salgo, Ludwig (Hg.) 1995: Vom Umgang der Justiz mit Minderjährigen. Auf dem Weg zum Anwalt des Kindes. Schritenreihe Familie und Recht. Luchterhand-Verlag. Neuwied Kriftel, Berlin.

Salomon, Alice 1926: Soziale Diagnose. Berlin.

Schäuble, Wolfgang 1994: Und der Zukunft zugewandt. Siedler-Verlag, Berlin.

Schellhorn, Walter/ Wienand, Manfred 1991: Das Kinder- und Jugendhilfegesetz (KJHG). Ein Kommentar für Ausbildung, Praxis und Wissenschaft, Luchterhand, Neuwied, Berlin, Kriftel.

Scherr, Albert 1992a: Gegen 'Leggewisierung' und 'Heitmeyerei' im Antifaschismus? Antikritisches zur Debatte um eine Pädagogik mit rechtsorientierten Jugendlichen. In: Albert Scherr (Hg.) : Jugendarbeit mit rechten Jugendlichen, Karin-Böllert-Verlag, Bielefeld, S. 17-36.

Scherr, Albert (Hg.) 1992b: Jugendarbeit mit rechten Jugendlichen, Karin-Böllert Verlag, Bielefeld.

Schmidt, Klaus 1993: Krisenintervention und Inobhutnahme. In: JugHi, S. 296-303.

Schneider, Christian 1994: Staat spart durch verdeckte Armut Milliarden. Caritas: Große Zahl von Sozialhilfe-Berechtigten nimmt Leistungen nicht in Anspruch. In: SZ v. 20.7.1994.

Schreiber, Maria 1992: Inobhutnahme von Kindern und Jugendlichen, § 42 KJHG. In: Martin R. Textor (Hg.) 1992: Praxis der Kinder- und Jugendhilfe. Handbuch für die sozialpädagogische Anwendung des KJHG, Beltz-Verlag, Weinheim und Basel, S. 191-195.

Schröder, Achim 1994: Aufsuchende Jugendarbeit - ein methodisches Prinzip mit wachsender Bedeutung für viele Praxisfelder. In: DJ, Heft 1, S. 16-23.

Schubert, Ina 1984: Till Eulenspiegel - Versuch einer Anwaltschaft für Kinder und Jugendliche. In: Theorie und Praxis der sozialen Arbeit, S. 366 ff.

Späth, Karl 1991: Die Hilfen zur Erziehung - Vom Eingriffsinstrumentarium zum präventiv orientierten Leistungsangebot. In: Wiesner/Zarbock: Das neue KJHG. Köln, S. 91-114.

Späth, Karl 1992: Das KJHG im Praxistest. Zum Stand der Umsetzung des KJHG 18 Monate nach seiner Verabschiedung. In: ZfJ, S. 128-132.

SPIEGEL 1994: Das Dasein wird seziert. Und: Es gibt keine Wahrheit. Interview mit Paul Watzlawick über Psychotherapie, Zen-Buddhismus und die Sehnsucht nach Glück. Nr. 30, S. 76-87; 88 - 89.

Statistisches Bundesamt (Hg.) 1990: Familien heute. Strukturen, Verläufe und Einstellungen. Klett-Verlag, Stuttgart.

Struck, Jutta 1991: Jugendhilfe und Pluralisierung der Familienformen. In: Wieser/ Zarbock, Das neue KJHG, Köln, S. 79-90.

Struck, Jutta/ Wiesner, Reinhard 1992: Der Rechtsanspruch auf einen Kindergartenplatz. In: ZRP, S. 452-456.

Stumpf, Thomas W. 1995: Opferschutz bei Kindesmißhandlung. Eine kriminalpolitische Herausforderung. Luchterhand-Verlag, Neuwied, Kriftel, Berlin.

Tauche, Almuth 1993: Rettet die Kinder jetzt. Elterliche Sorge und Wächteramt des Staates. Ein Bericht aus der ASD-Praxis. In: Proksch, Roland (Hg.) 1993: Rettet die Kinder jetzt. Zum Spannungsverhältnis: Elternrecht - Kindeswohl - staatliches Wächteramt. ISS-Eigenverlag PONTIFEX, Frankfurt am Main, S. 69 ff.

Textor, Martin R., Hg. 1992: Praxis der Kinder- und Jugendhilfe. Handbuch für die sozialpädagogische Anwendung des KJHG. Edition Sozial, Beltz-Verlag, Weinheim, Basel.

Thiersch, Hans 1978: Zum Verhältnis von Sozialarbeit und Therapie. In: Neue Praxis, Sonderheft 1978, S. 12-23.

Thiersch, Hans 1992: Lebensweltorientierte Soziale Arbeit. Aufgaben und Praxis im sozialen Wandel. Edition Soziale Arbeit - Juventa-Verlag, Weinheim und Basel.

Tügel, Marc 1995: Mit 16 aufs Moped? Aber sicher! Wie sollen Eltern reagieren, wenn ihre heranwachsenden Kinder sie mit dem Wunsch nach einem Mofa, Roller oder Leichtkraftrad überfallen. Ergebnisse einer motorwelt-Umfrage. In: ADAC-Motorwelt, Heft 4/1995, S. 6-10.

Tümmler, Siegfried 1993: Ergebnisse und Bestandserhebungen in den neuen Bundesländern und in Berlin-Ost. In: Dieter Kreft (Hg.): Jugendhilfe und KJHG. Zwischenbewertungen, aktuelle Rahmenbedingungen und Handlungsperspektiven. ISS-Eigenverlag PONTIFEX. Frankfurt am Main, S. 57-75.

Unger, Dietrich 1994: Jugendhilfe zu Beginn des Jahres 1994. In: ZfJ, Heft 5, S. 193-197.

Wendt, Wolf Rainer 1991: Unterstützung fallweise. Case-Management in der Sozialarbeit. Lambertus-Verlag, Freiburg i.Br.

Wabnitz, Reinhard Joachim 1992: Das Konzept 'Lebensweltorientierte Jugendhilfe' und die gesetzlichen Regelungen des KJHG. In: JugHi, Heft 5, S. 210-214.

Werner-Schneider, Cornelia 1992: Mediation im Spannungsfeld zwischen Kindeswohl und Emanzipation der Frauen. In: Sozialmagazin, S. 18-21.

Willutzki, Siegfried 1994: Familiengericht und Jugendamt - neue Formen der Zusammenarbeit. In: ZfJ, Heft 5, S. 202-109.

Wiesner, Reinhard 1990: Das Kinder- und Jugendhilfegesetz unter besonderer Berücksichtigung familienunterstützender und -ergänzender Leistungen. In: Familie und Recht, S. 325 ff.

Wiesner, Reinhold/ Zarbock, Walter H (Hg.) 1991: Das neue Kinder- und Jugendhilfegesetz (KJHG) und seine Umsetzung in die Praxis. Carl Heymanns Verlag, Köln, Berlin, Bonn, München.

Wiesner, Reinhard 1993: Das Erste Gesetz zur Änderung des Achten Buches Sozialgesetzbuch. In: RdJB, S. 380-387.

Winter, Hagen 1993: Jugendhilfestationen - konzeptionelle Grundgedanken und erste praktische Erfahrungen. In: JugHi, Heft 6, S. 260-263.

Zenz, Gisela 1982: Soll die Rechtsstellung der Pflegekinder unter besonderer Berücksichtigung des Familien-, Sozial- und Jugendrechts neu geregelt werden? In: Schwab/Zenz (Hg.): Gutachten A zum 54. Deutschen Juristentag, München 1982, Teil A.

*

MIX
Papier aus verantwortungsvollen Quellen
Paper from responsible sources
FSC® C105338

If you have any concerns about our products,
you can contact us on
ProductSafety@springernature.com

In case Publisher is established outside the EU,
the EU authorized representative is:
**Springer Nature Customer Service Center GmbH
Europaplatz 3, 69115 Heidelberg, Germany**

Printed by Libri Plureos GmbH
in Hamburg, Germany